AF643622

DAS REISEBUCH
ISLAND

Die schönsten Ziele entdecken

Highlights, Nationalparks und Traumtouren

DAS REISEBUCH ISLAND

Die schönsten Ziele entdecken

Highlights, Nationalparks und Traumtouren

Olaf Krüger
Kerstin Langenberger

BRUCKMANN

INHALTSVERZEICHNIS

Ein Alpenschneehahn ihm Federwechsel. Schönheit im Kleinen: Farbtupfer in der sommerlichen Tundra. Ein Eissturmvogel gleitet über das stille Nordmeer. Graffiti-Kunst in Reykjavík. Das milchige Wasser der »Blaue Lagune« lädt zum Entspannen ein. Der Vulkanausbruch bei Fagradalsfjall im April 2021 (v.l.n.r.).

Einsam liegen Wanderhütte und Campingplatz zwischen Lavafeld und den bunten Bergen in Landmannalaugar im südlichen Hochland.

DER OSTEN

INHALTSVERZEICHNIS

DER NORDEN

DER WESTEN

Erste Herbstfarben in Ostisland. Ein Schafbock beim Schafabtrieb. Einer von vielen fotogenen Leuchttürmen. Ein Superjeep in Aktion. Auch Pferde haben Humor! Reykjavík ist eine moderne, quirlige Stadt (v.l.n.r.).

Sonnenaufgang hinter formschönen Vulkankegeln an den Ausläufern des Mýrdalsjökull

IM HOCHLAND

Nördlicher Polarkreis
Hælavík
Hornvík
Hælavíkurbjarg
Hornbjarg
Látravík
Aðalvík
HORNSTRANDIR
Ísafjarðardjúp
Bolungarvík
Suðureyri
Ísafjörður
Flateyri
Súðavík
Drangajökull
Bær
Kaldalón
Ögur
Vatnsfjörður
Norðurfjörður
Djúpavík
Arnarfjörður
Þingeyri
Gláma
925
Hrafnseyri
Dynjandi-Wasserfall
Patreks-fjörður
Bíldudalur
Patreksfjörður
Fossheiði
Látrabjarg
Rauðisandur
Barðaströnd
Brjánslækur
Hólmavík
Steingrímsfjörður
Húnaflói
Reykhólar
FLATEY
ATLANTISCHER OZEAN
Breiðafjörður
Skagafjörður
SKAGAHEIÐI SKAGI
Skagaströnd
Hofsós
Sauðárkrókur
Blönduós
VATNSNES
Hvítserkur
Glaumbær
Hóp
Varmahlíð
Borgarvirki
Hvammstangi
Laugarbakki
Búðardalur
Stykkishólmur
Hvammsfjörður
Kjalvegur (Kjölur)
Rif
Hellisandur
Ólafsvík
NATIONALPARK SNÆFELLSJÖKULL
Snæfellsjökull
Grundarfjörður
SNÆFELLSNES
Ljósufjöll
Hítarvatn
Hítardalur
Stapafell
Búðir
Arnarstapi
Hellnar
Stakkhamar
Dalsmynni
Hveravellir
Eiríksjökull
1675
1355
Langjökull
Hvítárdalur
Hraunfossar
Deildartunguhver
Reykholt
Húsafell
Faxaflói
Borgarnes
Skorradalur
Hvanneyri
1350
Þórisjökull
Biskupstungur
Hvítá
Kerlingarfj
1060
Skjaldbreiður
0
25 km
Akranes
Innrihólmur
NATIONALPARK ÞINGVELLIR
Þingvellir
Peningagjá
Silfra
Haukadalur
Geysir
Gullfoss
Reykjavík
Laugarvatn
Þingvallavatn
Mosfellsbær
Árbæjarsafn
Garður
Laugar-vatn
Skálholt
Þjórsárdalur
Hrauney
Sandgerði
Hafnarfjörður
Nesjavellir
Keflavík
Njarðvík
Krísuvík
Hveragerði
Þjórsá
Brennisteinsalda
REYKJANES
Kleifarvatn
Hellisheiði
1491
Hekla
Hrafntinnusk
Bláa Lónið
Geldingadalir
Grindavík
Selfoss
Eyrarbakki
Hella
Álftavatn
Þorlákshöfn
Hvolsvöllur
Emstrur
Laugavegur
Þykkvibær
ÞÓRSMÖRK-NATURSCHUTZ-GEBIET
Þórsmörk
Seljalandsfoss
Eyjafjallajökull
1666
Skógafoss
Bakki
Skógar
VESTMANNAEYJAR (WESTMÄNNER-INSELN)
Eldfell
HEIMAEY
SURTSEY
DYRHÓ
LAE
Highlights
Traumstraßen
Seite 46
Seite 83
Seite 122
Seite 140
Seite 192
Seite 235

Grímsey
Rauðinúpur
Hraunhafnartangi
Raufarhöfn
MELRAKKASLÉTTA
Kópasker
LANGANES
Þistilfjörður
Þórshöfn
ATLANTISCHER OZEAN
Öxarfjörður
Bakkaflói
Bakkafjörður
Eyja-fjörður
Ólafsfjörður
Skjálfandi
Húsavík
HRÍSEY
Dalvík
Laufás
Ásbyrgi
Hljóðaklettar
JÖKULSÁRGLJÚFUR-NATIONALPARK
Vopnafjörður
Dettifoss
Hafragilsfoss
Hólar
Leirhnjúkur
818
Krafla
Goðafoss
Akureyri
Öxnadalur
Reykjahlíð
Hverarönd
Jarðböðin
Mývatn
Lavafeld Dimmuborgir
Skjálfandafljót
Jökulsá á Fjöllum
Húsey
Borgarfjörður Eystri
Bakkagerði
Jökuldalsheiði
Aldeyjarfoss
Seyðisfjörður
Egilsstaðir
Lagarfljót (Lögurinn)
Atlavík
Hallormsstaðaskógur
Neskaupstaður
Eskifjörður
Skriðuklaustur
Reyðarfjörður
Sprengisandur
Herðubreiðarlindir
Lavafeld Ódáðahraun
1682
Dyngjufjöll
Öskjuvatn
1510
Askja
Kárahnjúkar
Fáskrúðsfjörður
Stöðvarfjörður
Breiðdalsvík
Hofsjökull
1765
Búlandstindur
Berufjörður
Djúpivogur
PAPEY
Nýidalur
1392
Túngnafellsjökull
Virkisfell
Biskupsfell
Snæfell
1833
Brúarjökull
2009
Bárðarbunga
1920
Kverkfjöll
Vatnajökull
1719
Grímsvötn
Lónsöræfi
Lón
Hvalnes
NATIONALPARK VATNAJÖKULL
Hornafjörður
Þóris-vatn
Stokksness
Höfn í Hornafirði
Langisjór
Breiðamerkurjökull
Jökulsárlón
Laki-Krater
Fjallsárlón
Öræfajökull
Eldgjá
Bláhnúkur
Skaftafell
Hvannadalshnjúkur
2110
FJALLABAK-NATURSCHUTZ-GEBIET
SKEIÐARÁRSANDUR
Fjaðrárgljúfur
Kirkjubæjarklaustur
INGÓLFSHÖFÐI
Eldhraun
Mýrdalsjökull
MÝRDALSSANDUR
ATLANTISCHER OZEAN

Islandpferde leben halbwild in teils großen Herdenverbänden: wie hier vor der Kulisse des Vestrahorn in Südostisland.

WILLKOMMEN IN ISLAND

Ein kurzer Überblick

Das kleine Eiland im Nordatlantik ist vor allem bekannt für seine Naturschönheiten. Umso mehr erstaunen manche Fakten über die »Insel aus Feuer und Eis«: Stichwort Superjeeps, Gammelhai, Bierverbot oder Stechmücken.

Island in Zahlen

Die Republik Island ist 103 125 Quadratkilometer groß, was der gemeinsamen Fläche von Bayern und Baden-Württemberg entspricht. Von den knapp 370 000 Einwohnern (Stand: 2021) leben 60 Prozent im Großraum Reykjavík, der nördlichsten Hauptstadt der Welt. Die anderen Siedlungen befinden sich entlang der 4970 Kilometer langen Küste. Das »Hochland« genannte Landesinnere, das 36 Prozent des kleinen Lands ausmacht, ist dagegen gänzlich unbesiedelt. Nur zwei Prozent der Insel sind bewaldet; die Hälfte mit neuen Aufforstungen. Islands höchster Berg, der 2110 Meter hohe Hvannadalshnjúkur, ist nicht nur ein aktiver Vulkan, sondern liegt auch mitten in einem der 13 großen Gletscher, die noch 11 Prozent der Landfläche bedecken.

Superjeeps

Überdimensionale, umfassend modifizierte Allradfahrzeuge mit riesigen Ballonreifen gehören in Island zum ganz normalen Straßenbild. Die in Zeiten der Klimakrise gänzlich unangemessen scheinenden Geländewagen-Monster werden vor allem im Tourismus eingesetzt und von den Isländern privat zu Spaßfahrten durch das winterliche Island oder auf sommerlichen Hochlandpisten genutzt.

Stechmücken? Jein …

Es ist kaum zu glauben, aber in Island gibt es keine Stechmücken! Zwar können Zuck- und Kriebelmücken an windstillen Tagen zur Plage werden, sie stechen aber selten. Seit einigen Jahren gibt es im hochsommerlichen Süd- und Westisland leider einen stechenden Winzling namens »Gnitze«, gegen den kein Mückennetz hilft. Weil die Bisse extrem jucken können, lohnt sich die Mitnahme einer juckreizhemmenden Creme.

Schwimmbäder und Pools

Die kleine Vulkaninsel ist mit einem Überschuss an geothermalem Wasser gesegnet. Übers ganze Land verteilt gibt es einige natürlich belassene heiße Quellen. Zudem kann sich jede Gemeinde ein beheiztes Freibad mit mindestens zwei heißen Pools leisten. Isländer lieben es, über das Weltgeschehen diskutierend im warmen Wasser zu sitzen!

Klein, aber oho!

Die kleine Nation Island lässt immer wieder international von sich hören. Es gibt eine erstaunliche Anzahl bekannter Sänger und Bands (etwa Björk oder Sigur Rós), Schriftsteller (Nobelpreisträger Halldór Laxness), Künstler, Komponisten und Musiker. Auch im Handball, Fußball, Basketball, Schach, CrossFit und dem Strongman-Wettbewerb haben sich Isländer längst einen internationalen Ruf erarbeitet.

Reglementierter Alkoholkonsum

In den Jahren 1915 bis 1989 herrschte in ganz Island ein Bierverbot. Heute kann man in Supermärkten nur Leichtbier kaufen: Alkohol ist ansonsten in lizenzierten Bars, Restaurants und den staatlichen Alkoholläden der Kette Vínbúðin (deutsch: »das Weingeschäft«) zu bekommen.

Einwanderungsland

Reykjavík gilt als tolerante und offene Stadt und lockt, genau wie auch das ländliche Island, mit einem extrem hohen Lebensstandard und Pro-Kopf-Einkommen. Dies und der Boom im Tourismussektor führten dazu, dass fast 14 Prozent der Bevölkerung aus dem Ausland stammt (Stand: 2021).

Fragwürdige Delikatessen

Island hat gewöhnungsbedürftige kulinarische Traditionen: Dazu gehören Trottellummeneier, sauer eingelegte Schafshoden *(hrútspungur)*, angesengter Schafskopf *(svið)* oder fermentiertes Haifleisch *(hákarl)*. Den modernen Geschmack treffen dagegen das sehr schmackhafte Lammfleisch, die berühmte Fleischsuppe *(kjötsúpa)*, diverse Fischgerichte, Backwaren und der mittlerweile international bekannte Frischkäse-Quark Skyr. Islands wohl beliebtestes Fastfood aber ist der Hotdog: Würstchen im Brot gibt es an jeder Tankstelle zu kaufen.

Der Wasserfall Öxarárfoss stürzt in die vom Auseinanderdriften der Kontinentalplatten entstandene Ebene von Þingvellir (oben). In Landmannalaugar leuchten die Rhyolithberge in allen nur erdenklichen Farben des Regenbogens (rechte Seite).

DIE SAGENHAFTE INSEL

Kleinod am Polarkreis

»Island zwingt Dich, Dich auf Dich selbst zu besinnen. Du musst mit Dir allein sein können.« Diese Worte des isländischen Literatur-Nobelpreisträgers Halldór Laxness bringen die Faszination einer Islandreise auf den Punkt. Die Erhabenheit der wilden Inselnatur führt so manchem zivilisationsgeschädigten Reisenden die Unbedeutendheit des Menschen vor Augen. Eine Reise nach Island ist eine Expedition zu den unbeherrschbaren Urgewalten der Schöpfung und zu unzähligen Geschichten von Wikingern, Geächteten, Naturkatastrophen und außergewöhnlichen Menschen.

Trotz seiner isolierten Lage war Island schon im Mittelalter international ein Begriff. Auf alten Karten ist die Insel von furchteinflößenden Fabelwesen umgeben, und der Heklaberg galt in der christlichen Welt gar als Eingang zur Hölle. Auch heute verknüpft man den Namen »Island« mit Katastrophen. Fast jedem fallen in diesem Zusammenhang die Finanzkrise von 2008 bis 2011 ein, oder Asche speiende Vulkane mit unaussprechlichen Namen. Wer sich etwas mehr für die zweitgrößte Insel Europas interessiert, wird an heiße Quellen und Geysire denken, an Islandpferde, die zwar Ponys sind, aber nicht so genannt werden dürfen, an die Sängerin Björk oder die Band Sigur Rós. Durch die alten isländischen Sagen, Halldór Laxness, Jón »Nonni« Sveinsson und moderne Kriminalromane ist die Insel auch literarisch in der Welt bekannt. Und wer sich

Schnee und Eis prägen die Insel bis tief in den Sommer hinein auf der Kjölur.

für Sport interessiert, weiß, dass die kleine Nation viele exzellente Handballspieler hervorgebracht hat und in der Fußball-WM 2016 als Überraschungsteam die Herzen der Welt eroberte. Was aber macht die Faszination der Insel wirklich aus? Schließlich locken andernorts wärmere und niederschlagsärmere Reiseziele als das kleine Eiland unmittelbar unterhalb des Polarkreises, das andauernd die berüchtigten Islandtiefs nach Europa schickt. Dem Golfstrom ist es zu verdanken, dass das Klima hier viel gemäßigter ist als in vergleichbaren kontinentalen Breiten. Im Sommer schwanken die Tagestemperaturen im Mittel zwischen 12 und 15, im Winter zwischen 0 und 3 Grad Celsius. Dies begünstigt trotz der nördlichen Lage die Besiedlung.
In vorindustriellen Zeiten lebten bereits etwa 30 000 Menschen auf Island, mittlerweile hat sich die Bevölkerung mehr als verzwölffacht. Das Land zählt nun siebenmal so viele Einwohner wie die benachbarte größte Insel der Welt, Grönland.
Am meisten zeichnet sich Island wohl durch die Vielfalt seiner weiten und wilden Urlandschaften aus, die im frappanten Gegensatz zu den meist überbevölkerten Kulturlandschaften Mitteleuropas stehen. Seen, Wasserfälle, Hochtemperaturgebiete und Gletscher drängen sich auf engstem Raum. Hinter jedem Berg, nach jeder Biegung eröffnet sich dem Reisenden ein veränderter Blick, ein weiteres Naturschauspiel im buchstäblich immer neuen Licht. Das ständig wechselnde Wetter zaubert kurz einen Regenbogen an den Himmel, verschleiert die Landschaft wenig später mit Wolken und Nebel, um sie dann wieder im Schein der Mittsommersonne in beinahe unnatürlicher Farbenpracht erstrahlen zu lassen. Die Jahreszeiten sind auf Island extrem ausgebildet. Im Dezember steht die Sonne nur drei bis vier Stunden über dem Horizont, liegt ein weißer Schleier über dem Land, und Nordlichter tanzen am dunklen, sternenreichen Winterhimmel. Im Sommer dagegen sucht man Sterne am stets hellen Himmel vergeblich und man hört die zahlreichen Zugvögel auch um Mitternacht singen. Natürlich kann es hier auch so ungemütlich sein, dass sich manche Besucher reuevoll fragen, warum sie nicht in südliche Gefilde gereist sind. Doch wer sich auf den ein oder

anderen Regentag einstellt, wird die Schönwettertage dann umso mehr zu schätzen wissen! Unabhängig davon, zu welcher Jahreszeit man anreist: Eine Islandreise ist immer auch ein Traum aus Licht und Farben!

Vulkanische Naturgewalten

Das Eiland unmittelbar unterhalb des Polarkreises verdankt seine Entstehung dem Vulkanismus. Im Schnitt bricht hier alle fünf Jahre ein Vulkan aus. Selbst Islands höchster Berg, der 2110 Meter hohe Hvannadalshnjúkur, ist ein vergletscherter Vulkan. Jederzeit kann er wieder Lava und Asche ausstoßen. Diese Urgewalten der Schöpfung sind auf Island allgegenwärtig, weil hier, genau auf dem mittelatlantischen Rücken, die amerikanische und eurasische Kontinentalplatte auseinandergleiten und ein sogenannter Mantle-Plume oder Hotspot glühend heiße Magma nah unter die Erdoberfläche bringt. Deshalb lässt sich hier der Vulkanismus hautnah studieren. 32 aktive Vulkansysteme gibt es auf dieser kleinen Insel: Man muss kein Prophet sein, um vorhersagen zu können, dass isländische Vulkane in der Zukunft auch international Schlagzeilen machen werden. Auch auf der »Insel aus Feuer und Eis« schmelzen in Zeiten des Klimawandels ihre 13 großen und unzähligen kleinen Gletscher immer schneller, doch noch immer liegen zehn Prozent des Landes unter einer Decke aus Eis begraben. Und: Fast unter jedem Gletscher schlummert ein aktiver Vulkan. Dieses Zusammenspiel der Elemente fasziniert nicht nur Naturwissenschaftler. Island ist ein Land im steten Wandel, ermöglicht immer wieder Einblicke in die Entstehung der Erde und verdeutlicht vor allem, dass es auf unserem Planeten keinen unveränderlichen Normalzustand gibt. Die Insel war schon komplett unter Gletschern begraben oder auch gänzlich eisfrei. Jetzt, in den Zeiten der vom Menschen verursachten Klimakrise, schmelzen die Gletscher rasant und das Land wird von der großen Eislast befreit. In der Folge hebt sich die Insel und ihre Küsten steigen allmählich aus dem Meer auf. Auf diese Art entstanden bereits nach vorhergegangenen Eiszeiten Islands bemerkenswerte Steilküsten, so etwa die Südküste beim Skógafoss oder der Vogelfelsen Látrabjarg in den Westfjorden. Die insgesamt 5000 Kilometer lange Küstenlinie weist eine erhebliche Vielfalt auf. Prägen den Süden hohe Kliffküsten und große Schwemmlandebenen, kennzeichnen den Nordwesten und Osten tief eingeschnittene Fjorde und den Südosten karge, von Gletschern aufgeschüttete Landschaften aus Moränen und Sandern. In der Küstenregion, die durch die Ringstraße gut erschlossen ist, lebt die gesamte isländische Bevölkerung.

Wie ein Farbtupfer steht ein kleines Sommerhaus vor der Fjordlandschaft des Eyjafjörður (oben). Bei Nauthólsvík in Reykjavík gibt es den einzigen beheizten Badestrand Islands (unten).

Europas größte zusammenhängende Wildnisgebiete findet man dagegen in der Mitte der Insel. Das zentrale Hochland ist eine sogenannte edaphische Wüste. Durch das poröse vulkanische Gestein werden die teils erheblichen Niederschläge sofort abgeleitet und fehlen für pflanzliches Wachstum. Das nur in den Sommermonaten mit Geländewagen erreichbare Inselinnere ist daher von dunklen, sandigen Vulkan- und Flusslandschaften sowie bunten Hochtemperaturgebieten geprägt. Feuer und Eis, Wüste und liebliche Vegetation, Berge und Meer, westliche Kultur neben fast unberührter Wildnis – diese faszinierenden Kontraste beschreiben Island am besten.

Eiszeit: Staunende Besucher bei Fjallsárlón (oben). Ausgelassene Stimmung beim Schafabtrieb nahe Hvammstangi (unten).

Isländische Überlebenskünstler

Die Einheimischen sehen ihre Heimat in einem anderen Licht als die naturbegeisterten Touristen. Bis ins 20. Jahrhundert hinein lebten viele Isländer noch wie im Mittelalter. Innerhalb eines halben Jahrhunderts entwickelte sich die isolierte Schafzüchter- und Fischernation zu einem hochtechnisierten Wohlfahrtsstaat. Tradition und Moderne liegen in der isländischen Gesellschaft und Denkweise unmittelbar beieinander. Hier neigen die Menschen zu Extremen, fiebern einerseits weltoffen technischen Neuerungen entgegen, beharren aber andererseits konservativ auf Traditionen wie dem Walfang und auf abenteuerlichen Spezialitäten wie Gammelhai und Schafskopf. Sie lehnten stur die Rückzahlungen ihrer Icesave-Schulden ab, bewarben sich aber im gleichen Atemzug um die intern verteufelte Mitgliedschaft in der Europäischen Union, die ihnen aus der Finanzkrise helfen sollte. Isländer sind äußerst gastfreundlich, können aber auch sehr verschlossen sein. Man erlebt sie extrem flexibel und gleichzeitig gar nicht anpassungsfähig, mal spontan, mal zögerlich.

Vor allem aber haben die Insulaner ein sehr ausgeprägtes Nationalbewusstsein und sind stolz auf ihre Identität und kulturelle Vergangenheit. Da sie so lange isoliert waren und von anderen Nationen beherrscht wurden, fürchten sie sich heute davor, für klein und unbedeutend gehalten zu werden. So lässt sich auch die Bankenkrise teils durch nationalen Größenwahn erklären. Isländer greifen einfach sehr gerne nach den Sternen und lieben extreme Projekte.

Die Beziehung der Isländer zu ihrer Natur hat sich in den vergangenen Jahrhunderten jedoch kaum verändert. Die unzähligen Naturkatastrophen, Hungersnöte und teils unmenschlichen Lebensbedingungen der Vergangenheit haben sich tief in das nationale Gedächtnis eingebrannt. Nicht weiter verwunderlich sehen auch heute noch viele Einheimische die Natur als feindlich an. »Naturschutz« und »Umweltbewusstsein« sind hier sehr junge Begriffe,

die erst in den letzten Jahren durch den Tourismus an Bedeutung gewonnen haben. Durch die schier unerschöpflichen regenerativen Energiereserven ihres Landes können sich insbesondere die Bewohner Reykjavíks einen konsumorientierten Lebensstil leisten und gleichzeitig ein umweltfreundliches Image aufrechterhalten. Dieser scheinbar unvereinbare Widerspruch spiegelt wunderbar den Charakter der Isländer wider. In Reykjavík leben die Menschen bewusst fernab der Natur, die hingegen Touristen aus aller Welt ins Land lockt. Das Hauptstadtgebiet und der Rest des Landes unterscheiden sich in typisch isländischer Manier radikal voneinander. Island ist in jeglicher Hinsicht ein Land der Gegensätze.

Wachsender Tourismus

Noch vor wenigen Jahren galt Island als »Europas bestgehütetes Geheimnis«. Nicht weit vom Kontinent entfernt lockt der »Geheimtipp Island« jedoch mittlerweile jährlich über 2 Millionen Besucher an, Tendenz langsam steigend. Die meisten Besucher kommen aus den Vereinigten Staaten von Amerika, aus Großbritannien, Deutschland, Asien, Polen und Frankreich. In Reisebussen, Mietwagen, öffentlichen Verkehrsmitteln, Geländewagen, auf dem Pferderücken, zu Fuß und auf Fahrrädern erkunden sie die 103 000 Quadratkilometer kleine Insel. Statt Individual- und Abenteuerreisen dominiert nun zunehmend der Massentourismus. In der Folge ändert sich das Antlitz der Insel unweigerlich. Islands unberührte Natur wird von immer mehr Menschen erkundet und ist deshalb immer weniger »wild«. Immer häufiger werden auf Privatbesitz Eintrittsgelder, Park- oder Toilettengebühren verlangt und ist man zusammen mit Dutzenden bis Hunderten anderer Besucher »alleine« in der Natur unterwegs. Der Tourismus ist längst zum wichtigsten Standbein der isländischen Wirtschaft geworden und hat dem Land aus der Finanzkrise geholfen, aber leider auf Kosten der sensiblen Natur, die doch fast alle Reisenden auf die Insel lockt. Die touristische Hauptsaison fällt genau auf die kurze Wachstumszeit der arktischen Vegetation, was zu fortschreitender Erosion führt.

Jeder einzelne Besucher trägt daher eine ganz besondere Verantwortung. Durch respektvolles Verhalten, das Verbleiben auf Wegen und durch den Dialog mit den Einheimischen kann er die Entwicklung des Tourismus mit beeinflussen und zum Naturschutz beitragen. Island ist so einzigartig, dass eigentlich die ganze Insel zum Weltnaturerbe ernannt werden sollte. Diesen Schatz so gut wie möglich zu hüten, sollte sich jeder Islandliebhaber zur Aufgabe machen.

Walbeobachtung lockt viele Menschen nach Húsavík, wo sie mit etwas Glück sogar Buckelwale sehen können.

IM SÜDWESTEN

Rund um Reykjavík

Ein Anblick, wie man ihn nur auf Island sehen kann: Nordlichter über einem Vulkanausbruch, hier bei Fagradalsfjall (links). Der Geysir Strokkur im Haukadalur ist die wohl beliebteste Attraktion des berühmten »Golden Circle« (oben). Der Besuch des Nationalparks Þingvellir ist auch außerhalb des kurzen Sommers reizvoll (unten).

Das Rathaus ragt mitten in den Stadtsee Tjörnin hinein (oben). Reykjavíks Wahrzeichen, die Hallgrímskirkja, vor der ein Denkmal für Amerika-Entdecker Leifur Eiríksson steht (rechte Seite).

1 ISLANDS QUIRLIGES ZENTRUM – REYKJAVÍK

Die nördlichste Hauptstadt der Welt

Im Großraum Reykjavík leben etwas über 235 000 Menschen – auf den ersten Blick mutet diese Zahl für die Hauptstadt eines Staates gering an. Bedenkt man jedoch, dass dies zwei Drittel der isländischen Bevölkerung ausmacht, ist die nördlichste Hauptstadt der Welt geradezu riesig im Vergleich zu den restlichen Ortschaften des Landes.

Nicht viele Ausländer sind sich bewusst, dass das, was als isländische Hauptstadt wahrgenommen wird, in Wirklichkeit sechs eigenständig verwaltete Gemeinden sind, die nahtlos zusammengewachsen sind. Diese Hauptstadtregion ist das urbane Zentrum des Landes. Hier winden sich endlose autofreundliche Straßen durch ausgedehnte Wohnsiedlungen und überdimensionale Gewerbegebiete. Riesige Geländewagen fahren Seite an Seite mit normalen Kleinwagen und schwängern die Luft mit Abgasen. Die für den Stadtverkehr völlig überqualifizierten Superjeeps sind Spielzeuge all jener, die es sich leisten können, mit spritfressenden PKW-Panzern im Landesinneren Gletscher- und Schneefahrten zu unternehmen. Der weitläufige Städteverbund wirkt auf den ersten Blick wie eine chaotische Ansammlung rein praktisch ausgerichteter Betongebäude. »Hübsch« fällt einem in diesem Zusammenhang eher nicht ein. Wer sich jedoch auf das städtische Chaos einlässt, wird feststellen, dass Reykjavík über einen eigenen Charme verfügt und es sich hier sehr gut leben lässt. Die Stadt ist lebendig, eigenwillig und skurril. Sie verkörpert die Lebenseinstellung ihrer Bewohner, die fernab der schönen Inselnatur in ihrer eigenen konsum- und technikorientierten Welt leben.

In der Innenstadt verschönern gepflegte Parks und Skulpturen das Stadtbild.

Von den Wikingern zur modernen Großstadt

Als sich Ingólfur Arnarson im Jahr 877 als erster sesshafter Siedler hier niederließ, wohnten die Menschen gemäß der Wikingertradition nicht in Dörfern, sondern in autonomen Höfen. Das änderte sich jahrhundertelang nicht, weil die Entwicklung des Landes von den herrschenden Dänen unterdrückt wurde. Als Reykjavík 1786 das Stadtrecht zugesprochen wurde, lebten in dem Gebiet gerade einmal 167 Einwohner in 30 Torfgehöften. Reykjavíks Bedeutung wuchs in den folgenden Jahrhunderten, eine Blüte erlebte es jedoch erst im Zweiten Weltkrieg, als die USA hier Truppen stationierten und zum Bau des Zivilflughafens in Keflavík beitrugen. Neue Arbeitsplätze und die beginnende Industrialisierung lockten viele Menschen an; die Landflucht und der massive Zuzug in die Hauptstadt dauern bis heute an. Da Reykjavík im Grunde genommen erst 70 Jahre alt ist, wird man historisch wertvolle Gebäude und eine »gemütliche« Stadtkulisse hier folglich vergeblich suchen.

Bunte Innenstadt

Das historische Zentrum ist die touristisch attraktivste Region der Hauptstadt. Hier stehen hübsche alte Häuser mit farbenfroher Wellblech- oder Holzverkleidung auf einer kleinen Landzunge in Sichtweite zum 900 Meter hohen Tafelberg Esja. Einen schönen Blick auf das hübsche Panorama der bunten Altstadtdächer hat man vom Turm der 74 Meter hohen Hallgrímskirkja. Reykjavík bietet viel Platz. Es gibt erstaunlich viele Einfamilienhäuser, die dann auch meist einen Vorgarten besitzen. Auch die Anzahl von Schulen, Kindergärten und Sportanlagen ist beeindruckend! In den vielen Grünanlagen und Parks mit Kinderspielplätzen treffen sich die Isländer an sonnigen Tagen. Ein Musterbeispiel für die experimentierfreudige

Architektur vieler öffentlicher Bauten der Stadt ist das moderne Rathaus, das mitten im historischen Zentrum in den flachen Stadtsee Tjörnin hineinragt. Von dort aus erstreckt sich auch die Touristen-Einkaufsmeile Laugavegur, die vom Zentrum Reykjavíks hinaus in die weiter östlich liegenden Industrie- und Wohngebiete führt. Wer schon immer mal einen teuren isländischen Wollpullover, ebenso teure Imitate aus Fernost oder T-Shirts mit isländischen Schriftzügen erstehen wollte, hat in den schrillen Boutiquen die Qual der Wahl. Der jüngste Stolz der Stadt ist die hier angesiedelte Konzerthalle Harpa. Ihr Bau lag während der Finanzkrise brach und wurde schließlich im Frühjahr 2011 allen finanziellen Engpässen zum Trotz fertiggestellt. Das Besondere ist ihre gläserne Fassade, die an Bienenwaben und Basaltsäulen erinnert. Breite Fußgänger- und Radwege führen an den Küsten entlang und ermöglichen ausgedehnte Spaziergänge und Radtouren. Besucher ohne fahrbaren Untersatz können die öffentlichen Stadtbusse »Strætó« nutzen, welche die Stadtteile vernetzen. Bezahlt wird mit Kleingeld, die Busfahrer geben allerdings kein Wechselgeld heraus. Natürlich ist inzwischen auch die Zahlung über eine App möglich, die man sich vorher herunterladen kann. 75 Minuten lang gilt das Ticket, mit dem man beliebig oft umsteigen kann.

Kunst und Museen

Reykjavík ist das kulturelle Zentrum Islands. Überall im Stadtgebiet stehen Skulpturen verschiedenster Künstler und Epochen, zudem informieren viele kleine, liebevoll eingerichtete Museen über die isländische Natur, Geschichte und Kunst. Beim Ticketkauf sollte man unbedingt nachfragen, ob es Audio-Führungen in deutscher Sprache gibt! Über die Themen und Öffnungszeiten der zahlreichen Ausstellungen gibt die Touristeninformation im Stadtzentrum Auskunft. In deren direkter Nähe befinden sich mehrere Museen, die sich mit Kunst und Fotografie beschäftigen, sowie die hochmoderne Ausstellung »The Settlement Exhibition«, welche die Ausgrabungsstelle eines Langhauses aus der Besiedlungszeit mithilfe neuester Technik erlebbar macht. Die sehenswerte Sammlung des international herausragenden Nationalmuseums »Þjóðminjasafn« umfasst kostbare Exponate aus isländischer Gegenwart und Vergangenheit. Besonders viele Museen haben sich im Stadtteil »Grandi« angesiedelt. Direkt an der Wasserfront befindet sich das Schifffahrtsmuseum, auf Englisch »Maritime Museum«, das Islands erstaunlich turbulente Seefahrtgeschichte beleuchtet. Hier kann auch das Küstenwachschiff Oðinn besichtigt werden. Im

Die Wassertanks der »Perlan« beherbergen mehrere Ausstellungen, ein Restaurant und eine Aussichtsplattform (oben). Ein weiteres Wahrzeichen der Stadt ist die »Harpa« genannte Oper der Stadt. Direkt am Meer gelegen, besticht sie durch ihre besondere Architektur (unten).

Graffitis und großflächige Wandbemalungen verschönern die Stadt auch in den kleinsten Gassen: die isländische Kunstszene ist lebendig und kreativ (oben). Eine von vielen Skulpturen im Großstadtbereich: »Sólfari« im Norden Reykjavíks (unten). Im Frühwinter erinnert der »Imagine Peace Tower« auf der Insel Viðey an John Lennon und seine Friedensbotschaft (rechte Seite oben). In der Ausstellung »Whales of Iceland« gibt es lebensgroße Wal-Repliken zu bewundern (rechte Seite unten).

gegenüberliegenden »Saga Museum« erhält man anhand von historisch eingekleideten Wachsfiguren einen Einblick in das Leben der ersten Siedler und Saga-Helden. Benachbart liegt das Nordlichtzentrum »Aurora Reykjavík«, das die nächtlichen Himmelslichter auf einer sieben Meter breiten Leinwand auch im Sommer erlebbar macht. Im »Marshall Húsið« wird moderne isländische Kunst gezeigt, während man in der Ausstellung »Whales of Iceland« lebensgroße Nachbildungen aller isländischen Walarten bestaunen kann. Selbst erfahrene Walbeobachter bekommen hier erstmals ein Gefühl für die wahre Größe dieser faszinierenden Meeressäuger.

Kurioses und Action

Vom alten Hafen nahe der Innenstadt starten täglich Walbeobachtungstouren, bei denen oft Zwerg-, Buckel- oder Schweinswale gesichtet werden. Ganz in der Nähe befinden sich im Stadtteil Grandi zwei moderne Erlebnis-Events. In der »Lava Show Reykjavík« kann man seit dem Sommer 2022 glühende Lava aus direkter Nähe bestaunen und Spannendes zum Thema Vulkanausbruch erfahren. Bei »Fly Over Iceland« wird ein Hubschrauberflug über Islands schönste Naturattraktionen täuschend echt simuliert. Die Besucher hängen dabei in einer Art beweglichem Sitz vor einer 20 Meter breiten Leinwand. Eines der verrücktesten Museen Islands ist ohne jeden Zweifel das aus Húsavík umgezogene Phallusmuseum »Hið Íslenzka Reðasafn« in der Nähe des Opernhauses Harpa. In Holzregalen stehen Gefäße mit den in Formalin gelagerten Phalli, in Glasvitrinen liegen Penisknochen. Die Exemplare werden auf geschmackvolle und informative Weise präsentiert, und auch der Humor kommt nicht zu kurz: So werden etwa auch ein Elfenpenis – unsichtbar – und der Penis eines Trolls – versteinert – ausgestellt.

Reykjavíks Wahrzeichen Perlan

Etwas vom Stadtzentrum entfernt liegt Perlan, »die Perle«. Dieses weithin sichtbare Wahrzeichen ist eine Ansammlung von Wassertanks, auf die eine Aussichtsplattform gebaut wurde, von welcher man ganz Reykjavík sehen kann. Hier befinden sich ein Restaurant sowie ein lohnenswertes, kurzweiliges Museum namens »Wonders of Iceland«. Über hochmoderne, interaktive Elemente werden einem verschiedene Naturattraktionen nahe gebracht: Vulkanismus, Gletscher, die isländische Tierwelt und ein Planetarium mit einer Show über Nordlichter. Einmalig in der Welt ist die 100 Meter lange, künstliche Eishöhle aus echtem Schnee, in der –10 °C herrschen – damit bekommt man auch im Sommer einen Eindruck von einer »echten«

Eishöhle, die zudem noch behindertengerecht ist! Und wer danach noch etwas Adrenalin sucht, der kann im Sommer an einer Zip Line, also einer Seilrutsche, von der Aussichtsplattform der Perlan mit bis zu 50 Stundenkilometern auf eine 230 Meter entfernte Plattform rutschen.

Lange Nächte

Die Stadt verfügt über eine lebendige und blühende Musik- und Partyszene. Von Donnerstag bis Sonntag wird der Laugavegur allabendlich zur bunten Partymeile. Wer mit Alkohol und Musik seinen Spaß haben und auf die konsumorientierte junge Generation der Isländer treffen möchte, ist hier goldrichtig. Bis spät in die Nacht wird in den vielen Szeneclubs moderne bis alternative Musik gespielt, und durch die engen Gassen flanieren zahlreiche auffällig gestylte Menschen in angeheitertem Zustand. Angesichts der exorbitant hohen Preise für Alkoholisches fragt man sich allerdings, wie sich die lebensfrohen Musikliebhaber den Spaß leisten können. Dennoch finden hier das ganze Jahr über international bedeutende Konzerte und Musikfestivals statt. Besonders erwähnenswert für Liebhaber der modernen isländischen Musik ist das im November stattfindende Musikfestival »Iceland Airwaves«. An vier aufeinanderfolgenden Tagen treten hier, über die ganze Stadt verteilt, sowohl neue isländische Bands und Solo-Künstler als auch bekannte isländische Größen auf.

Isländische Badekultur

Im Großstadtbereich gibt es eine Vielzahl von Schwimmbädern, die, wie in Island so üblich, aus einem geothermal beheizten Freibad und mehreren heißen Pools bestehen. Die warmen Becken und Dampfbäder sind der Treffpunkt vieler Einheimischer, die im heißen Wasser leidenschaftlich über Politik und das aktuelle Zeitgeschehen diskutieren. Bei Nauthólsvík liegt zudem Islands einziger wirklicher Badestrand. Hier wird das überschüssige Heißwasser der Stadt ins Meer geleitet und die künstlich geschaffene Lagune auf 20 °C erwärmt: perfekt für Freunde des Kaltwasserschwimmens, die sich nach einem Bad im kalten Atlantik im obligatorischen heißen Pool aufwärmen möchten!

TOP ★ ERLEBNISSE

★ AUSFLUGSZIEL VIĐEY

Direkt bei Reykjavík liegt die Insel Viðey, die ganzjährig über mehrmalige Fährfahrten gut an die Stadt angeschlossen ist. Dort gibt es wunderbare Wanderpfade, eine der ältesten noch bestehenden Kirchen Islands und der »Imagine Peace Tower«, ein Denkmal von Yoko Ono für John Lennon und seine Friedensbotschaft. Im Frühwinter sowie den Weihnachtsferien strahlt von hier aus eine blaue Lichtsäule in Reykjavíks Nachthimmel.

★ REYKJAVÍK CITY CARD

Wer einen längeren Aufenthalt in Reykjavík plant, für den lohnt sich wahrscheinlich der Erwerb einer »City Card«. Dieser Besucherpass ist für 24, 36 oder 72 Stunden gültig und beinhaltet freien Eintritt zu zahlreichen Museen und Galerien sowie dem öffentlichen Nahverkehr (Strætó). Im Preis inbegriffen sind außerdem der Eintritt in die Schwimmbäder, den Zoo und die Fährfahrt zur Insel Viðey. Erstehen kann man die »Reykjavík City Card« in Touristeninformationen, Hotels und online.

WEITERE INFORMATIONEN
www.visitreykjavik.is

Vom Turm der Hallgrímskirkja eröffnet sich ein schöner Blick über die bunten Wellblechdächer der kleinen Häuser, die sich an den Stadtsee Tjörnin schmiegen.

Das Freilichtmuseum besteht aus Gebäuden der verschiedenen isländischen Epochen, welche liebevoll und detailreich eingerichtet sind.

2 FREILICHTMUSEUM ÁRBÆJARSAFN

Historisches Architekturerbe

Vier Kilometer vom Reykjavíker Stadtzentrum entfernt, auf einem Hügel mit schöner Aussicht auf die umliegende Stadt, liegt das Árbær Open Air Museum. Es ist historisches, regionales und Freilichtmuseum zugleich und gibt einen Einblick in die Lebensbedingungen der Bewohner von Reykjavík und der ländlichen Umgebung in früheren Jahrhunderten.

Einst befand sich hier die Farm Árbær, die dem heutigen Museum auch den Namen gab. Als der Hof im 20. Jahrhundert aufgegeben wurde, teilte er das Schicksal vieler alter Gebäude im sich damals rasant verändernden Island: Er verfiel. Um das Architekturerbe zu erhalten, werden in das Museum seit dem Jahr 1957 gut erhaltene historische Gebäude aus ganz Reykjavík verlegt, um sie vor dem Verfall zu bewahren. Heute bilden rund 30 Bürgerhäuser und Torfhütten aus den vergangenen zwei Jahrhunderten ein malerisches, sehenswertes Freilichtmuseum, das einem historischen Dorf gleicht.

Leben vor 200 Jahren

Die Grassodenkirche und die Häuser verschiedenster Epochen und Baustile sind innen ihrer Bauzeit gemäß ausgestattet. Im Sommer werden in dem Freilichtmuseum auch Nutztiere gehalten. Zudem zeigen altertümlich gekleidete Handwerker interessierten Besuchern, wie sich das Leben im 19. Jahrhundert abspielte. Selbst die Museumswärter tragen die Tracht der damaligen Zeit. Einen Besuch wert sind außer den Gebäuden auch die Ausstellungen und Festivals auf dem Gelände, so etwa die Handwerkertage oder die Oldtimershows. Im Sommer hat natürlich auch ein Café geöffnet. Wer bereit ist, sich auf den Ort einzulassen, der wird einen wunderbar realistischen Eindruck davon erhalten, wie die Isländer in der Vergangenheit gelebt und gearbeitet haben. Das Museum ist mit öffentlichen Verkehrsmitteln gut zu erreichen.

INFO: www.borgarsogusafn.is

3 HAFNARFJÖRÐUR

Wikinger und Elfen in der Großstadt

Hafnarfjörður ist eine liebenswerte und familienfreundliche Stadt.

Südlich von Reykjavík liegt Hafnarfjörður. Die drittgrößte Stadt Islands ist mittlerweile so mit der Hauptstadt verwachsen, dass sie von vielen für einen Vorort gehalten wird. Der historische Ortskern in Meeresnähe ist in ein hügeliges Lavafeld gebaut: Dort befindet sich angeblich eine der weltweit größten Siedlungen von Elfen und anderen mystischen (und leider unsichtbaren) Kreaturen!

Wer durch den Ort spaziert, dem fallen die vielen Lavahügel auf, um die herum die Häuser und Straßen sorgsam gebaut wurden. Das 7000 Jahre alte Lavafeld Búrfellshraun wurde nicht nur in die Stadtplanung integriert, sondern auch in die Herzen der Einwohner. So gibt es im Hellisgerði-Park nicht nur den nördlichsten Bonsai-Garten der Welt, sondern auch eine Siedlung von Elfen, die in und zwischen den Lavaformationen leben sollen. Nicht wenige Anwohner glauben an das »verborgene Volk« der Elfen, Trolle und Zwerge. Für Interessierte werden im Sommer Elfen-Touren angeboten, und selbst das kleine Heimatmuseum berichtet über die unsichtbaren Mitbewohner der Stadt. Sehenswert sind außerdem der Skulpturenpark im Stadtzentrum und die Museen und Kunstaustellungen.

Internationales Wikingerfest

Jedes Jahr Mitte Juni findet im Zentrum und rund um die neu erbaute Stabkirche ein Wikingerfest statt, das mehrere Tage dauert und zu dem Wikingerfans aus ganz Europa anreisen, vor allem natürlich aus Skandinavien. In leider gar nicht historischer Umgebung, dafür aber in möglichst originalgetreuer Gewandung empfinden viele begeisterte Nordmänner und -frauen das Leben im mittelalterlichen Island nach. Zugleich ist das Festival auch der größte Mittelaltermarkt in Island: Handwerk, Kunst, Musik, Bogenschießen sowie traditionelle Speisen, schauspielerische Darbietungen und inszenierte Kämpfe erwarten die Besucher. Wer sich für Wikinger interessiert, der wird hier nicht enttäuscht werden.

INFO: www.visithafnarfjordur.is

TALARÐU ÍSLENSKU? – SPRECHEN SIE ISLÄNDISCH?

Kommunikation auf der Insel

Wenn Sie vor Ihrer Islandreise ein paar Wörter lernen wollen, dann seien Sie gewarnt: Isländisch gilt als eine der komplizierten Sprachen Europas. Eine komplexe Grammatik, seltsame Buchstaben und eine schwierige Aussprache – ein Glück, dass die meisten Isländer hervorragend Englisch sprechen!
Die ersten Siedler Islands stammten zu einem großen Teil von der Südwestküste Norwegens, weshalb sich Altisländisch und Altnorwegisch nur minimal unterschieden. Heute ist Färöisch die dem Isländischen am nächsten verwandte Sprache. Während sich die anderen skandinavischen Sprachen seit dem 14. Jahrhundert gegenseitig beeinflusst haben, verhinderte die isolierte Lage der Inselnationen eine zu große sprachliche Veränderung. Dialekte gibt es innerhalb des Isländischen übrigens keine, höchstens kleine Ausspracheunterschiede zwischen Norden und Süden.

Schnitzwerk im Museum Skógasafn

Die ursprüngliche Runenschrift wurde mit Annahme des Christentums abgelegt. Das heutige isländische Alphabet besteht aus 32 Buchstaben, die zum größten Teil aus dem Lateinischen stammen. Es fehlen dabei die Buchstaben C, W, Q, und Z, stattdessen aber wurden die Runenzeichen ð und þ für die Th-Laute, sowie das aus dem Altenglischen stammende Æ in das Alphabet integriert. Weitestgehend erhalten blieben grammatikalische Eigenheiten, die in anderen Sprachen im Laufe ihrer Entwicklung vereinfacht oder ganz aufgegeben wurden. Auch wenn sich die heutige Aussprache stark von der des Altisländischen unterscheidet, so können die Isländer noch immer die alten Schriften ihrer Vorfahren lesen.

Einfallsreiche Wortschöpfungen

Auffallend an der isländischen Sprache ist das beinahe gänzliche Fehlen von Fremdwörtern. Ausländische Begriffe des modernen Lebens, aus

Der kuriose Buchladen »Bókin« in Reykjavík: der Besitzer weiß garantiert, wo welche Lektüre zu finden ist.

Dass die Isländer mächtig stolz sind auf ihre Sprache und Literatur, beweist etwa die Architektur des Museums þórbergssetur.

Wissenschaft und Technik werden durch neu erfundene isländische Ausdrücke ersetzt oder isländisch angepasst. Verantwortlich für diesen bewussten Purismus ist ein Komitee, dass seit 1964 die Entwicklung der Sprache überwacht. Eine der bekanntesten Wortschöpfungen ist die Bezeichnung für Computer, tölva. Sie wurde aus den Wörtern für Zahl (tala) und Seherin (völva) kreiert. Die Krankheit Aids wird alnæmi genannt, was »Empfindlichkeit gegen alles« bedeutet. Und die Polizei ist die lögregla, die »Gesetzesreglerin«. Dennoch haben sich vor allem in der Umgangssprache auch ein paar ausländische Wörter eingenistet, wie zum Beispiel hótel, traktor und bensin.
Ähnlich wie im Deutschen lassen sich auch im Isländischen endlose zusammengesetzte Wörter bilden. Deshalb begegnet man auf der Insel mitunter sehr langen Ortsnamen, wie Kirkjubæjarklaustur – »Kloster der Kirchenstadt« – oder Þríhyrningsfjallgarður. Der Name des Bergzugs bedeutet »Drei-Gipfel-Bergkette«. Das Ganze kann zum Spaß noch ausgeweitet werden. Ein isländisches Gegenstück zur Donaudampfschifffahrtsgesellschaftskapitänswitwenrente ist beispielsweise vaðlaheiðarvegavinnuverkfærageymsluskúraútidyralyklakippuhringur, der »Schlüsselring der Außentür am Werkzeugschuppen des Straßenbaus in Vaðlaheiði«!

Vaternamen und Englischkenntnisse

Eine altnordische Tradition, die sich nur noch in Island und auf den Färöern erhalten hat, ist die Sitte, vorzugsweise das Patronym an Stelle des Familiennamens zu benutzen. Dem eigenen Vornamen folgt der Vorname des Vaters, selten auch der Mutter, mit der Nachsilbe Sohn (son) oder Tochter (dóttir). Guðrún Jónsdóttir ist also Guðrún, die Tochter von Jón. Weil sich der Nachname auch bei der Heirat nicht ändert, kann man die Familienzusammengehörigkeit nicht am Namen erkennen.

Deutschsprachige können beim Lesen zwar Gemeinsamkeiten bei vielen Wörtern erahnen, aber die schnelle Aussprache und die Grammatik machen das Erlernen der Sprache zur Fleißarbeit. Verben und Namen werden konjugiert, Substantive dekliniert, es gibt drei Geschlechter – und ziemlich viele Ausnahmen. Doch weil Fernseh- und Kinofilme immer in Originalsprache mit Untertitel gezeigt werden, sprechen die meisten Isländer ein sehr gutes Englisch – und erwarten nicht, dass Ausländer ihre komplizierte Muttersprache erlernen.

Originalschriften aus dem isländischen Mittelalter

Mineralablagerungen und Schwefelausdünstungen lassen die Erde in ungewöhnlichen Farben leuchten.

4 KLEIFARVATN

Kochende Erde, brodelndes Wasser

Die vulkanisch aktive Halbinsel Reykjanes erstreckt sich südlich von Reykjavík in den Atlantik. Das Gebiet wird immer wieder von kleinen Erdbeben erschüttert, und Vulkanausbrüche gelten hier, in direkter Nähe zur Hauptstadt, als nicht unwahrscheinlich. Die Spuren des Vulkanismus zeigen sich überall: in den moosbewachsenen Lavafeldern, den teils bunten Bergen und den dampfenden Hochtemperaturgebieten.

Mitten im Vulkansystem von Krýsuvík, im südlichen Teil der Halbinsel, liegt von heißen Quellen umgeben der See Kleifarvatn – genau auf der Verwerfungszone des Mittelatlantischen Rückens. Dieser größte See der Reykjanes-Halbinsel wird malerisch von Bergen umrahmt und ist über eine Piste zu erreichen. Sein Wasserspiegel wird von der vulkanischen Aktivität der Umgebung bestimmt. So verlor der See nach einem großen Erdbeben im Jahr 2000 plötzlich 20 Prozent seiner Oberfläche, zudem wurden 2009 dort farbenfrohe heiße Quellen mit hohem Schwefelgehalt entdeckt, die allerdings den Fischen, vor allem Forellen und Saiblingen, nicht gut bekommen. Vielleicht erklärt das, weshalb das Seeungeheuer lange nicht mehr gesichtet wurde, das alten Volkssagen zufolge hier leben soll. Der See ist aufgrund seiner Nähe zur Hauptstadt ein beliebtes Ziel für Angler.

Im Südwesten des Sees liegt unmittelbar an der Straße 42 das Hochtemperaturgebiet Austurengjar, das oft nach dem nahe gelegenen Vulkansystem und der Ortschaft Krýsuvík benannt wird. Plankenwege und markierte Pfade führen durch das farbenreiche Geothermalgebiet zu blubbernden Schlammtöpfen, Fumarolen und Maaren. Aufgrund des wachsenden Energiebedarfs der Großindustrie ist auch hier der Bau eines Geothermalkraftwerkes geplant. Das Gebiet würde durch die Anlage jedoch optisch und physisch verändert werden und als eines der letzten naturbelassenen Hochtemperaturgebiete auf Reykjanes verloren gehen.

INFO: www.visitreykjanes.is

5 BLÁA LÓNIÐ

Heilsames Wasser in der Blauen Lagune

In der surrealen Umgebung des im Jahr 1226 entstandenen Lavafeldes Illahraun liegt eine der größten Touristenattraktionen Islands: Bláa Lónið, die »Blaue Lagune«. Nur 22 Kilometer vom internationalen Flughafen Keflavík entfernt, lockt das Thermalbad viele Besucher, von denen allerdings nur wenige wissen, dass der Badespaß zwar menschengemacht, aber gleichsam ungeplant entstanden ist.

Aus 2000 Metern Tiefe wird im nahe gelegenen Geothermalkraftwerk Svartsengi seit 1976 ein bis zu 240 Grad Celsius heißes Gemisch aus Salz- und Süßwasser gewonnen, das durch Wärmetausch als Heizwasser für die umliegenden Ortschaften genutzt wird. Das abgekühlte Thermalwasser wird in das umliegende Lavafeld eingeleitet, wo es der Planung nach eigentlich versickern sollte. Da das Wasser aber viele Salze und Kieselerde enthält, verstopften die Poren der Lava, und es bildete sich ein See. Milchig-blau liegt er nun vor der surrealen Kulisse der riesigen silbernen Röhren des Kraftwerkes und des pechschwarzen, mit graugrünem Moos bewachsenen Lavafeldes. Die blaue Farbe des Wassers stammt von der Kieselsäure, die vor allem blaue Strahlen reflektiert.

Die größte Badewanne der Region

Das 37 bis 42 Grad Celsius warme Wasser des 5000 Quadratmeter großen Sees enthält Mineralsalze, Kieselerde und Algen, die auf viele Hautkrankheiten eine heilende Wirkung haben. Die wachsende Beliebtheit des Ortes gab schließlich den Anstoß zum Bau des modernen Kurbades mit Wellnessbereich sowie eines im Jahr 2016 renovierten Luxushotels. Der Ansturm auf das Bad ist inzwischen so groß, dass man seinen Aufenthalt dort im Voraus buchen muss, wobei die Eintrittspreise mittlerweile bei über 50 Euro pro Person liegen. Isländer können sich den teuren Badespaß kaum mehr leisten; hier finden sich vor allem Touristen aller Nationen zum gemeinschaftlichen Entspannen ein.

INFO: www.bluelagoon.com

Die Nähe zum Flughafen bewegt viele Urlauber, kurz vor der Abreise noch schnell die Blaue Lagune zu besuchen. Im milchigen, heißen Wasser zu baden, ist bei jedem Wetter ein Genuss.

6 VULKANAUSBRUCH BEI FAGRADALSFJALL – GELDINGADALIR

Glühende Lava in Hauptstadtnähe

Vulkanismus hat Island geschaffen, und aktive Vulkane werden die Insel beeinflussen, solange es sie geben wird. Dennoch war es für alle eine Überraschung, als sich nach 800 Jahren Ruhephase auf Reykjanes wieder die Erde öffnete und nur 30 Kilometer von der Hauptstadt entfernt glühende Lava floss.

Island ist ein Traumland für jeden, der sich für Vulkane interessiert. Einerseits befindet sich hier ein Hotspot, der glühende Lava aus dem Erdmantel nach oben steigen lässt, und andererseits sorgt die Trennung von amerikanischer und eurasischer Kontinentalplatte dafür, dass es immer wieder zu Erdbeben und Vulkanausbrüchen kommt. Es gibt hier die unterschiedlichsten Arten von Vulkanen: von harmlosen basaltischen Spalteneruptionen hin zu wirklich gefährlichen, explosiven Zentralvulkanen. Von den über 30 aktiven Vulkansystemen sind seit der Besiedlungszeit 18 ausgebrochen, davon einige sehr regelmäßig. Die Isländer sind Vulkanausbrüche und Erdbeben also gewöhnt: Was aber im Jahr 2021 auf Reykjanes passierte, war selbst für isländische Verhältnisse etwas sehr Besonderes.

Am 24. Februar 2021 erschütterte ein Erdbeben der Stärke 5,7 die Hauptstadtregion: Gegenstände fielen aus den Regalen, und im dem Epizentrum nahe gelegenen Grindavík öffneten sich Risse in Hausböden und Straßen. Die Kontinentaldrift von im Schnitt zwei Zentimetern pro Jahr verursacht alle paar Jahre solch größere Erdbeben. Dieses hier war allerdings der Start einer dreiwöchigen Erdbebenserie: Der östliche Teil der Halbinsel Reykjanes wurde mit Tausenden Beben pro Tag so durchgeschüttelt, dass die Menschen kaum schlafen konnten. Der Grund für

Ein seltenes Privileg: staunende Besucher in direkter Nähe zum Vulkanausbruch (unten). Faszinierende Anblicke offenbarten sich all jenen, die sich vor Ort an die neue Lava heranwagten (rechte Seite).

Der Vulkanausbruch war von Reykjavík aus gut zu sehen, so etwa von Bessastaðir, dem Sitz des isländischen Präsidenten (oben). Detailbild der erstarrenden Pahoehoe-Lava (unten). Der »Touristenausbruch« zog täglich Tausende Schaulustiger an (rechte Seite oben). In der »Lava Show« kann jederzeit glühende Lava bestaunt werden (rechte Seite unten).

das andauernde Gewackel war eine sogenannte Intrusion, die unterhalb des Berges Keilir stattfand: eine riesige Blase glühend heißer Magma drückte sich in eine Spalte und suchte sich einen Weg an die Erdoberfläche. Am 19. März 2021 um 20.45 Uhr war es dann so weit: In einem kleinen Tal namens Geldingadalir, 30 Kilometer Luftlinie von der Hauptstadt entfernt, sprudelte glühende Lava aus einer 150 Meter langen Spalte.

Touristen-Vulkanausbruch

Der isländische Katastrophenschutz gab den Ausbruch schnell für die Allgemeinheit frei, und so pilgerten täglich bis zu 6000

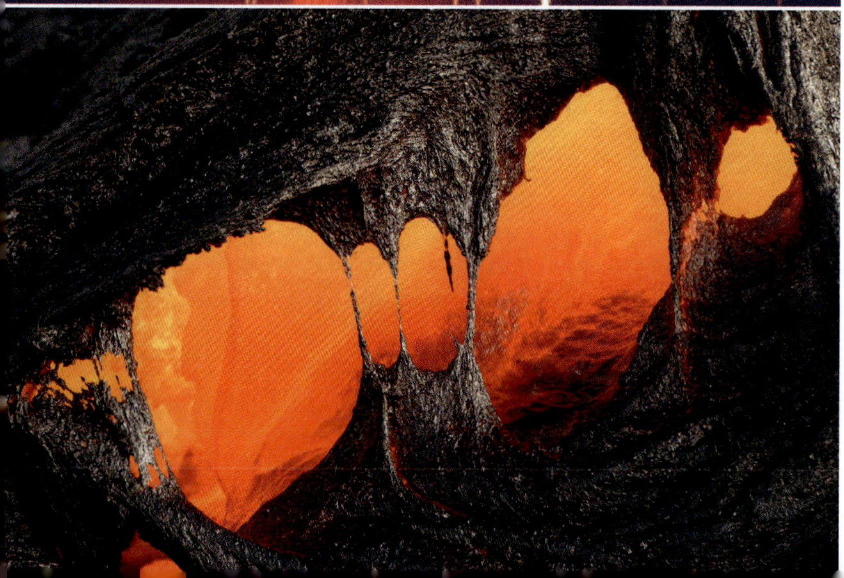

Besucher zur entlegenen Ausbruchsstelle in der Nähe des Berges Fagradalsfjall. Im totalen Niemandsland wurden provisorische Parkplätze und Sanitäranlagen errichtet, und täglich waren Dutzende Freiwillige der isländischen Bergrettung vor Ort, um sich um die zu erwartenden Verletzten zu kümmern. Diese jedoch waren nicht auf die Gefahren des Vulkans zurückzuführen, sondern auf den rutschigen Untergrund der teils sehr steilen Wanderwege. In Sichtweite des Kraters herrschte rund um die Uhr Festivalstimmung, und auch der von Dutzenden gleichzeitig fliegender Drohnen, Hubschrauber und Kleinflugzeuge vollgepackte Luftraum bildete einen ungewöhnlichen Gegensatz zum beeindruckenden Schauspiel des sich täglich verändernden Vulkanausbruchs, den die Isländer »Touristen-Ausbruch« nannten. Anfangs war er so klein, dass man ihm sehr nahe kommen konnte, dann aber wurde er größer und mächtiger. Zeitweise verhielt sich der Vulkan wie ein glühender Geysir und schoss bis zu 400 Meter hohe Lavafontänen in den Himmel. Mehr und mehr Lava floss aus dem kleinen Tal in drei weitere benachbarte Täler, ohne allerdings Schaden anzurichten. Die pragmatischen und experimentierfreudigen Isländer starteten mehrere Versuche, ob man Lava mit Erdwällen aufhalten oder umlenken kann: Ersteres ist nicht möglich, und Letzteres nur dann, wenn die Lava genügend Raum hat, um sich anderweitig auszubreiten.

Der namenlose Neue

Es scheint seltsam, aber auch nach mehreren Monaten hat der Vulkanausbruch immer noch keinen Namen. Isländer benennen Vulkane generell nur dann, wenn sie öfters von sich hören lassen. Dazu kommt, dass der Vulkanismus auf Reykjanes sehr kompliziert ist und es hier keine einfach zu definierenden Vulkane gibt, sondern nur großflächige Vulkansysteme. Der neue Ausbruch ist kein eigenständiger Vulkan, sondern eine Erup-

tionsstelle innerhalb des Fagradalsfjall-Vulkansystems. Und so spricht man in Island niemals vom »Geldingadalir-Vulkan«, sondern vom »Vulkanausbruch in Geldingadalir« oder vom »Ausbruch bei Fagradalsfjall«. Das neue Lavafeld hingegen heißt mittlerweile Fagradalshraun, zu deutsch »Hübschtal-Lava«!

Lange Ruhepause oder Ende?

Am 18. September 2021 stellte der Vulkanausbruch in Geldingadalir seine Aktivität ein. Im Durchschnitt spie der Krater 9,5 Kubikmeter Lava pro Sekunde aus – das entspricht dem Volumen eines Kleinwagens und ist, zumindest für einen Vulkan, recht wenig. Das Lavafeld ist in den sechs Monaten dennoch auf knapp fünf Quadratkilometer angewachsen und vielerorts 40 bis 80 Meter dick. Der Hauptkrater hat einen Durchmesser von fast 200 Metern und ragt 120 Meter über dem ehemaligen Talboden auf. Neben der sichtbaren Lava stößt jeder aktive Vulkan auch tonnenweise Gase aus: Wasserdampf, Schwefelwasserstoff (der wie faule Eier riecht), Schwefeldioxid (der Geruch von Feuerwerkskörpern), Kohlenmonoxid und Kohlendioxid. Da sie schwerer als Luft sind, können sie sich in Senken sammeln und zu Gasvergiftungen bis hin zum Erstickungstod führen: Ein Vulkanbesuch ist niemals risikofrei. Vulkanische Kohlendioxid-Emissionen hat es übrigens schon immer gegeben, sie sind Teil des natürlichen Kohlenstoffkreislaufs. Global betrachtet entsprechen die weltweiten CO_2-Emissionen von Vulkanen nur etwa einem Prozent der menschengemachten; zur Klimakrise tragen sie also nicht bei!

Im Lauf der Monate konnten die Vulkanologen den Ausbruch studieren und zu dem Schluss kommen, dass es sich hierbei um einen auch auf Island seltenen Schildvulkanausbruch handelt. Der Name stammt von seiner Form: Schildvulkane sind Berge mit sehr geringer Hangneigung, deren Aussehen an einen flachen Wikinger-Schild erinnert. Die Magma solcher Vulkane kommt meist aus großer Tiefe, in diesem Fall aus dem oberen Erdmantel aus bis zu 20 Kilometer Tiefe, und ist deshalb bis zu 1250 °C heiß und dünnflüssig. Schildvulkane legen oft Pausen von mehreren Wochen, Monaten oder Jahren ein – dies ist ein Grund, weshalb sich einige Geologen schwer damit tun, diesen Ausbruch für beendet zu erklären. Es könnte sein, dass dieser Vulkanausbruch tatsächlich beendet ist, es ist aber genauso gut möglich, dass er jederzeit wieder beginnen kann. Was die Zukunft bringen wird, weiß keiner!

TOP ★ ERLEBNISSE

★ WANDERN ZUM LAVAFELD

Mehrere unterschiedlich anspruchsvolle Wanderwege führen von den Parkplätzen an der Straße 427 zu den Lavafeldern und auf zwei Aussichtshügel. Lavafelder stehen in Island übrigens unter Naturschutz: Es ist nicht erlaubt, Lava zu verschandeln, Lavabrocken loszutreten oder sie mitzunehmen! Wie immer gilt zudem, die offiziellen Wanderwege bitte nicht zu verlassen, um die neue Lava und die Vegetation nicht durch Tritte zu schädigen.

★ GLÜHENDE LAVA IN REYKJAVÍK UND VÍK

In der Hauptstadt und im 200 Kilometer entfernten Vík ist es möglich, jederzeit glühende Lava zu sehen. In der »Lava Show« wird innerhalb einer kurzen, lehrreichen Vorstellung Lava geschmolzen. Als Zuschauer ist man direkt dabei, erlebt das glühende Gestein mit allen Sinnen und lernt nebenbei allerlei Interessantes über Vulkanausbrüche. Kurzweilig und erstaunlich anders, ist dieses Erlebnis die perfekte Ergänzung zum Besuch in Geldingadalir!
www.lavashow.com

WEITERE INFORMATIONEN
www.visitreykjanes.is

Auf der Landzunge Hópsnes bei Grindavík liegen mehrere gestrandete Schiffswracks (oben). Der Leuchtturm Reykjanesviti befindet sich unweit des Geothermalgebiets Gunnuhver (rechte Seite).

7 IM ÄUßERSTEN WESTEN VON REYKJANES – REYKJANESTÁ

Spannende Mondlandschaft in Flughafennähe

Reykjanes wird von Reisenden chronisch unterschätzt. Abseits der viel befahrenen Schnellstraße zwischen Keflavík und Reykjavík verstecken sich unterschiedlichste Landschaften und Sehenswürdigkeiten, die wegen ihrer erstaunlichen Andersartigkeit bereits als Hollywood-Filmkulisse gedient haben. Szenen aus den Filmen »Noah« (mit Russell Crowe) und »Letters from Iwo Jima« (unter der Regie von Clint Eastwood) wurden hier gedreht.

Wer zu Beginn oder am Ende seiner Reise dem Trubel der Hauptstadt entgehen möchte, dem kann als Übernachtungsort in Flughafennähe das Städtchen Grindavík empfohlen werden. Es ist ein kleiner Ort mit gerade einmal 3500 Einwohnern, von denen einige in der Fischerei arbeiten, viele aber täglich nach Keflavík oder Reykjavík pendeln. Das Angebot hier ist übersichtlich: Es gibt einen Supermarkt, ein paar Restaurants und Imbisse, einen guten Campingplatz und mehrere Übernachtungsmöglichkeiten, ein Schwimmbad und ein Salzfisch-Museum.

Die direkte Umgebung ist über Rad- und Wanderwege gut erschlossen, so etwa der kleine Aussichtsberg Þórbjörn (229 Meter hoch) oder die an den Ort angrenzende Landzunge Hópsnes mit einem kleinen Leuchtturm und mehreren Schiffswracks. Ebenso lohnend ist es aber auch, der Straße 425 nach Westen zu folgen und von dort aus die wenig frequentierte, wilde Küstenlinie zu erkunden.

UNESCO Global Geopark

Seit 2015 ist Reykjanes von der UNESCO als Globaler Geopark, als eine Gegend von

Dem Naturpool Brimketill kann man nur bei ruhigem Meer nahe kommen (oben). Über eine 15 Meter breite Schlucht spannt sich die »Brücke über die Kontinente« (unten). Das Geothermiekraftwerk »Reykjanesvirkjun« wirkt sehr futuristisch (rechte Seite oben). Die ehemaligen Kasernen in Ásbrú verbreiten heute noch US-amerikanischen Flair (rechte Seite unten).

internationaler geologischer Bedeutung, anerkannt. Verschiedenste Formen von vulkanischer Aktivität haben die Halbinsel geschaffen und geprägt. Nimmt man sich die Zeit, dieses windgepeitschte, vegetationsarme Fleckchen Erde zu bereisen, entpuppt sich die vermeintliche Mondlandschaft als überraschend abwechslungsreich und wild. Hunderte von unterschiedlichen Vulkankratern und von Höhlen durchzogene Lavafelder wechseln sich ab mit bunten Geothermalgebieten, schwarzen Sandstränden und wilden Steilküsten. Zehn Kilometer westlich von Grindavík liegt der Brimketill, der über eine Plattform direkt beim Parkplatz

betrachtet werden kann. Es handelt sich hierbei um zwei kleine, von der Brandung ausgehöhlte Becken direkt an der Küste. Bei dem größeren, dem Brandungskessel »Brimketill« könnte man fast glauben, er sei von Menschenhand geschaffen worden. Der Sage nach badete hier früher oft eine Trollfrau namens Oddný, die allerdings auf dem Heimweg irgendwann einmal von der Sonne überrascht und versteinert wurde. Ihr Name blieb bestehen: Oddnýarlaug, »Oddnýar-Bad« wird es deshalb auch genannt. Für menschliches Badevergnügen sind die Pools eher nicht geeignet, denn es handelt sich hier nicht um eine warme Quelle, sondern um kaltes Meerwasser. An vielen Tagen sind die Wogen des hier anbrandenden Nordatlantiks so mächtig, dass man schon auf der umzäunten Plattform klitschnass wird. An den wenigen ruhigen, sonnigen Tagen muss man bedenken, dass es hier, wie an vielen Orten der Südküste, Brandungsrückströme gibt, die ein Bad im Meer schlichtweg lebensgefährlich machen. So starb im Sommer 2021 nur unweit von hier entfernt ein Schwimmer, weil er von der unsichtbaren Strömung aufs offene Meer hinausgezogen wurde.

Reykjanestá

Reykjanestá ist die äußerste Spitze der Halbinsel Reykjanes. Hier befinden sich gleich mehrere jeweils sehr unterschiedliche Sehenswürdigkeiten. Schon von Weitem sichtbar sind die silbernen, rauchenden Schlote des Geothermiekraftwerks Reykjanes, »Reykjanesvirkjun«. Seit 2012 produziert es über zwei 50 Megawatt-Turbinen Energie. Das Wasser bzw. der Wasserdampf werden von zwölf Brunnen aus teils über 2700 Metern Tiefe gefördert. Das Kraftwerk selbst ist nicht zu besichtigen, es gibt hier jedoch eine kleine, eher auf Kinder ausgerichtete interaktive Ausstellung namens »Kraftwerk Erde«. In kurzer Entfernung zur qualmenden Industrieanlage liegt die Thermalquelle Gunnuhver. In beeindruckender Heftigkeit faucht hier

eine meterhohe, kochende Wasserfontäne in den Himmel, und es riecht durchdringend nach Schwefel. Die umliegende Gegend ist farbig, wie für Hochtemperaturgebiete so üblich: Mehrere kleine Schlammquellen und Schwefelsolfatare erinnern daran, dass dies ein vulkanisch aktives Gebiet ist und sich stetig ändert. Vor wenigen Jahren nahm die Aktivität der heißen Quelle plötzlich so stark zu, dass sich ein neuer Krater auftat, welcher die letzten Meter des alten Holzbohlenweges verschluckte. Mehrsprachige Hinweisschilder informieren über die Volkssage von Gunna, der Namensgeberin der Thermalquelle. Nach ihrem Tod soll sie als Geist mehrere Menschen belästigt und gar getötet haben, bevor ein zauberkundiger Priester sie schließlich mithilfe eines Tricks in den fauchenden Quellschlund verbannte.
Unmittelbar hinter dem Hochtemperaturgebiet steht auf einem kleinen Hügel ein 31 Meter hoher, sehr fotogener Leuchtturm: der Reykjanesviti, gebaut im Jahr 1908. Eine Schotterstraße führt an ihm vorbei zu einem Parkplatz direkt an der Steilküste. Hier befindet sich die Klippe Valahnúkur, deren letzte Höhenmeter mittlerweile wegen Erdrutsches für Besucher gesperrt sind. Die Aussicht ist aber dennoch fantastisch! Mehrere Felsnadeln trotzen hier der beeindruckenden Brandung. In 14 Kilometern Entfernung ragt die 77 Meter hohe Felseninsel Eldey aus dem Meer auf. Auch sie ist das Ergebnis eines Vulkanausbruchs: Hier erstreckt sich der Mittelatlantische Rücken weiter nach Süden, und es kommt deshalb immer wieder zu unterseeischen Vulkanausbrüchen. Die meisten davon bleiben unbemerkt, sie müssten sehr lange andauern, um eine Insel bilden zu können – die dann innerhalb weniger Jahrzehnte oft wieder vom Meer erodiert wird. Auch an Eldey, auf deutsch »Feuerinsel«, nagen die Wogen des Nordmeeres. Hier brüten im Sommer bis zu 18 000 Basstölpel. Die großen, majestätischen Vögel können von hier aus wunderbar beobachtet werden: Es ist beeindruckend, wie sie sich pfeilschnell ins Meer stürzen, um Fische zu fangen.

Brücke zwischen den Kontinenten

Fünf Kilometer nördlich von Gunnuhver steht neben der Straße 425 eine Fußgängerbrücke irgendwo im Nirgendwo: Die »Brücke zwischen den Kontinenten« überspannt eine 15 Meter breite Spalte, welche entstand, weil sich unter Reykjanes die nordamerikanische und eurasische Kontinentalplatten voneinander fortbewegen. Auch wenn die tatsächlichen Ränder der Kontinente noch weit entfernt sind, so kann man hier symbolisch zwischen den Kontinentalplatten umherwandern.

TOP ★ ERLEBNISSE

★ THE LOST BIRD PROJECT

Auf dem Parkplatz bei Valahnúkur befindet sich die überlebensgroße Bronzestatue eines Riesenalks vom Künstler Todd McGrain. Dieser mittlerweile ausgestorbene, flugunfähige Vogel war bis zu 85 Zentimeter groß und lebte auf entlegenen Inseln im Nordatlantik. Die Art wurde leider vom Menschen willentlich ausgerottet, weil Museen und Sammler hohe Preise für Eier und Bälge zahlten. Das letzte bekannte Brutpaar wurde im Jahr 1844 getötet, und zwar genau hier, auf einer heute vom Meer abgetragenen Insel vor Eldey.

★ ÁSBRÚ

Bis 2006 befand sich in Keflavík eine NATO-Militärbasis der Amerikaner, welche für die Stadtentwicklung sehr wichtig war und auch der Grund ist, weshalb der internationale Flughafen existiert. Die ehemaligen Kasernen wurden zum neuen Stadtteil »Ásbrú« umgebaut, mit Studentenwohnungen, Übernachtungsmöglichkeiten und Kulturangeboten. Das Flair einer amerikanischen Militärsiedlung ist dort bis heute erhalten.

WEITERE INFORMATIONEN
www.visitreykjanes.is

Die Felsnadeln unterhalb der Steilküste von Valahnúkur sind zu jeder Tageszeit und bei jedem Wetter ein tolles Fotomotiv.

8 GOLDEN CIRCLE

Islands bekannteste Tagestour

Islands beliebteste Tagestour ist der sogenannte »Gullni Hringurinn«, der Goldene Ring, welcher der Einfachheit halber aber von allen auf Englisch »Golden Circle« genannt wird. Die Route umfasst die drei Hauptattraktionen Þingvellir, Haukadalur mit seinen Geysiren und den »goldenen Wasserfall« Gullfoss.

Den sehr touristischen »Golden Circle« kann man auf zwei verschiedenen Wegen erleben. Wer über einen fahrbaren Untersatz verfügt (auf den Straßen Südislands reicht ein normaler PKW), der kann die Strecke problemlos auf eigene Faust erkunden, muss aber an gewissen Orten Park- oder Eintrittsgebühren zahlen. Von der Hauptstadt aus bieten Dutzende Agenturen geführte Touren an; interessant für all jene, die nicht selber fahren möchten und an Informationen von ortskundigen Guides interessiert sind. Die Rundfahrt ist rund 300 Kilometer lang, die reine Fahrzeit beträgt etwa vier Stunden. In den meisten Fällen dauert die Tagestour acht bis zwölf Stunden, je nachdem,

Am »Gesetzesfelsen« Lögberg wurde in Þingvellir mehrere Jahrhunderte lang Recht gesprochen.

Der Geysir Strokkur schießt alle 3–7 Minuten eine kochende Wassersäule in den Himmel.

wie viel Zeit man sich an den einzelnen Stationen lässt und wie viele zusätzliche Stopps man einplant.

Hauptattraktionen und Abstecher

Traditionell verlässt man Reykjavík in Richtung Akureyri, um der Straße 36 nach Þingvellir zu folgen. Viele Besucher wissen nicht, dass sie direkt an der Ortsausfahrt von Mosfellsbær am Laxness Museum »Gljúfrasteinn« vorbeifahren, das dem einzigen isländischen Nobelpreisträger, Halldór Laxness, gewidmet ist. Der weltbekannte Schriftsteller lebte hier mit seiner Familie, und sein Haus ist nun als Museum der Öffentlichkeit zugänglich. Der Nationalpark Þingvellir (siehe Kapitel 9) kann über mehrere Parkplätze erkundet werden. Direkt beim ersten entrichtet man eine kleine Gebühr, sozusagen das Eintrittsgeld in den Nationalpark. Hier befinden sich auch ein Besucherzentrum mit angegliederter Ausstellung und der bekannte Aussichtspunkt über die Tiefebene, von wo aus ein Weg hinunter in die Allmännerschlucht und in Richtung der unteren Parkplätze führt. Die Weiterfahrt führt zum kleinen Ort Laugarvatn (hier gibt es ein Bad, beschrieben in den »Top Erlebnissen«) und zum Geysir im Geothermalgebiet Haukadalur (siehe Kapitel 10). Dort kann jeder, der möchte, im angegliederten Selbstbedienungs-Café bei Rummelplatz-Atmosphäre zu Mittag essen. Nur wenige Kilometer weiter östlich erreicht man einen der größten Besuchermagnete Islands: den »goldenen Wasserfall« Gullfoss (siehe Kapitel 11). Wer danach Lust auf Kultur hat, steuert als nächstes Ziel den Bischofssitz Skálholt an (siehe Kapitel 13). Dazu biegt man nach kurzer Rückfahrt in Richtung Geysir auf die Straße 30 ab und folgt der Beschilderung nach Flúðir und Reykholt. Ein lohnender Abstecher auf dem Rückweg nach Selfoss und Reykjavík ist der kleine Krater Kerið an der Straße 35. Da er auf Privatland liegt, wird hier, wie an mehr und mehr Orten in Island, eine Park- beziehungsweise Eintrittsgebühr von wenigen Euro erhoben. In dem 55 Meter tiefen Vulkankrater versteckt sich ein türkisfarbener See, der von leuchtend roten Lavahängen und grünen Moosen umgeben ist.

Entfernungen ohne Abstecher: ca. 300 km

Info: www.south.is

TOP ERLEBNISSE

★ LAUGARVATN FONTANA GEOTHERMAL BATHS

Im See Laugarvatn finden sich warme Quellen. Seit 2011 gibt es hier ein kleines, aber feines Bad mit mehreren warmen Pools und der Möglichkeit, im (kalten) See zu schwimmen.
www.fontana.is

★ TOMATEN UND PFERDE IN FRIÐHEIMAR

Die kleine Siedlung Reykholt ist bekannt für ihre Gewächshäuser. Eines davon ist für Touristen geöffnet: Hier wird Tomatenanbau erklärt, und es gibt ein Restaurant und eine Pferdeshow mit Stallbesuch.
www.fridheimar.is

★ ÖKODORF SÓLHEIMAR

Seit 1930 gibt es in Island ein Ökodorf, in dem Menschen mit geistiger Behinderung mit nichtbehinderten Menschen zusammenleben. Zum Angebot gehören Werkstätten, eine Bäckerei mit Café, Kunst, Kulturveranstaltungen und ein Gästehaus. Besucher sind herzlich willkommen!
www.solheimar.is

★ WOLLE FÄRBEN IN HESPUHÚSIÐ

Direkt bei Selfoss liegt das Studio »Hespuhúsið«, in dem Guðrún Bjarnadóttir ganz traditionell mit isländischen Pflanzen Schafwolle einfärbt. In ihrer offenen Werkstatt kann der Prozess beobachtet und ihre Handwerkskunst erworben werden.
www.hespa.is

★ MUSEUM SKÝRLAND

In Selfoss gibt es mehrere sehenswerte Museen. Im 2021 eröffneten »Skýrland« etwa dreht sich alles um die Geschichte des isländischen Skýr – jenes typisch isländischen Milchproduktes, das in den letzten Jahren die Supermarktregale der ganzen Welt erobert hat.
www.skyrland.com

Geschichtsträchtiger Ort: UNESCO Weltkulturerbe Þingvellir (oben). Unzählige Schluchten zerreißen das Basaltgestein und füllen sich je nach Tiefe mit dem klaren Wasser des Þingvallavatn (rechte Seite).

9 ÞINGVELLIR

Im Niemandsland der Kontinente

Kein Ort der Insel ist geschichtsträchtiger und für die Isländer bedeutungsvoller als die 40 Kilometer nordöstlich von Reykjavík gelegene Ebene Þingvellir. Das von Schluchten durchzogene Gebiet grenzt an den größten Binnensee des Landes und ist zudem geologisch hochinteressant. Nirgendwo lässt sich die Kontinentaldrift besser erkennen als hier.

Þingvellirs Geschichte beginnt in der Frühzeit von Islands Besiedlung. Ingólfur Arnarson, der heute als offizieller Erstsiedler auf der Insel gilt, ließ sich mit seiner Familie und Sklaven um 874 an der Stelle des heutigen Reykjavík nieder. In seinem Kielwasser traf in den folgenden 60 Jahren eine Welle von schätzungsweise bis zu 20000 Einwanderern auf der Insel ein. In der Hoffnung auf einen Neubeginn kamen sie fast ausschließlich aus dem damals überbevölkerten norwegischen Kulturraum, zu dem in jener Zeit Teile der britischen Inseln gehörten. Da sich Nordeuropa in einer Warmzeit befand, war Island bewaldet und fruchtbar. Die Siedler mussten auf der unbewohnten Insel weder Kriege um Territorien ausfechten noch sich an andere Kulturkreise anpassen – Island erschien ihnen wie das gelobte Land.

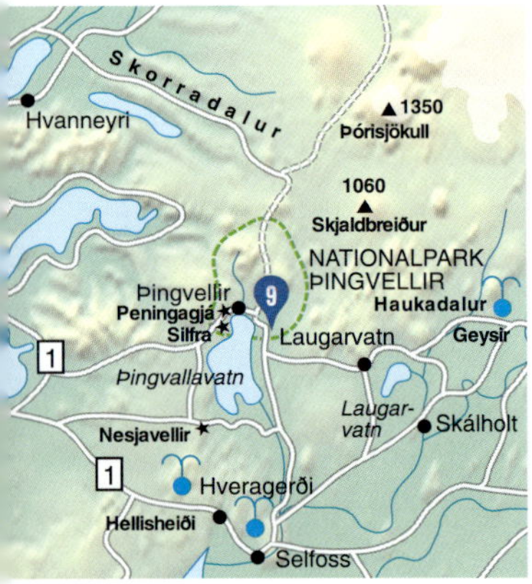

Die Gründung des Alþingi

Nur 50 Jahre später waren jedoch die besten Landstriche unter 435 Häuptlingsfamilien aufgeteilt, die großen Küstenwälder abgeholzt, und es häuften sich die Streitigkeiten um Land, Besitz und Macht. Der Ruf nach einer landesweiten gesetzgebenden Versammlung wurde laut. So entsandten die Nachfahren von Ingólfur Arnarson einen Mann namens Úlfljótur nach Norwegen, um sich dort in Gesetzgebung und -regelung unterrichten zu lassen.

Unterdessen suchte man in Island nach einem geeigneten Ort für einen zukünftigen

Einst extra umgeleitet in die Allmännerschlucht: der Wasserfall Öxarárfoss (unten). Einfache Wanderwege führen durch den Nationalpark, wie etwa hier in der Allmannagjá (rechte Seite oben). Die zahlreichen Schluchten sind in Seenähe mit kaltem, klarem Wasser gefüllt (rechte Seite unten).

Versammlungsplatz. Er musste von allen Landesteilen ungefähr gleichermaßen gut zu erreichen sein, Schutz vor Unwettern sowie genügend Weideland, Feuerholz und Wasser bieten. Diese Voraussetzungen erfüllte aber nur gutes Farmland, auf das kein Stamm verzichten wollte. Als der Besitzer des Gebietes Bláskógar einen Sklaven ermordete, wurde er zur Strafe enteignet und sein Land der Allgemeinheit freigegeben. Die Thingstätte war gefunden: Seitdem heißt die Region Þingvellir, »Versammlungsplatz«.

Das Alþingi, auf Deutsch »Althing«, wurde im Jahr 930 gegründet und ist das älteste heute noch bestehende Parlament der Welt.

Úlfljótur war nach drei Jahren aus Norwegen zurückgekehrt und führte die Versammlung als erster Gesetzessprecher an. Er entschied, das Althing nach norwegischem Vorbild zu gestalten. Es wurde eine jährlich tagende Versammlung aller freien und volljährigen Männer höheren Standes, die hier über Gesetzgebung und spezielle Rechtsprechung abstimmten. Auf dem Lögberg, einem Felsen am Rande der Schlucht Allmannagjá (»Allmännerschlucht«), nahmen die Sprecher ihren Platz ein und konnten dank einer hervorragenden Akkustik noch weit entfernt verstanden werden. Todesstrafen, die insbesondere im späten Mittelalter immer häufiger verhängt wurden, wurden direkt vor Ort vollstreckt. Davon zeugen heute noch Ortsnamen wie Drekkingarhylur (Ertränkungsbecken), Gálgaklettur (Galgenfels), Höggstokkseyri (Richtblocksandbank) und Brennugjá (Verbrennungsschlucht).

Im Jahr 1000 beschloss der Gesetzessprecher des Althing, dass die Isländer von nun an dem christlichen Glauben angehören sollten, und zwar unter der Voraussetzung, dass sie die Rituale ihrer alten Religion weiter heimlich ausführen durften. Damit wurde Island ohne Blutvergießen christianisiert. Die erste Kirche der Insel errichtete man wenig später am Thingplatz. Der Sage nach sandte der norwegische König Olaf damals Holz und Glocke für ihren Bau. Die heutige kleine Holzkirche steht immer noch an genau derselben Stelle.

Wilde Landschaft um die Allmännerschlucht

Nicht nur aufgrund seiner geschichtlichen Bedeutung wurde Þingvellir genau 1000 Jahre nach der Gründung des Althing zum ersten isländischen Nationalpark und 2004 zum UNESCO-Welterbe erklärt. Eine herrliche Naturlandschaft lockt viele Besucher in das weite Tal. Hier stürzt etwa der Fluss Öxará in einem filigranen Wasserfall direkt in die Allmannagjá, die »Allmännerschlucht«. Der

Legende zufolge wurde der Öxará in den ersten Jahren des Althing extra umgeleitet, damit die Männer auf der Suche nach Wasser nicht zu weit laufen mussten. Unterhalb der kleinen Kirche mündet er in den Þingvallavatn, den mit 84 Quadratkilometern größten natürlichen See des Landes. Das wertvolle Trinkwasserreservoir bietet einer einzigartigen Tier- und Pflanzenwelt eine Heimat. Und genau wie die Ebene von Þingvellir, so existiert auch er nur aufgrund der Kontinentaldrift.

Bewegte Erde

Þingvellir gehört zu den weltweit wenigen Orten, an denen das Auseinanderdriften zweier Kontinentalplatten direkt beobachtet werden kann. Auf der Aussichtsplattform oberhalb der Allmannagjá befindet man sich auf der amerikanischen Kontinentalplatte. Von dort sieht man im Osten in sieben Kilometer Entfernung die Ränder der eurasischen Platte. Das Land dazwischen, eine von Schluchten durchzogene Ebene mit historischen Gebäuden, sinkt ganz langsam in den sich verbreiternden Raum zwischen den Kontinenten. Innerhalb der letzten 9000 Jahre soll sich diese Riftzone um 70 Meter verbreitert haben und das »Niemandsland« infolgedessen um 40 Meter abgesunken sein. Der Prozess geht noch permanent weiter: Im Frühjahr 2011 staunten die Ranger des Nationalparks nicht schlecht, als sich ein unscheinbares Loch in einem Fußweg bei der Reparatur als 14 Meter tiefe Schlucht entpuppte!

Verwerfungen durchziehen das gesamte Umland. Die Allmannagjá ist mit knapp 8 Kilometern Länge, 64 Metern Tiefe und 40 Metern Breite die größte Spalte in der Nähe des AlÞingi. Auch in direkter Nähe des Sees befinden sich tiefe Risse im Lavagestein, die sich mit dem kristallklaren Wasser des Þingvallavatn gefüllt haben. Die Peningagjá (»Geldschlucht«) ist im Lauf der vergangenen Jahrzehnte zum Geldbrunnen geworden. Glitzernde Münzen bedecken Boden und Wände der mit Wasser gefüllten Lavaspalte. Leider hat sich unter Besuchern die Unsitte entwickelt, in wirklich jede wassergefüllte Vertiefung Münzen zu werfen, was außerhalb der besagten Peningagjá allerdings ausdrücklich nicht erwünscht ist.

Die Schlucht Silfra am Ufer des Þingvallavatn, deren tiefster Punkt 63 Meter unter dem Wasserspiegel liegt, ist vor allem bei Tauchern beliebt. Die Sichtweiten unter Wasser betragen teilweise über 100 Meter – eine weltweite Besonderheit! Das ungewöhnlich klare Wasser entstammt dem 50 Kilometer entfernten Gletscher Langjökull. Während seiner 20 bis 30 Jahre dauernden Reise wird das Schmelzwasser durch das poröse Lavagestein gefiltert und speist in unterirdischen Quellen den See.

TOP ★ ERLEBNISSE

★ BESUCHERZENTRUM ÞINGVELLIR

Von Reykjavík aus kommend, befinden sich am ersten Parkplatz die Aussichtsplattform mit dem berühmten Blick über Þingvellir sowie ein Besucherzentrum, an das eine kostenpflichtige, hochmoderne und interaktive Ausstellung angeschlossen ist. Sie behandelt die menschliche Geschichte des Ortes genau wie auch die Naturhistorie. Nicht nur bei schlechtem Wetter ist diese sehr zu empfehlen!

★ SCHNORCHELN IM GLASKLAREN WASSER

Man muss kein Gerätetaucher sein, um das weltweit einzigartig klare Wasser des Þingvallavatn zu erleben: Mehrere Anbieter ermöglichen kurze, aber unvergessliche Schnorchelausflüge in der Silfra-Spalte. Warm eingepackt in Trockentauchanzügen treibt man auf dem klaren Wasser und genießt den Blick in eine völlig andere Welt. Ein Erlebnis für alle, die nach einem etwas anderen Islandabenteuer suchen!
www.silfra.org

WEITERE INFORMATIONEN
www.thingvellir.is

10 HAUKADALUR

Unterwegs auf dem »Golden Circle«

Haukadalur ist Islands berühmtestes Geothermalfeld. Hier befinden sich die einzigen nennenswerten Geysire der Insel, Stóri Geysir und Strokkur. Entgegen der landläufigen Meinung ist im »Land der Geysire« nur der Strokkur regelmäßig aktiv. Zusammen mit dem zehn Kilometer entfernten Gullfoss und Þingvellir bildet dieses Hochtemperaturgebiet Islands beliebteste Tagestour, den »Golden Circle«.

Bei jedem Ausbruch bildet der Geysir Strokkur eine türkisfarbene Blase aus (unten). Die regelmäßig hervorschießenden Fontänen sind die Hauptattraktion in Haukadalur (rechte Seite oben). Die umliegenden heißen Quellen sind ebenfalls faszinierend, so etwa der azurblaue Topf des »Blesi« (rechte Seite unten).

Der Besuch von Haukadalur ist ein Muss für jeden Islandreisenden. 125 Kilometer nordöstlich von Reykjavík liegen Parkplätze, ein Hotel, ein Touristenzentrum und ein Campingplatz rund um ein kleines Hochtemperaturgebiet, das täglich Tausende Besucher anzieht. Überall steigt Dampf auf, es riecht teilweise deutlich nach Schwefel, und der vegetationslose Erdboden ist teils erstaunlich farbig. Zwischen gepflasterten Wegen reihen sich in einer niedergetrampelten Ebene blubbernde, blau schimmernde Quellen. Die meisten sind ehemalige oder äußerst selten aktive Geysire, darunter auch Stóri Geysir, der »große Geysir«. Nur noch Strokkur, das »Butterfass«, meldet sich regelmäßig zu Wort.

Strokkur und Geysir

Strokkur bildet das Zentrum des Geothermalgebietes. Er liegt ebenerdig und ist von flachen Sinterterrassen umgeben, denen man sich bis auf wenige Meter nähern kann. Nur selten muss man lange auf seine Aktivität warten: Ohne Ankündigung beginnt etwa alle vier bis acht Minuten das Wasser im kleinen Kessel zu wallen, schließlich ertönt ein

tiefes Grollen und es bildet sich eine wunderschöne türkisfarbene Blase, aus der fauchend und zischend eine bis zu 30 Meter hohe kochend-heiße Dampf- und Wassersäule in den Himmel schießt.

Einen kurzen Spaziergang entfernt liegt der Vater aller Geysire, Stóri Geysir, der oft nur Geysir genannt wird. Sein Name bedeutet so viel wie »Hervorschießender«. Dabei handelt es sich weder um die größte noch die älteste Springquelle der Welt, jedoch um die erste, die in Europa bekannt wurde und deshalb mit seinem Namen den Gattungsbegriff prägte. Der Geysir ist vermutlich mehrere Tausend Jahre alt. Das erste Mal erwähnt wurde er in einer Schrift aus dem 13. Jahrhundert. Seine Dampfsäule soll im Jahr 1845 eine Höhe von 170 Metern erreicht haben; normalerweise schoss sie aber »nur« 60 Meter in den Himmel.

Ab 1915 stellte der Große Geysir seine Aktivität ein. Nach einem Erdbeben im Jahr 2000 war er kurzzeitig wieder unregelmäßig aktiv, ist jedoch in den letzten Jahren erneut komplett »eingeschlafen«. Strokkur ist demnach der momentan einzige aktive Geysir im Hochtemperaturgebiet.

Springquellen sind sehr empfindliche physikalische Naturphänomene. Ändern sich die Temperatur oder die Wasserzufuhr, wie es bei größeren Erdbeben häufiger geschieht, dann verändern sie ihre Aktivität. Sie benötigen einen langen, engen und einigermaßen geraden Tunnel, der von einem unterirdischen Wasserreservoir zur Oberfläche führt. Das Wasser wird durch die nahe Magma bis über den Siedepunkt aufgeheizt, beginnt jedoch nicht zu kochen, weil der Druck der Wassersäule zu hoch ist. Erst wenn einzelne Blasen aufsteigen und einen Teil des Wassers nach oben aus der Quelle pressen, fällt der Druck ab. Das überhitzte Wasser verwandelt sich in Wasserdampf und kann über 100 Meter in die Luft geschleudert werden.

Geysir-Tuning

Die Aktivität beider Geysire ist vom Menschen beeinflusst worden. Strokkur zum Beispiel war ab 1896 nur noch selten aktiv, weil ein Erdbeben den Wasserzufluss der Quelle verringert hatte. Die schon damals zahlreichen Besucher warfen Steine und andere Gegenstände in die Quelle, um sie so erfolgreich zu Eruptionen zu provozieren. Mit der Zeit verstopfte sie dadurch allerdings gänzlich. Um den Strokkur wieder zum Leben zu erwecken, bohrte man ihn 1963 bis auf 40 Meter Tiefe aus. Seitdem ist er wieder aktiv. Ähnlich wurde beim Großen Geysir verfahren. Man bohrte seine Seitenwand an, um den Wasserspiegel zu senken und damit Ausbrüche zu erleichtern. Nur wenig später wusste man mit 40 Kilogramm Seife, die man in den Geysir warf, die Oberflächenspannung der Wassersäule so zu senken, dass unweigerlich eine Eruption erfolgte. Diese Praktik wird heute nur noch gelegentlich angewendet, zuletzt am 8. Juni 2000.

TOP ★ ERLEBNISSE

★ DIE BLAUE QUELLE BLESI

In unmittelbarer Nähe zu den Geysiren befinden sich, erreichbar über einfache Wege, mehrere andere heiße Quellen. Besonders erwähnenswert ist die Thermalquelle Blesi, deren nebeneinanderliegende Becken unterschiedlich tief und heiß sind – und deshalb unterschiedlich gefärbt. Während das im Wasser enthaltene Kieselgur, das aus den Schalen von Kieselalgen entsteht, im heißen Becken bei 100 °C vollständig gelöst ist, bleibt es im kühleren Becken bei 50 °C in kleinen Partikeln gebunden: Das Wasser wirkt dadurch tiefblau!

★ ZELTEN MIT BLICK AUF DEN STROKKUR

Unmittelbar neben dem Hochtemperaturgebiet mit seinen Geysiren befindet sich ein kleiner, einfach ausgestatteter Campingplatz. Hier ist es möglich, in Sicht zur regelmäßig hervorschießenden Wasserdampfsäule zu übernachten. So kann man auch auf die nächtlichen Momente warten, an denen Islands beliebteste Touristenattraktion vielleicht etwas weniger stark frequentiert ist ...
www.hotelgeysir.is

Der mächtige, zweistufig in die Tiefe stürzende Gullfoss lockt täglich Tausende von Besuchern aus aller Welt an.

11 DER GOLDENE WASSERFALL – GULLFOSS

Islands bekannteste Kaskaden

Der mächtige Wasserfall Gullfoss ist die dritte große Naturattraktion, die zusammen mit Þingvellir und den Geysiren in Haukadalur den sogenannten »Golden Circle« bildet. Es liegt nahe, dass der »Goldene Wasserfall« damit auch der Namensgeber des »Goldenen Rings« ist.

Nur neun Kilometer nordöstlich von Haukadalur erfüllt das stetige Rauschen des Gullfoss die Luft. Zweistufig stürzt er elf und 21 Meter tief in eine schräg zur Fließrichtung stehende Schlucht, die weiter hinten bis zu 70 Meter tief wird. Es gibt zwei Parkplätze auf zwei verschiedenen Ebenen, von denen der obere der beliebtere ist, weil sich dort auch ein Restaurant und Sanitäranlagen befinden. Nach sehr kurzem Spaziergang erreicht man hier die Aussichtsplattform am oberen Rande der Schlucht, die eine fantastische Übersicht auf den Wasserfall ermöglicht. Eine Treppe führt dort zum unteren Parkplatz, von dem man sich dem Wasserfall bis auf wenige Meter nähern kann. Dort steht auch eine Basaltsäule mit dem Reliefporträt der Bauerntochter Sigríður Tómasdóttir, die hier aufwuchs. Die junge Frau kämpfte gegen die Zerstörung des Wasserfalls durch ein geplantes Wasserkraftwerk. Als auch nach jahrelangem Rechtsstreit die Situation ausweglos schien, drohte Sigríður damit, sich in den Fluss zu stürzen. Daraufhin wurde das Projekt 1920 endlich aufgegeben. Ohne sie würde Islands beliebtester Wasserfall, der mittlerweile unter Naturschutz steht, heute nicht mehr existieren.
INFO: www.gullfoss.is

Ljósafoss, der namensgebende Wasserfall des im Hintergrund erkennbaren Kraftwerks, kann in regenarmen Sommern komplett austrocknen.

12 AKTIV UND INTERAKTIV – LJÓSAFOSS-KRAFTWERK

Wasserkraft zum Anfassen

In Island werden 75 Prozent des Energiebedarfs aus Wasserkraft gewonnen. Am Südende des Þingvallavatn wurde in einem der ältesten Wasserkraftwerke Islands ein Besucherzentrum mit einer kostenlosen Ausstellung eingerichtet. Ein perfekter kurzer Stopp für alle, die gerne mehr über das Thema erfahren möchten.

Ljósafossstöð, das »Lichtwasserfall-Kraftwerk«, ist eines der ältesten Wasserkraftwerke Islands, die heute noch in Betrieb sind. Es nutzt einen Teil des Wassers, das aus dem Þingvallavatn abfließt und den namensgebenden Wasserfall Ljósafoss speiste. Dieser fließt heute nur noch, wenn genügend Wasser vorhanden ist und über die darüber liegende Staumauer strömen kann. In Betrieb genommen wurde das kleine Kraftwerk im Jahr 1937; damals hatte es mit seinen zwei Turbinen eine Leistung von 8,8 Megawatt. Eine dritte Turbine mit einer Leistung von 6,5 Megawatt wurde 1944 installiert. 1999 wurde das Kraftwerk vom staatlichen Energiekonzern Landsvirkjun komplett renoviert und darin eine kleine, kostenlose Ausstellung eingerichtet (Erklärungen auf Isländisch und Englisch), die auch für Kinder geeignet ist. Hier kann man ins Turbinenhaus schauen und erfährt interaktiv Interessantes über die Geschichte der Wasserkraft, der isländischen Stromerzeugung und Elektrizität im Allgemeinen. Eine mal ganz andere Attraktion abseits der ausgetretenen Touristenpfade, die man prima als Abstecher auf dem »Golden Circle« besuchen kann!

INFO: www.landsvirkjun.is

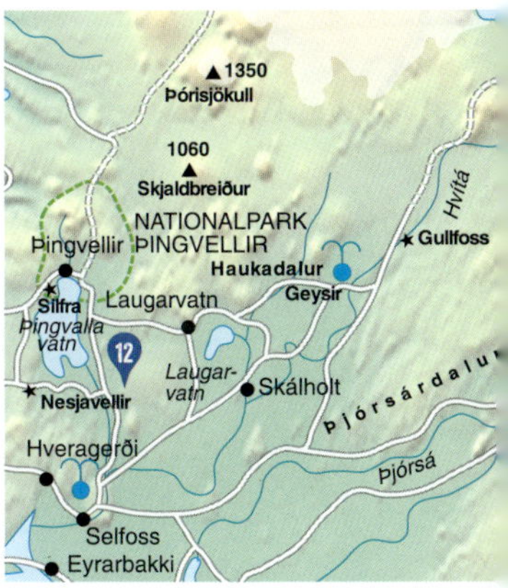

13 DER BISCHOFSSITZ SKÁLHOLT

Das historische Machtzentrum Islands

Das geschichtsträchtige Skálholt war von 1056 bis 1801 ein mit reichen Ländereien ausgestatteter Bischofssitz sowie das kulturelle und politische Zentrum des Landes. Insgesamt residierten hier 31 katholische und zwölf protestantische Bischöfe. Damit hat der Ort trotz seiner geringen Größe eine bemerkenswerte Bedeutung für die Geschichte der Insel.

Der Ort Skálholt ist nicht sonderlich groß: Er besteht lediglich aus der relativ großen Kirche, dem Wohnsitz des Weihbischofs und einem Schulgebäude. Der heutigen Kirche von 1963 gingen viele Vorgängerinnen voraus. Das erste Gotteshaus wurde vermutlich bereits vor dem Jahr 1000 und unmittelbar nach der Christianisierung Islands errichtet. Damit dürfte es eine der ersten Kirchen Islands gewesen sein. Im 12. Jahrhundert importierte der damalige Bischof Klængur Þorsteinsson auf zwei großen Schiffen eine prächtige Stabkirche aus Norwegen. 48 Meter lang, 22 Meter breit und 13 Meter hoch, zählt sie bis heute zu den größten jemals gebauten Kirchen der Insel. Hundert Jahre lang galt die Kathedrale als das bedeutendste Gebäude des Landes, bevor sie infolge eines Blitzschlags im Jahr 1309 niederbrannte.

Bedeutendes Kulturzentrum

Die heutige evangelisch-lutherische Kirche, Skálholtsdómkirkja, wurde von 1956 bis 1963 erbaut. Das 30 Meter lange Gotteshaus besticht auch durch seine moderne künstlerische Ausstattung, darunter viele Geschenke anderer skandinavischer Kirchen. Ebenso interessant sind die historischen Artefakte, welche die Jahrhunderte überdauert haben. In der Krypta befindet sich eine Ausstellung des Nationalmuseums, darunter der Tuffsteinsarg des Bischofs Páll Jónsson aus dem frühen 13. Jahrhundert. Auch andere Stücke archäologischer Ausgrabungen können betrachtet werden. Im Sommer finden in der Kirche Konzerte mit internationalen Künstlern statt, so beispielsweise das Skálholt-Festival, das sich hauptsächlich klassischer Musik widmet.
INFO: www.skalholt.is

Auch heute ist dem ehemaligen Bischofssitz Skálholt seine Bedeutung noch anzusehen.

Wanderwege und Trampelpfade führen hinauf ins »rauchende Tal« Reykjadalur, das man ausschließlich zu Fuß von Hveragerði aus erreichen kann.

14 ÜBERALL BRODELT ES – HVERAGERÐI

Die Stadt der heißen Quellen

Folgt man der Ringstraße von Reykjavík aus nach Osten, dann ist Hveragerði die erste Siedlung, auf die man nach Überquerung des 374 Meter hohen Passes Hellisheiði trifft. In den Hügeln hinter der Stadt steigt überall Dampf auf: In keiner Siedlung Islands ist Erdwärme so allgegenwärtig, wie hier auf dem »Feld der heißen Quellen«, wie der Name grob übersetzt werden kann.

Die kleine Stadt Hveragerði ist durch und durch geprägt vom Vulkanismus. Mitten im Ort gibt es ein Hochtemperaturgebiet mit heißen Quellen, in denen man Eier kochen kann! Schon immer haben die Einwohner die Erdwärme genutzt, sei es zum Kochen oder zum Heizen der Häuser oder heutzutage auch zum Gemüseanbau in mehreren großen Gewächshäusern.

Wanderung ins Reykjadalur

Unmittelbar bei Hveragerði beginnt eine insgesamt sieben Kilometer lange Wanderung ins »rauchende Tal« Reykjadalur. Ein gut ausgebauter, einfacher Wanderweg überbrückt 260 Höhenmeter und führt durch malerische saftig grüne Täler und bunte Hochtemperaturgebiete in ein kleines Tal, in dem ein von heißen Quellen gespeister Bach verläuft. Dort, wo das Baden am angenehmsten ist, befinden sich Holzplattformen, und man kann, umgeben von wilder Natur und vielen anderen Badegästen, in 10 bis 40 °C warmem Wasser sitzen. Der ehemalige Insidertipp ist längst eine der beliebtesten Kurzwanderungen für Touristen geworden. Wegen des Besucheransturms ist es extrem wichtig, auf den Wegen zu bleiben.
INFO: www.south.is

Der Leuchtturm Reykjanesviti ist umsäumt von Alaska-Lupinen, welche im 19. Jahrhundert nach Island eingeführt wurden.

DER SÜDEN

Geformt von Feuer und Eis

Vor der Südküste bei Vík stehen die Basaltbrandungspfeiler Reynisdrangar, der Legende nach zwei versteinerte Trolle (links). Sonnenuntergang hinter dem Leuchtturm von Dyrhólaey und einer der Westmännerinseln (oben). In Südisland befinden sich einige aktive Vulkane: so etwa der Eyjafjallajökull, der zuletzt im Jahr 2010 ausbrach (unten).

Vestmannaeyjarbær, das »Westmännerinseldorf«, schmiegt sich zwischen die hoch aufragenden Klippen der kleinen Insel Heimaey (oben). Von der oft stürmischen Steilküste hat man spektakuläre Blicke auf die umliegenden Westmännerinseln (rechte Seite).

15 DIE WESTMÄNNERINSELN

Leben auf dem Vulkan

Heimaey ist die größte der Vestmannaeyjar, der »Westmännerinseln«, und eine eigene kleine Welt. Rund 4200 Menschen leben ganzjährig auf dem nur 13,6 Quadratkilometer großen Eiland vor Islands Südküste. Auf der Insel gibt es allerdings so viel zu entdecken, dass man unbedingt länger verweilen sollte.

Zehn Kilometer vor der Südküste Islands liegen die Vestmannaeyjar, ein vulkanischer Archipel, der sich südlich des Eyjafjallajökull in den Atlantik erstreckt. Je nach Definition gehören dazu 15 bis 18 Inseln mit vielen weiteren Schären und Felsen. Die größte und einzig bewohnbare von ihnen ist die »Heimatinsel«, Heimaey. Dort liegt im Schutz einiger vorgelagerter Klippen, eines Lavafeldes und zweier Vulkankegel die gleichnamige Stadt, die im Vergleich zur geringen Inselgröße geradezu riesig wirkt. Heimaey, auch Vestmannaeyjarbær genannt, gehört dank seines Hafens und den umliegenden, sehr ertragreichen Fanggründen zu den reichsten Städten Islands.
Da die Südküste Islands von Gletscherläufen und Asche der zahlreichen Vulkane völlig versandet ist, ist Heimaey im weiten Umkreis die einzige Anlaufstelle für größere Schiffe.

Vielfalt auf kleinstem Raum

Heimaey ist in jeglicher Hinsicht eine höchst interessante Insel. Für Wanderfreunde gibt es hier auf kleinstem Raum unterschiedlichste Landschaften zu erkunden, die geradezu surreal anmuten. Der rote Kegel des jungen Vulkans Eldfell ragt 200 Meter über dem leuchtend grünen Grasland auf, auf dem zutrauliche Schafe weiden. Hohe Klippen brechen steil in den Atlantik ab und ermöglichen eine atemberaubende Aussicht auf die Küste und die umliegenden Inseln des Archipels. Im neuen Lavafeld auf der Ostseite der Insel verstecken sich zahlreiche Höhlen – sowie ein Motocrossgelände und eine Mülldeponie.
In den begrünten Küstengebieten kommen Vogelfreunde voll auf ihre Kosten. Entlang der Küsten haben Papageitaucher die

Schafe weiden auf den Grasflächen der südlichen Insel (oben). Verwaist wirken in einigen Sommern die Kolonien der Papageitaucher, deren Population im vergangenen Jahrzehnt stark zurückgegangen ist (unten). Die Stadt Heimaey ist von steilen Klippen begrenzt (rechte Seite oben). Im von steilen Klippen geschützten Tal Herjólfsdalur befindet sich nicht nur der Campingplatz, sondern Anfang August auch das berühmte Festival »Þjóðhátíð« (rechte Seite unten).

oberste Erdschicht mit ihren Nisthöhlen durchlöchert, während die darunterliegenden Steilfelsen von den weiß-grauen Leibern der Eissturmvögel und Dreizehenmöwen gesprenkelt sind. Die unteren Etagen werden von Trottellummen und Tordalken bewohnt. Verschiedene Walarten können häufig von den hohen Felsen oder auf einer Bootstour um die Insel beobachtet werden, ebenso wie Basstölpel, Sturmschwalben und Gryllteisten.

Im »Beluga Whale Sanctuary« in der Nähe des Hafens leben seit dem Sommer 2020 zwei Beluga-Wale. Sie wurden aus einem chinesischen Vergnügungspark dauerhaft in diese natürlichere Umgebung umgesiedelt. Im angegliederten Besucherzentrum mit kleinem Aquarium kann man sich über die isländische Meeres-Tierwelt und die Belugas informieren. Die weißen Wale können sich frei in der Bucht von Klettsvík bewegen: durch ein Unterwasserfenster besteht die Chance, sie zu sehen, wenn sie sich in der Nähe aufhalten!

Leben auf dem Vulkan

Bis vor wenigen Jahrzehnten brachte kaum jemand die Inseln mit Vulkanismus in Verbindung, lagen sie doch seit der ersten Besiedlung Islands ruhig im Meer. Der bis dato letzte Ausbruch fand vor über 5000 Jahren statt, nichts deutete darauf hin, dass sie zu einem jungen und aktiven Vulkansystem zählen. Doch 1963 öffnete sich, 20 Kilometer von der bewohnten Hauptinsel entfernt, der Meeresboden, und innerhalb von eineinhalb Jahren entstand die zweitgrößte Insel des Archipels: Surtsey, nach dem Feuerriesen Surtur benannt. Dennoch rechnete niemand damit, dass sich zehn Jahre später, am 23. Januar 1973, ein Vulkanausbruch auf Heimaey ereignen würde – nur einen Kilometer von der damals 5300 Seelen zählenden Stadt entfernt. Da am Tag zuvor ein schwerer Sturm geherrscht hatte und die ganze Fischereiflotte im Hafen lag, konnten alle Einwohner innerhalb weniger Stunden evakuiert werden. Wie durch ein Wunder kam niemand zu Tode. Fünf Monate dauerte der Ausbruch, bei dem sich die Insel um 20 Prozent vergrößerte. Ein Drittel von Heimaeys 1200 Häusern wurde von den Lavaströmen zerstört und der Rest unter einer meterdicken Ascheschicht begraben. Nur dem Kampfgeist der Inselbewohner ist es zu verdanken, dass der Hafen noch existiert. Obwohl die Situation vollkommen aussichtslos erschien, kühlten sie den Lavastrom über die gesamten fünf Monate hinweg mit Wasserwerfern und verhinderten so, dass noch mehr Häuser zerstört und der Naturhafen von der Lava verschlossen wurde.

Über diese einzigartige Geschichte kann man sich am Lavafeld und in den Museen vor Ort informieren.

Der Vulkanausbruch war nicht die einzige Katastrophe, die Heimaeys Bewohner in der Vergangenheit bewältigen mussten. Immer wieder ertranken Fischer, allein im 19. Jahrhundert kamen rund hundert auf dem Meer ums Leben. 1627 versklavten algerische Piraten den Großteil der Bevölkerung und verschleppten ihn nach Nordafrika, das damals zum Osmanischen Reich gehörte. 50 Jahre später vernichtete die Eruption von Laki die Fischbestände der Südküste. Papageitaucher und andere Seevögel wurden damals zur wichtigsten Nahrungsquelle der Inselbewohner.

Eine stille Tragödie

Die Papageitaucher sind das Wahrzeichen der Westmännerinseln. Über eine Million Brutpaare konnte man hier zählen, dies entspricht etwa 20 Prozent der weltweiten Population der kleinen Clowns im Frack. Seit 2007 hat sich die Situation jedoch entscheidend gewandelt: Der Sandaal ist urplötzlich an der gesamten isländischen Süd- und Ostküste verschwunden und macht sich auch im Westen und Norden Islands immer rarer. Von diesem unscheinbaren kleinen Fisch sind jedoch viele kleine Seevogelarten abhängig, weil er genau die richtige Größe hat, um von den Küken gefressen zu werden. Es sind wohl mehrere Faktoren für das Verschwinden des Fisches verantwortlich. Weil sich durch den Klimawandel die umliegenden Meeresströme erwärmt haben, wandert der heimische Krill ab, die wichtigste Nahrung der Sandaale. Parallel dazu sind die Bestände des Schellfisches extrem angewachsen, der sich wiederum von Sandaalen ernährt und somit in direkter Nahrungskonkurrenz zu den Seevögeln steht. In der Folge haben Papageitaucher, Küstenseeschwalben, Trottellummen und andere Vögel keinen Bruterfolg mehr. Sie brüten zwar, finden jedoch keine passende Nahrung, um ihre Küken zu ernähren. Diese verhungern, bevor sie flügge werden. Die Situation ist im Süden Islands so dramatisch geworden, dass rund um die Stadt Heimaey statt mehrerer Zehntausend Küken mittlerweile nur noch mehrere Dutzend registriert werden. Die einstigen Kolonien sind verwaist; viele Brutpaare fliegen die Inseln schon gar nicht mehr an. Wenn sich die Lage in den kommenden Jahren nicht wesentlich ändert, wird das Symboltier der Westmännerinseln bald ausgestorben sein.

TOP ★ ERLEBNISSE

★ DAS GROSSE MUSIK-BESÄUFNIS

Am Wochenende vor dem ersten Montag im August findet auf Heimaey das größte Trinkgelage des Landes statt: das »Þjóðhátíð« Festival in Herjólfsdalur. Im August 2017 kamen 16 000 Menschen ins Tal, um den berühmtesten Musikern und Bands Islands zuzuhören. Wer einmal die Isländer im Exzess erleben möchte, der ist hier goldrichtig. Wer allerdings Heimaey in Ruhe für sich entdecken möchte, der sollte seinen Besuch auf einen anderen Zeitpunkt legen.
www.dalurinn.is

★ VULKANMUSEUM ELDHEIMAR

Das modernste Museum der Stadt, Eldheimar, beschäftigt sich mit der vulkanischen Geschichte des Archipels. Das Herzstück bildet ein Haus, das unter Tonnen von Vulkanasche begraben wurde. Ein deutschsprachiger Audio Guide führt durch die moderne, interaktive Ausstellung, die einen sehr guten Eindruck von dem Vulkanausbruch im Jahr 1973 bietet.
www.eldheimar.is

WEITERE INFORMATIONEN
www.visitwestmanislands.com

16 ÞJÓRSÁRDALUR – IM SCHATTEN DER HEKLA

Paradiesische Vielfalt am Eingang zur Hölle

Eine Dreiviertelstunde Autofahrt von Selfoss und der Ringstraße entfernt verstecken sich unmittelbar am Rand des südlichen Hochlandes einige wirklich sehenswerte Attraktionen. Beeindruckende Wasserfälle in verwunschenen Schluchten, paradiesische Birkenwäldchen und ein Freilichtmuseum liegen in direkter Sichtweite zu Islands wohl bekanntestem Vulkan, der Hekla.

Die 1491 Meter hohe Hekla ist der Zentralvulkan einer 40 Kilometer langen Vulkanspalte – und wird, wie viele Vulkane auf Island, weiblich assoziiert. Ihr lang gestreckter Hauptgipfel ist oft bis in den Spätsommer hinein mit Schnee bedeckt, doch der Schein trügt: Hekla zählt zu den aktivsten und mächtigsten Vulkanen des Landes. In den vergangenen Jahrhunderten ist sie in Intervallen von zehn bis 80 Jahren ausgebrochen, die bisher letzte Eruption fand im Jahr 2000 statt und dauerte nur wenige Tage. Hekla kann aber auch ein ganz anderes Kaliber auffahren. In vorhistorischer Zeit war sie für gigantische Asche-Eruptionen verantwortlich, die die ganze Insel mit Tephralagen bedeckten und das weltweite Klima beeinflussten. So wird vermutet, dass etwa die Missernten und Hungersnöte unter der Regierung von Ramses III. im alten Ägypten auf die Asche der Hekla zurückzuführen waren. In Europa gilt sie seit dem Mittelalter als »Eingang zur Hölle«. Aus der Zeit stammt wohl auch der in Schweden heute leicht altmodische Fluch »Dra åt Häcklefjäll!« (»Fahr doch zur Hekla!«).

Wie ein lang gezogener Zuckerhut überragt die Hekla die angrenzenden Berge (unten). An der Grenze zum Hochland liegt der beeindruckende Wasserfall Háifoss (rechte Seite).

Der Museumshof Þjóðveldisbær ist ein originalgetreuer Nachbau eines mittelalterlichen Hofes (oben). Dessen originale Fundamente kann man bei Stöng begutachten (unten). Im kleinen Tal Gjáin befinden sich verwunschene Wasserfälle (rechte Seite oben). Einfacher zu erreichen sind mehrere kleinere Wasserfälle in der südlichen Þjórsá (rechte Seite unten).

Kultur und Natur in Hekla-Nähe

Der älteste dokumentierte Ausbruch der Hekla im Jahr 1104 begrub halb Island unter Asche. Das benachbarte Tal Þjórsárdalur mit mindestens 20 großen Gehöften wurde auf Jahre hin unbewohnbar. Einer jener Bauernhöfe, die damals zerstört wurden, war Stöng im oberen Þjórsárdalur. Die Überreste des Langhauses im Wikingerstil wurden 1939 von Archäologen freigelegt und genauestens dokumentiert. Die Fundamente wurden später überdacht und sind heute der Besichtigung freigegeben. Um dorthin zu gelangen, biegt man nahe dem Wasserfall Hjálparfoss von der Teerstraße 32 auf einen sieben Kilometer langen Schotterweg ab. Ganz in der Nähe versteckt sich auch die kleine Schlucht Gjáin. In mehreren Wasserfällen und Kaskaden fließt dort der schmale Fluss Rauðá durch einen verwunschenen Birkenhain, der von bildhübschen Basaltklippen umgeben ist. Folgt man der Schotterstraße weiter nach Norden, gelangt man wieder zur Straße 32 oder auch auf die wirklich schlechte Schotterpiste 332. Diese ist definitiv nur für höhergelegte 4x4-Fahrzeuge gedacht und führt entlang einer Hochspannungsleitung zu einem unbefestigten Parkplatz irgendwo im Nirgendwo. Nach einer fünfminütigen Wanderung gelangt man zum Rand einer Schlucht, die den Übergang vom Hochland ins Þjórsárdalur darstellt. Hier befinden sich zwei der höchsten Wasserfälle des Landes: Der 122 Meter hohe Háifoss und der unmittelbar daneben angesiedelte, 101 Meter hohe Granni liefern bei jedem Wetter einen spektakulärer Anblick! Anlässlich des 1100. Jahrestags der Besiedlung Islands wurde 1974 damit begonnen, den bereits erwähnten Hof Stöng originalgetreu nachzubauen. Nach drei Jahren war es so weit: Das entstandene Freilichtmuseum namens Þjóðveldisbær ist die wahrscheinlich beste Repräsentation eines mittelalterlichen Gehöftes auf Island. Wohl auch deshalb diente es der Erfolgsserie »Game of Thrones« als Drehort – genau wie übrigens auch die Schlucht Gjáin. Wer auch das Innere der drei Nachbauten bestaunen möchte, sollte sicherstellen, dass er während der Öffnungszeiten des Museums anreist.

Die Kraft der Þjórsá

Die Þjórsá ist mit 230 Kilometern Islands längster Fluss. Ihr Wassereinzugsgebiet reicht vom mittig im Hochland gelegenen Gletscher Hofsjökull bis zum Vatnajökull. Die enorme Energie der Þjórsá und ihrer Nebenflüsse, vor allem der Tungnaá, wird in bisher sieben Wasserkraftwerken genutzt, weitere sind in Planung. Im südlichen Hochland zerschneiden deshalb mehrere große Stauseen

und höchst unfotogene Hochspannungsleitungen die kargen Naturlandschaften. Gerade weil der Blick so weit schweifen kann und die Natur so unberührt scheint, fällt Naturliebhabern diese Infrastruktur hier besonders negativ auf.

Kohlemeiler und Birkenwälder

Das vom Fluss geschaffene Tal, Þjórsárdalur war zu Siedlungszeiten eine fruchtbare und bewaldete Gegend, die Viehzucht und Ackerbau begünstigte. Wie in ganz Island ging auch hier in den ersten Jahrhunderten der Besiedlung der Baumbestand stark zurück. So gut wie jeder Hof fällte damals Bäume und selbst kleinste Sträucher, um in Kohlemeilern Holzkohle herzustellen. Diese brennt mit einer höheren Temperatur als Holz und ermöglichte es den Menschen, Eisen zu erhitzen und zu schmelzen. Bei den groß angelegten Ausgrabungen im Þjórsárdalur im Jahr 1939 fand man heraus, dass hier so gut wie jedes Gehöft seinen Eisenbedarf selbst decken konnte. In einem Holzkohlefeuer verbrannte man »mýrarrauði« (»Moor-Röte«, auf deutsch Raseneisenerz) – stark eisenhaltiger Schlamm, der in jedem isländischen Sumpf zu finden ist. Das so gewonnene Eisen war allerdings so weich, dass die schätzungsweise 28 000 Sensen, die zu der Zeit in Island in Gebrauch waren, vor jeder Benutzung in einem Holzkohlefeuer erhitzt werden mussten, um sie zu schärfen. Um genug Heu für die Tiere mähen zu können, hatte also jeder Hof einen hohen Bedarf an Holzkohle. Die Situation besserte sich erst Mitte des 15. Jahrhunderts, als die Isländer begannen, Eisen aus anderen Ländern zu importieren. Später verfügten sie dann auch über Sensen, die man ohne Feuer dengeln und mithilfe eines Schleifsteins schärfen konnte. Die Schäden im arktischen Ökosystem waren da aber bereits irreversibel und führten zu Überweidung und Bodendegradation. Das karge Antlitz Islands ist also vielerorts menschengemacht! Bereits seit Ende des 19. Jahrhunderts werden in Island daher Wälder wiederaufgeforstet – im mittlerweile großen Stil mit überwiegend ausländischen Baumarten. In der Umgebung der Hekla wird allerdings vermehrt auf ur-isländische Vegetation gesetzt: Das Projekt »Heklawälder« will die Bodenerosion stoppen und die Asche binden, die der aktive Vulkan immer wieder ausstößt. So sollen hier in den nächsten Jahren 100 000 Hektar Birkenwald entstehen, was einem Gebiet von der Größe des Langjökull entspricht. Die isländischen Birken sind genügsam, extrem zäh und können selbst einen halben Meter Aschefall überleben. Sie sind also perfekt geeignet, um das Gebiet wieder zu begrünen.

TOP ★ ERLEBNISSE

★ HJÁLPARFOSS

Kurz vor der Mündung in die Þjorsá hat die Fossá den pittoresken Hjálparfoss geschaffen. Ein kurzer Abstecher von der Straße 32 und ein kurzer Spaziergang führen zu diesem neun Meter hohen Wasserfall, der einen Basaltsäulenfelsen zu umarmen scheint.

★ ÞJÓFAFOSS

Ein nicht sehr bekannter Wasserfall ist der Þjófafoss in der Þjórsá, dessen Wasserstand von einer Staumauer kontrolliert wird. Zu erreichen ist er über die Teerstraße 26: Genau zwischen den Bergen Búrfell und Hekla zweigt eine namenlose Schotterpiste nach Westen ab, die zu einem kleinen Parkplatz direkt am Wasserfall führt.

★ URRIÐAFOSS

Etwa 16 Kilometer östlich der Stadt Selfoss, liegt an der Ringstraße Islands wasserreichster Wasserfall, Urriðafoss. Mit 360 bis 700 Kubikmetern Wasser pro Sekunde stürzt hier der Fluss Þjórsá auf etwa 40 Meter Breite sechs Meter in die Tiefe. Es bestehen Pläne, nur zwei Kilometer oberhalb ein Wasserkraftwerk zu bauen: der Wasserfall würde dadurch komplett trocken gelegt werden.

WEITERE INFORMATIONEN
www.south.is

Ein weiteres historisches Highlight des Südens ist der sehr gut erhaltene Torfhof in Keldur, neben dem eine der typisch isländischen Holzkirchen aufragt.

17 AREAL MIT VIEL GESCHICHTE – TORFGEHÖFT KELDUR

Eine Reise in Islands Vergangenheit

In Keldur begibt sich der Besucher auf eine spannende Zeitreise, denn hier stehen die ältesten Torfhäuser Islands, die man bis ins Jahr 900 zurückdatieren kann. Die Farm steht seit 1942 unter der Obhut des isländischen Nationalmuseums und ist in den Sommermonaten für Besucher geöffnet. Keldur wird in der Njálssaga erwähnt, und wenn man das Glück hat, allein über das Gehöft mit der kleinen Kirche zu schlendern, werden die alten Geschichten lebendig.

Von Hella kommend, zweigt kurz vor Hvolsvöllur die Straße 264 von der Ringstraße ab. Nach elf Kilometern auf der Teer- und Schotterstraße erreicht man Keldur. Um die Farmer nicht zu stören, sollte man den Wagen auf dem Parkplatz zurücklassen und die wenigen Meter bis zum Gehöft unbedingt zu Fuß zurücklegen. Man kommt zunächst an einem kleinen Mühlenhäuschen vorbei, aus dem eine der vielen Quellen in dieser Gegend sprudelt. Das Wasser in Keldur gilt als das klarste und kälteste in Island. Dem Bauern Skúli Guðmundsson ist es zu verdanken, dass Keldur noch existiert. Er legte Schutzwälle an, um der windgetriebenen Bodenerosion Einhalt zu gebieten, die viele Nachbarhöfe zerstörte. Uralte, mit Gras überwachsene Mauern aus Lavagestein erinnern an die Nähe zu Islands berühmtester Vulkanin Hekla, die bei gutem Wetter zum Greifen nah scheint. Keldur war unter seinem Oberhaupt Jón Loftsson (1124–1197) im 12. Jahrhundert einer der mächtigsten Gutshöfe in Island. 1932 fand man einen 25 Meter langen Geheimgang aus dieser Zeit.

INFO: www.south.is

18 SELJALANDSFOSS

Ein Blick hinter den Wasservorhang

Wo sich der Eyjafjallajökull aus der weiten Schwemmlandebene des Südens erhebt, beginnt ein Küstenstreifen mit einzigartigen Wasserfällen. Schon von Weitem sieht man den schmalen Wasservorhang des Seljalandsfoss, den man über einen schmalen Pfad komplett umrunden kann.

Oberhalb des Wasserfalls formt der Bach Seljalandsá die Schlucht Tröllagilsmýri und bringt unzählige kleine Wasserfälle und Kaskaden hervor. Ursprünglich floss der Bach von der ehemaligen Steilküste einmal direkt ins Meer. Seit sich das Land hier bedingt durch die Gletscherschmelze nach der letzten Eiszeit um rund 60 Meter anhob, stürzt der Seljalandsfoss in eine von Gletscherfluten geformte Ebene und mündet kurz darauf in den Fluss Markarfljót.
Um den wie verwunschen wirkenden Wasserfall führt ein Rundweg durch die Gischt hindurch zu einem geräumigen Hohlraum im Fels. Wer den Wasserfall von hinten betrachten will, sollte unbedingt Regenkleidung tragen! Die eleganten Wasserschleier sind so fotogen, dass der Seljalandsfoss so manchen Bildband und Kalender ziert. Mit Recht zählt man ihn zu den schönsten und ungewöhnlichsten Naturwundern Islands. Da er außerdem nur einen Kilometer von der Ringstraße entfernt liegt, ist er ein wahrer Besuchermagnet. Der kleine, völlig überfüllte Parkplatz gleicht einem Rummelpatz – wie mittlerweile die meisten Attraktionen entlang der isländischen Südküste.
In der Hauptsaison gibt es hier einen kleinen Shop/Café, und wenn es im Herbst wieder dunkel wird, machen Scheinwerfer den Wasserfall auch nachts sichtbar. Am Seljalandsfoss selber ist Campieren übrigens nicht erlaubt. In unmittelbarer Nähe gibt es aber einen kleinen, einfach ausgestatteten Campingplatz, der besonders bei Isländern beliebt ist.
INFO: www.south.is

Filigran fällt der Seljalandsfoss von der grünen Steilklippe unterhalb des Eyjafjallajökull herab: ein Pflicht-Besuch für jeden, der auf der Ringstraße in Südisland unterwegs ist.

Der Seljalandsfoss zählt zu den bekanntesten Wasserfällen des Inselstaates. Ein Rundgang führt hinter seinen Wasserschleier, der sich hier 60 Meter in die Tiefe stürzt.

19 BERGLANDSCHAFT ÞÓRSMÖRK

Im Wald des Donnergottes Thor

Þórsmörk liegt im Schutz zerklüfteter Berge zwischen Gletschern und mächtigen Flüssen. Der bewaldete Bergrücken gehört zu den beliebtesten Reisezielen der Isländer. Auf dem Weg dorthin lässt sich die Krossá nur in Superjeeps und hochgesetzten Bussen durchqueren. Wohl in keinem anderen Gletscherfluss der Insel sind mehr Fahrzeuge stecken geblieben.

Abgegrenzt von den drei Flüssen Krossá, Markarfljót und Þröngá hat in der Þórsmörk ein kleiner Birkenwald der Überweidung des 19. und 20. Jahrhunderts trotzen können. Nach dem Ausbruch des Vulkans Katla im Mýrdalsjökull im Jahr 1918 wurde »Thors Wald«, so die deutsche Übersetzung für Þórsmörk, großräumig abgezäunt und es konnte sich der Birkenwald auch dank tatkräftiger Aufforstungsbemühungen wieder ausbreiten. Für Mitteleuropäer ist der niedrige Baumbewuchs entlang des kargen Bergrückens kaum die Bezeichnung »Wald« wert, Isländer aber sind stolz auf ihre grüne Þórsmörk. Auch deshalb erwartet den Reisenden an manchen Wochenenden ein unerwarteter Anblick. Hat man die rumpelnde Fahrt über die unbefestigte Piste und durch brückenlose Bäche überstanden, wundert man sich an manchen Sommerwochenenden über den Rummel, der an den drei Hütten des Gebietes herrschen kann. Halb Reykjavík scheint es bei gutem Wetter in das etwa 150 Kilometer entfernte Tal zu ziehen. Familien sitzen lautstark diskutierend um große Holzkohlengrille, auf denen Lammkeulen garen, während Männer mittleren Alters begeistert vor ihren tropfenden Superjeeps stehen und über die Größe ihrer Autoreifen fachsimpeln.

Im Tal Langidalur gibt es eine Berghütte mit angrenzendem Campingplatz – mit Blick auf den Eyjafjallajökull (unten). Unwirkliches Licht beleuchtet die schroffen Berge und Klippen der verästelten Täler (rechte Seite oben). Um hierher zu gelangen, müssen teils tiefe und reißende Gletscherflüsse durchquert werden (rechte Seite unten).

Hütten und Campingplätze

Drei Hütten stehen entlang des Gebirgszuges: Básar im Tal Goðaland, Langidalur in der eigentlichen Þórsmörk, und Húsadalur im Flusstal des Markarfljót. Ihnen allen sind Campingplätze angegliedert, auf denen man sich vom eventuellen Trubel isländischer Gruppen zurückziehen kann, und jede gefällt mit einem ganz eigenen Charme. Básar liegt direkt am nördlichen Ende des Fimmvörðuháls-Wanderweges und verfügt über gute Einrichtungen auch für Camper. Langidalur ist landschaftlich am interessantesten gelegen. Ihr Campingplatz verteilt sich ringsum in einem kleinen Tal und bietet einen fantastischen Ausblick auf den Gletscher des Eyjafjallajökull. Die Hüttenwarte betreiben einen winzigen Laden, in dem sie während der Hochsaison Süßigkeiten, Brot und Nudelsuppen verkaufen. Die wenig windgeschützte Anlage in Húsadalur gleicht einem Hüttendorf und verfügt im Gegensatz zu den anderen Hütten über Strom und Internetzugang. Sie ist zudem über Linienbusse, die täglich zwischen Húsadalur und Reykjavík pendeln, am besten an die öffentlichen Verkehrsmittel angebunden.

Für Wanderfreunde ist Þórsmörk ein äußerst lohnendes Ziel. Von kurzen Abendspaziergängen bis zu den Mehrtageswanderungen Laugavegur und Fimmvörðuháls lassen sich hier auf markierten Wanderwegen zahlreiche Touren unterschiedlicher Länge und Anforderungen unternehmen. Besonders beliebt sind die Kurzwanderungen, die direkt an den Hütten beginnen. Nur 90 Minuten etwa dauert von Langidalur oder Húsadalur aus der Rundweg über den Gipfel des Valahnúkur, rund die gleiche Zeit muss man von Básar aus für die Besteigung des Útigönguhöfði einplanen. Informationen zu den möglichen Wanderrouten und eventuell auch Kartenmaterial erhält man bei den Hüttenwarten vor Ort.

Doch unabhängig davon, welche Berge man nun erklimmt oder Seitentäler erkundet – die Aussicht auf die schroffen, grau-grünen Steiltäler unter den schneeweißen bis ascheschwarzen Gletschern ist islandweit einmalig! Beeindruckende Naturphänome sind etwa Lavabögen wie der Steinbóginn im Tal Stóri Enda oder die von einem kleinen Gletscherfluss geformte Stakkholtsgjá. Bei einer Wanderung in der wunderschönen Schlucht muss man den Fluss mehrmals überqueren und einige große Felsen erklimmen, bis man schließlich zu einer Grotte gelangt, in der im Verborgenen ein verwunschener Wasserfall rauscht.

TOP ★ ERLEBNISSE

★ ÞÓRSMÖRK MIT DEM EIGENEN AUTO

Um Þórsmörk zu erreichen, biegt man von der Ringstraße auf die Straße Nr. 249 ab, die auch zum bekannten Wasserfall Seljalandsfoss führt. Nach ein paar Kilometern ist die Piste wirklich nur noch für hochgelegte Allradfahrzeuge geeignet. Besonders die Flussfurten im hinteren Teil des Tals können herausfordernd bis gefährlich sein und Wassertiefen von über einem Meter aufweisen. Wer die schroffe Gletscherwelt ohne Wasserschaden erleben möchte, dem sei angeraten, doch lieber mit den (geländegängigen) Linienbussen anzureisen. www.re.is, www.trex.is

★ BEQUEME(RE) ÜBERNACHTUNG

Während die Hütten in Langidalur (www.fi.is) und Básar (www.utivist.is) allesamt Schlaflager ohne Privatsphäre sind, bieten die »Volcano Huts« in Húsadalur private Übernachtungen in »Glamping«-Zelten, Kleinhütten und Privaträumen. Zudem gibt es hier ein Restaurant: ein Übernachtungsort für alle, die auf städtischen Komfort nicht verzichten wollen. www.volcanotrails.com

Wenn Lava in Kontakt mit Eis oder Wasser kommt, zerreißt es sie zu dunkler Asche, die elektrisch so geladen ist, dass Blitze entstehen können (oben). Die Aschewolke des Eyjafjallajökull bot bei Sonnenuntergang spektakuläre Anblicke (rechte Seite).

20 EYJAFJALLAJÖKULL

Der Vulkan, der die Welt in Atem hielt

Jahrelang verband man Island vor allem mit beeindruckender Natur, struppigen, charakterstarken Pferden, der Sängerin Björk, vielleicht auch mit der Gruppe Sigur Rós, und schließlich mit der Finanzkrise. Im Frühjahr 2010 lenkte sich die geballte Aufmerksamkeit jedoch kurzfristig auf einen 1666 Meter hohen Gletschervulkan, an dessen Namen sich die Welt die Zunge verknotete: ÄJ—ja—FIAT—la—JÖÖ—kütl.

Manche Vulkane Islands sind so oft aktiv, dass man mehrmals in einem Jahrhundert mit einem Ausbruch rechnet: Die Hekla und der mitten im Vatnajökull versteckte Grímsvötn gehören zu diesen Dauerbrennern. Ihre Eruptionen sind dann meist kurz und lokal – und werden oft nicht in internationalen Medien erwähnt. Dass Islands Vulkanausbrüche aber auch so groß und heftig sein können, dass sie das Wetter der gesamten Nordhemisphäre in Mitleidenschaft ziehen und sie in der Vergangenheit schon große Auswanderungswellen aus Island bewirkt haben, ist heute fast vergessen. Der Ausbruch eines an sich kleinen Vulkans im Gletscher der Eyjafjöll erinnerte die Welt im Jahr 2010 daran, dass Eruptionen auf der kleinen Insel auch verheerende Folgen nach sich ziehen können.

Fimmvörðuháls – der Touristenausbruch

Am 20. März 2010 öffnete sich zwischen Eyjafjallajökull und Mýrdalsjökull auf der Hochebene Fimmvörðuháls eine feuerspeiende Spalte. Bei diesem sogenannten effusiven Vulkanausbruch wurde die Lava nicht explosiv herausgeschleudert, sondern strömte relativ ruhig aus. Rot glühend floss sie über den eisfreien Bergrücken und fiel schließlich in einem über 200 Meter hohen Lavafall in die Schlucht Hrunagil hinab. Zu Tausenden kamen in den

Blick auf den Eyjafallajökull vom Gipfel Valahnúkur in der Þórsmörk (oben). Fingerdick legte sich Asche über das Umland (unten). Vom Wanderweg Fimmvörðuháls eröffnen sich faszinierende Ausblicke hinab in die Þórsmörk (rechte Seite oben). Das Bad Seljavallalaug liegt auf der Südseite des Gletschervulkans (rechte Seite unten).

folgenden Wochen Schaulustige aus Island und aller Welt angereist, um sich bis auf wenige Meter dem Lavastrom zu nähern und die bis zu 150 Meter hohen Lavafontänen zu bestaunen. Als in der zweiten Aprilwoche die Lavaströme versiegten, wurde der Ausbruch am 12. April für beendet erklärt.

Eyjafjallajökull – die explosive Phase

Zwei Tage danach brach am Morgen des 14. April 2010 direkt im Gipfelkrater des Eyjafjallajökull eine zwei Kilometer lange Spalte auf. Riesige Lavamengen trafen auf die 200 Meter dicke Eisschicht des darüber liegenden Gletschers, und es entstanden mehrere Tausend Meter hohe Asche- und Dampfwolken sowie mehrere Gletscherläufe.

Die Gebiete in unmittelbarer Umgebung des Vulkans wurden evakuiert und 500 Menschen in Sicherheit gebracht. Man fürchtete eine Flutwelle, die das Flussbett des Gletscherflusses Markarfljót verlassen und umliegende Farmen beschädigen könnte. Tatsächlich brachte das von Asche und Lava durchsetzte Schmelzwasser den Wasserstand des Markarfljót zum Steigen, richtete aber dank der Schutzwälle entlang des Flusses wenig Schaden an. Nur ein Sommerhaus und Teile der Ringstraße wurden beschädigt.
Bis zum Ende des Vulkanausbruchs am 23. Mai hielt der Eyjafjallajökull die Welt in Atem. Die Aschewolke wurde in bis zu zehn Kilometer Höhe mehrmals über die Nordsee und Nordwesteuropa getrieben, erreichte sogar Zentralrussland, den Alpenraum und auch den Mittelmeerraum. Da man fürchtete, dass die Vulkanasche die Triebwerke der Flugzeuge beschädigen könne, wurden zahllose Flüge storniert und es kam zu massiven Behinderungen im internationalen Flugverkehr. Weltweit saßen Passagiere an Flughäfen fest oder versuchten anderweitig ihr Ziel zu erreichen. Die Anwohner europäischer Flughäfen erlebten dagegen einige klare, ruhige Sommertage ohne Flugzeuglärm und Kondensstreifen.
Der Eyjafjallajökull indes änderte in einem faszinierenden Naturschauspiel ständig seine Aktivität. Blitze zuckten in der durch die Aschemengen statisch aufgeladenen Wolke, und riesige Lavabrocken wurden Hunderte Meter hoch aus dem Krater herausgeschleudert. Als sich die Zusammensetzung der nachströmenden Lava änderte, wurde weniger Asche, dafür aber mehr Lava produziert. Sie schmolz sich durch den Gletscher und erzeugte eine gigantische weiße Dampfwolke, die vor der tiefschwarzen Aschewolke aufstieg.
Währenddessen bangten die Bewohner der Region um ihre Existenz. Die Farmer im

Umland des Eyjafjallajökull produzieren rund 20 Prozent von Islands Milch. Doch nun wussten sie nicht, ob sich ihr Land nach dem Vulkanausbruch noch zur Viehhaltung eignen würde. Zum Glück für die Bauern hielt sich der Ascheausstoß in Grenzen und während des Ausbruchs konnten alle Tiere in Ställen untergebracht werden, um einer Fluorvergiftung zu entgehen. Da der Vulkanstaub letzlich sogar als Dünger wirkte, fuhren sie nach dem Ausbruch sogar Rekordernten ein. Die Menschen Südislands kamen noch einmal mit einem blauen Auge davon.

Wanderung zum Lavafeld

Die Eruptionsstätte des Fimmvörðuháls liegt genau auf dem gleichnamigen Wanderweg, der von Skógar in die Þórsmörk führt. Auf ehemals 985 Metern Höhe sind dort zwei neue Berge entstanden, die nach den Söhnen des Donnergottes Thor, Magni und Móði benannt wurden. Das neue Lavafeld ist klein, aber beeindruckend: Die Formen und Farben lassen einen ebenso staunen, wie die tolle Aussicht auf die Täler der Þórsmörk. Der gut markierte Weg zum Lavafeld ist teilweise sehr abschüssig und verlangt Schwindelfreiheit. Die komplette 23 Kilometer lange Wanderung von Skógar in die Þórsmörk überbrückt einen Höhenunterschied von 1100 Metern und wird in der Regel in ein bis zwei Tagen begangen. Sie wird gerne als Verlängerung des Laugavegur-Wanderweges genutzt. Der ideale Startpunkt für eine Tageswanderung zur Eruptionsstätte ist Þórsmörk Básar. Für sportliche Wanderer ist die Besichtigung innerhalb eines Tages auch von Skógar aus zu bewältigen. Wer sich allerdings Zeit lassen will, der kann in zwei einfachen Hütten in relativer Nähe zu den neuen Vulkankratern übernachten: Weil diese recht klein sind, sollten sie unbedingt im Voraus gebucht werden. Der Fimmvörðuháls sollte als alpiner Wanderweg nur bei gutem Wetter und ausreichend informiert in Angriff genommen werden. Selbst im Hochsommer kann es auf Gletscherhöhe schneien, und im Frühsommer und bei frühen Wintereinbrüchen sind Eisäxte und Steigeisen meist absolut notwendig! Wie immer in Island gilt: Ab etwa 800 Metern Höhe wird es hochalpin und muss man mit widrigstem Wetter rechnen.

Die auf vielen Karten eingezeichnete Wanderung zum Hauptkrater des Eyjafjallajökull, vom Fimmvörðuháls oder der Westflanke des Vulkans ausgehend, ist nur erfahrenen Bergsteigergruppen mit Gletscherausrüstung zu empfehlen, da sich unter dem Schnee Gletscherspalten verstecken. Isländische Wandervereine bieten geführte Touren sowohl zum neuen Lavafeld als auch zum Hauptkrater des Vulkans an.

TOP ★ ERLEBNISSE

★ DAS LAVA CENTER IN HVOLSVÖLLUR

In der dem Eyjafjallajökull am nächsten gelegenen Stadt, dem überschaubaren Hvolsvöllur, steht ein minimalistisch wirkendes Holzgebäude: das »Lava Centre«. Es handelt sich hierbei um eine interaktive Hightech-Ausstellung, die sich mit den Themen Vulkanismus, Erdbeben und der Werdung Islands befasst. Ein kurzer Kinofilm rundet den Ausstellungsbesuch ab.
www.lavacentre.is

★ SELJAVALLALAUG

Am Fuß des Eyjafjallajökull versteckt sich in einem menschenleeren Tal das älteste 25-Meter-Schwimmbecken Islands: 1923 wurde es fernab jeglicher Zivilisation erbaut, weil hier eine heiße Quelle dem Berg entspringt. Vom Parkplatz beim Bauernhof Seljavellir folgt man einem Trampelpfad für 15 bis 20 Minuten und quert mehrere kleine Bäche, bis man beim Schwimmbad irgendwo im Nirgendwo ankommt. Da es nur selten gereinigt wird, die Besucherzahlen aber hoch sind, sollte man sich mental auf schmutzige Umkleidekabinen und Algenwachstum im warmen Becken vorbereiten.

WEITERE INFORMATIONEN
www.katlageopark.com

Glühende Gesteinsbrocken und Glutwolken wurden Hunderte von Metern in den Himmel geschleudert. Zugleich floss ein Lavastrom durch das Gletschereis und dieses schmolz in einer weißen Wasserdampfwolke.

21 IDEAL FÜR DEN ROADTRIP – DIE RINGSTRASSE

Island umrunden auf der Nationalstraße 1

Hringvegurinn, auf Deutsch »die Ringstraße«, kann man als Islands Hauptstraße bezeichnen. Die Nationalstraße Nummer 1 führt in 1321 Kilometern auf schnellstem Wege einmal komplett um die Insel; ausgenommen sind nur die Nordküste, die Westfjorde und die Halbinsel Snæfellsnes.

Ob im Rahmen einer geführten Tour oder als Selbstfahrer: Die Umrundung der Insel auf der Ringstraße ist eine hervorragende Art, um das Land kennenzulernen! Þjóðvegur 1, die »Nationalstraße 1«, verbindet nicht nur die wichtigsten Städte des Landes, sondern führt auch durch extrem abwechslungsreiche Landschaften und an sehr vielen bekannten Attraktionen Islands vorbei. Zudem gibt es entlang der Ringstraße eine hervorragende Infrastruktur. Die reine Fahrzeit für die Inselumrundung beträgt etwa 15 bis 17 Stunden. Um alle Attraktionen entlang der Strecke würdigen zu können, sollte allerdings mindestens eine Woche eingeplant werden. Bei zehn bis 14 Tagen kann man dann noch Abstecher auf Seitenstraßen unternehmen. Überlegt man, auch noch die Westfjorde zu erkunden, sollten mindestens drei weitere Tage hinzugefügt werden. In welche Richtung man fährt, spielt übrigens keine Rolle. Weil der touristische Süden mit extrem vielen Höhepunkten lockt, entscheiden sich viele Reisende für die Umrundung gegen den Uhrzeigersinn.

Wind und Schnee können Autofahren in Island zu einer wahren Herausforderung werden lassen.

Seit 2019 ist die gesamte Ringstraße asphaltiert. Im Sommer kann man sie problemlos mit einem normalen PKW befahren, im Winter allerdings können Schnee und Eis einen Geländewagen notwendig machen. Die Bergpässe können während und nach Schneestürmen stunden- bis tagelang gesperrt sein, und das Fahren bei Eis setzt Geschwindigkeitsreduzierung voraus. Für eine Winterreise in Island sollte man auch deshalb mehr Zeit einplanen, weil die Tage viel kürzer sind (Tageslicht im Dezember: vier bis fünf Stunden) und man weniger unternehmen kann.

Die durchgehend geteerte Ringstraße führt immer wieder durch einsame Landstriche, wie hier in Nordisland.

Schafe an und auf der Straße sind im Sommer kein seltener Anblick.

Autofahren in Island

Im isländischen Straßenverkehr gelten zum Teil besondere Regeln. So ist es beispielsweise Pflicht, das Licht auch bei Tagfahrten anzuschalten. Zudem werden Geschwindigkeitsüberschreitungen mit hohen Bußgeldern geahndet. Zulässig sind 90 Stundenkilometer auf Teerstraßen, 80 auf Schotterstraßen und 50 innerorts. Hohe Aufmerksamkeit erfordern auch einspurige Brücken und Tunnels, unübersichtliche Bergkuppen und unberechenbare Schafe am Straßenrand. Darüber hinaus können einen die Wetter- und Straßenbedingungen vor ungewohnte Herausforderungen stellen, weshalb die Wettervorhersage immer im Blick behalten werden sollte. Wichtig ist auch, dass nicht irgendwo am Straßenrand oder gar mitten auf der Spur zum Fotografieren angehalten wird; dafür ist die Ringstraße dann doch zu sehr frequentiert. Also bitte immer zum nächsten Parkplatz bzw. zur nächsten Ausweichmöglichkeit weiterfahren. Obwohl viele Reifenspuren zum Nachahmen verleiten mögen: Offroad-Fahren, also das Verlassen der Straßen und Pisten, ist strengstens verboten!

Entfernungen: Reykjavík–Reykjavík: 1321 km

Info: www.visiticeland.com

TOP ★ ERLEBNISSE

★ WECHSELHAFTES WETTER

Das Wetter gehört definitiv zu Islands Hauptattraktionen: Sonne und Regen wechseln sich oft im Fünfminutentakt ab und sorgen für spektakuläre Lichtstimmungen! Die Vorhersage ist unzuverlässig, sollte aber dennoch täglich zu Rate gezogen werden. www.vedur.is

★ FESTE UND FESTIVALS

An Sommerwochenenden, insbesondere im Juli und August, gibt es übers ganze Land verteilt immer wieder Feste und Festivals. Hier trifft man auf viele Isländer und bekommt die Möglichkeit, Musik und Kultur des kleinen Inselstaates kennenzulernen.

★ BUNTE MUSEENWELT

Fast jeder Ort hat ein Museum, das die unterschiedlichsten Themen behandelt. Nicht nur an Regentagen sehr empfehlenswert!

★ WENN DER MAGEN KNURRT

Island ist nicht unbedingt für seine kulinarischen Leistungen bekannt, dennoch findet sich in jedem Ort ein Restaurant, in dem gute bis sehr gute Suppen, Fisch- und Lammfleischgerichte angeboten werden. Bei Isländern ebenso beliebt ist allerdings Fast Food, und so können an jeder Tankstelle Pommes, Burger und Hotdogs bestellt werden.

★ ISLAND AUF DEM FAHRRAD

Auch bei Radfahrern erfreut sich Island wachsender Beliebtheit. Die technisch einfache Ringstraße ist allerdings nicht ganz ungefährlich! Das Verkehrsaufkommen ist groß (besonders im Südwesten), und die Spuren sind schmal, ohne Platz für Radfahrer. Wann immer möglich, sollte auf Nebenstraßen ausgewichen werden! www.cyclingiceland.is

22 IDYLLISCHES SKÓGAR

Am Wasserfall unter den Eyjafjöll

Unmittelbar südlich des Eyjafjallajökull liegt eine steile, vielfältige Küstenlandschaft. Dort stürzt der breite Wasserfall Skógafoss spektakulär über eine 62 Meter hohe Steilklippe, in der viele Eissturmvögel nisten. Daneben lockt der winzige Ort Skógar mit Hotels, Campingplatz, Essensmöglichkeiten und dem liebevoll eingerichteten Freilicht- und Heimatmuseum Skógasafn.

Beim Aufstieg hinauf zum mächtigen Skógafoss können in den umliegenden Klippen mit etwas Fantasie die Gesichter von Trollen entdeckt werden (unten). In direkter Nähe befindet sich das liebevoll eingerichtete Freilichtmuseum Skógasafn (rechte Seite oben). Von dort aus führt eine kurze Wanderung zum filigranen Wasserfall Kvernufoss (rechte Seite unten).

Die Landschaft unterhalb des Eyjafjallajökull wird von einer hohen Steilküste geprägt, an die sich ein schmaler fruchtbarer Küstenstreifen anschließt. Die hohen Felsen unterhalb des Gletschervulkans waren die Küstenlinie in der letzten Eiszeit, als das Land durch das Gewicht der Gletscher tief ins Meer gedrückt und dort von der Brandung des Nordmeeres zu steilen Klippen abgeschliffen wurde. Seitdem stieg das von der Eislast befreite Land im Süden Islands 50 bis 60 Meter aus dem Meer auf. Heute rauschen zahlreiche Wasserfälle von den ehemaligen Klippen in die Tiefe, darunter auch der Skógafoss. Dieser mächtigste Wasserfall der Südküste zählt ohne Zweifel auch zu den schönsten des Landes.

Der Waldwasserfall

Skógar ist so klein, dass es den Namen »Ort« gar nicht verdient. Ein Campingplatz, mehrere Hotels und ein Restaurant befinden sich in unmittelbarer Nachbarschaft zum Wahrzeichen der Gegend, dem Wasserfall Skógafoss. Der Name Skógar, »Wald«, lässt Rückschlüsse auf die Vegetation zur Zeit der Besiedlung zu. Damals war der Skógafoss vermutlich von einem ausgedehnten Waldgebiet umgeben. Spektakulär donnert die 25 Meter breite weiße Wasserwand 62 Meter in die Tiefe.

TOP ★ ERLEBNISSE

★ KVERNUFOSS

Beim Museum in Skógar (Parkgebühr wird im Museum bezahlt) beginnt ein kurzer, einfacher Wanderweg zu einem kleinen, filigraner Wasserfall namens Kvernufoss, der auch von der Ringstraße sichtbar ist. In direkter Nähe zum bekannten Skógafoss gelegen, ist er zwar noch lange nicht so gut besucht, erfreut sich aber wachsender Beliebtheit, da man, ähnlich wie beim Seljalandsfoss, hinter seinen Wasserschleier gehen kann.

★ DIE HÖHLENHÄUSER DES SÜDENS

Wenige Kilometer westlich von Skógar kann man an der Ringstraße kleine, verfallene Hütten sehen, die direkt an die Felsen der steilen Südküste gebaut wurden. Es handelt sich hierbei um Höhlen, die einst zu Häusern umfunktioniert wurden! Die bekannteste von ihnen, Rútshellir, besteht aus zwei Räumen und wurde vermutlich von irischen Mönchen noch vor der Siedlungszeit der Wikinger genutzt. Ein paar Hundert Meter weiter befindet sich der einzeln stehende Felsen Drangurinn, dessen Höhle ebenfalls von fotogenen Vorbauten verschlossen wurde.

WEITERE INFORMATIONEN
www.south.is

Bis auf wenige Meter kann man sich dem rauschenden Vorhang aus Wasser nähern, dessen Gischt an sonnigen Tagen verlässlich Regenbögen an den Himmel zaubert. Seitlich des Wasserfalles führen über 500 Treppenstufen die Steilklippe hinauf. Auf halber Höhe präsentiert sich der Skógafoss noch einmal in all seiner Pracht, bevor man an seiner Fallkante nur wenig mehr sieht als tosende Wassermassen, die in der Tiefe verschwinden. Hier oben beginnt die Wanderung über den Fimmvörðuháls, die innerhalb von ein bis zwei Tagen über den 1100 Meter hohen Pass zu den neuen Vulkankratern und hinunter in die Þórsmörk führt. Der Aufstieg lohnt sich auch dann, wenn man nicht die Zeit und Kondition mitbringt, um den ganzen Bergrücken zu besteigen. Der Skógafoss ist nämlich nur der letzte einer ganzen Reihe von jeweils ganz typischen Wasserfällen. Kaum hat man einen passiert, kommt auch schon der nächste in Sicht. Manche bieten auch von Norden eine fantastische Aussicht auf die Küstenebene und das Meer.

Im Museumsdorf

Mindestens ebenso berühmt wie der Wasserfall ist Skógars 1949 gegründetes Heimat- und Freilichtmuseum Skógasafn. Es ist das Lebenswerk von Þórður Tómasson, der alle dort ausgestellten 15 000 Exponate aus den umliegenden Gegenden zusammengetragen hat. Neben kleinen Artefakten rettete Þórður auch alte Gebäude vor dem Verfall. Im heutigen Freilichtmuseum stehen liebevoll eingerichtete Torfhöfe und Holzhäuser aus den vergangenen zwei Jahrhunderten, darunter auch eine kleine Schule und eine Kirche. Das eigentliche Museum hütet Þórðurs ganzen Stolz: das besegelte, mit acht Rudern ausgestattete Brandungsboot »Pétursey«. Es konnte bei hoher Brandung von der versandeten Küste abseits der Häfen zu Wasser gelassen werden. Neben alten Büchern und Musikinstrumenten stehen auch sehr skurrile Dinge in den Vitrinen: so etwa ein Ring von Jóhann K. Pétursson, dem mit 234 Zentimetern größten Isländer, der jemals lebte, eine handgefertigte hölzerne Waschmaschine, eine lautstarke Mausefalle und Schlittschuhe aus Schafsknochen.
In einer benachbarten Halle ist ein Verkehrsmuseum untergebracht. Dort zeigen alte Autos, Boote und Pferdeartikel die Verkehrsentwicklung Islands im Laufe der Zeit. Nicht nur an verregneten Tagen lässt sich hier eine höchst interessante Zeit verbringen!

Zu jeder Jahreszeit ein lohnender Anblick: die große Kirche von Vík (oben). Hinter dem schwarzen Sandstrand der Stadt ragt das Wahrzeichen des Ortes in den Himmel auf: die Felsnadeln Reynisdrangar (rechte Seite).

23 ASCHE UND EIS – VÍK UND DER MÝRDALSJÖKULL

Im Schatten von Katla

Vík í Mýrdal, die »Bucht im Sumpftal«, ist der südlichste Ort auf dem isländischen Festland. Der nahe Gletscher Mýrdalsjökull mit dem gefürchteten Vulkan Katla haben die Gegend geprägt und eine eigenwillige Landschaft aus steilen Bergen und abenteuerlichen Küsten geschaffen. Bringt man etwas Zeit mit, dann lohnt sich Vík hervorragend als Basislager, um von hier aus die vielfältigen Naturschönheiten der Umgebung zu erkunden.

Vík í Mýrdal, meist nur kurz Vík genannt, ist ein Dorf mit rund 400 Einwohnern. Malerisch liegt es direkt am stürmischen Atlantik, umrahmt von steilen, grünen Bergen. Aufgrund seiner Abgeschiedenheit ist das Dorf ein wichtiges Dienstleistungszentrum und genießt wegen der Vielzahl an Naturattraktionen in der Nähe auch große Beliebtheit unter Touristen. Es gibt hier mehrere Supermärkte und Läden, ein kleines Museum, ein Schwimmbad, einen Campingplatz und eine große Auswahl an Übernachtungsmöglichkeiten und Restaurants. Eine fotogene Kirche thront auf einem Hügel, von wo aus man ungestörten Blick auf das Wahrzeichen des Ortes hat: die markanten Felsnadeln Reynisdrangar, die 66 Meter hoch vor einem schmalen Küstenstreifen aufragen. Einer Sage zufolge sind sie die Gestalten zweier Trolle, die einen Dreimaster zu sich in den Berg holen wollten. Als sich die Besatzung des Schiffes jedoch nach Kräften wehrte, vergaßen die Trolle die Zeit und wurden von der aufgehenden Sonne überrascht. Seitdem stehen sie zusammen mit dem Schiff zu Stein erstarrt im Meer.

Das östlich von Vík gelegene Þakgil ist ein wahres Wanderparadies (unten). Die kleine Ortschaft Vík liegt eng an einen Hügel geschmiegt unmittelbar am rauen Atlantik (rechte Seite oben). Der schwarze Strand der Stadt stellt bei Fotografen ein beliebtes Fotomotiv dar (rechte Seite unten).

Schiffsfriedhof Südküste

Ein deutscher Gedenkstein am Strand von Vík erinnert daran, dass die berüchtigten Stürme und die Gegebenheiten vor der Küste Hunderte Menschenleben gefordert haben. Allein zwischen 1898 und 1952 gingen in der Islandfischerei 83 deutsche Fischdampfer verloren, dabei kamen über 1200 Seeleute zu Tode. Die isländische Südküste war besonders gefürchtet, da sich dort seichte Sandbänke im scheinbar tiefen Gewässer verstecken. Es gab kaum Leuchttürme oder dauerhafte Landmarken, die den Weg weisen konnten, und im versandeten Südisland gab es keine Häfen, in denen sich die erschöpften Mannschaften ausruhen konnten. Übermüdet und unaufmerksam ließen sie die Schiffe einfach treiben – auf die oft unsichtbaren Sandbänke. So sanken im vergangenen Jahrhundert allein vor Vík 112 Schiffe. Teile ihrer Ladung und Ausrüstung können heute noch im Heimatmuseum der Stadt betrachtet werden. Dort steht auch das Ruderboot »Skaftfellingur«, mit dem die Menschen trotz fehlenden Hafens Handel mit Schiffen treiben konnten. Nicht nur bei schlechtem Wetter ist das Museum »Kötlusetur« im alten Holzhaus »Brydebuð« einen Besuch wert!

Mýrdalsjökull ist der viertgrößte Gletscher Islands, der ein gleichnamiges, bis zu 1505 Meter hohes Bergmassiv bedeckt. Nach Süden hin erstreckt sich die Gletscherzunge Sólheimajökull bis in Ringstraßennähe. Eine kurze Stichstraße führt dort zu einem Parkplatz, von wo aus man bis zur Abbruchkante wandern kann. Ohne die entsprechende Ausrüstung und Erfahrung sollte man diesen Gletscher aber nicht betreten, denn tiefe Spalten durchziehen das steil vom Berg herabfließende Eis, das sich aufgrund der Klimakrise rasant zurückzieht. Es gibt genügend Anbieter, die hier Gletscherwanderungen möglich machen: Mit Steigeisen und Helmen geht es dann unter fachkundiger Leitung auf den Gletscher hinauf. Einen ganz anderen Anblick bietet der Mýrdalsjökull östlich von Vík. Die Gletscherzunge des Kötlujökull ist von der Asche der Vulkanausbrüche durchzogen und bietet einen surrealen Kontrast aus Schwarz und Weiß. Mit ortsansässigen Guides kann man hier Gletscherhöhlen besuchen, u. a. die »Katla Ice Cave«, deren Aussehen und Lage von Jahr zu Jahr unterschiedlich sind. Diese Touren werden teilweise auch im Sommer angeboten.

Wanderparadies Þakgil

Eine ganz eigene, einzigartige Landschaft offenbart sich, wenn man unmittelbar östlich von Vík auf die Straße 214 abbiegt und der sehr holprigen Schotterpiste 15 Kilometer

nach Nordosten folgt. Dort liegt Þakgil, die »Dach-Schlucht«, in der sich ein kleiner Bach in vielen Kaskaden durch eine extrem enge Klamm aus moosbewachsenen Steilwänden schlängelt. Ein einfacher Campingplatz mit Sanitäranlagen lädt zum Verweilen ein. Wer einigermaßen schwindelfrei und trittsicher ist, der sollte unbedingt einem der markierten Wanderwege folgen, die teils mehrere hundert Höhenmeter überwinden. Die Aussicht ändert sich ständig: Erst durchquert man steile, grüne Schluchten und kann (bei gutem Wetter) fantastische Ausblicke auf die Küstenlandschaft mit ihren einzigartigen Inselbergen genießen. Weiter oben läuft man durch eine Bergwüste aus Schnee und Eis und steht schließlich ehrfürchtig vor der kontrastierenden Kulisse des Mýrdalsjökull.

Gefährliche Katla

Unter dem imposanten Eisschild des Mýrdalsjökull verbirgt sich mit der Katla einer der aktivsten und gefürchtetsten Vulkane Islands. Ihr Krater misst zehn Kilometer im Durchmesser und ist damit um ein Vielfaches größer als der des benachbarten Eyjafjallajökull. Die Katla brach im letzten Jahrtausend 20-mal aus, durchschnittlich etwa zweimal pro Jahrhundert. Der letzte Ausbruch fand 1918 statt, eine Eruption ist folglich längst überfällig. Die Isländer fürchten den Vulkan wie wohl keinen anderen. Die Kombination aus Eis und Feuer führt auch hier immer zu höchst explosiven Eruptionen mit gewaltigen Aschemengen und Blitzen. Zudem wird die im Durchschnitt 300 bis 600 Meter dicke Eiskappe des Gletschers von der aufsteigenden Magma in kürzester Zeit geschmolzen. Die meisten Gletscherläufe ereigneten sich auf den heute fast unbewohnten Sanderflächen östlich von Vík. 1918 waren die Fluten so gewaltig, dass 200 Meter lange Gletscherstücke mitgerissen wurden und sich die Küste durch die mitgeführte Asche um vier Kilometer ins Meer verlängerte. Ein solch mächtiger Gletscherlauf würde auch den unteren Teil der Ortschaft Vík gefährden. Selbst nach Skógar und in den Fluss Markarfljót könnten zukünftige Gletscherläufe abgehen. In diesem Fall wäre die gesamte fruchtbare Ebene westlich des Seljalandsfoss überflutungsgefährdet, und auch die Stadt Hvolsvöllur müsste evakuiert werden. Die Wahrscheinlichkeit, dass dies in absehbarer Zeit passiert, ist allerdings gering, und mittlerweile gibt es genaue Pläne, wie die Bevölkerung gewarnt und rechtzeitig in Sicherheit gebracht werden kann. Und bis es so weit ist, gehen die meisten Isländer mit dieser Gefahr sehr entspannt um: Vulkane gehören schlichtweg zu ihrem Leben dazu.

TOP ★ ERLEBNISSE

★ ADRENALIN-KICK IN LUFTIGER HÖHE

In Vík lebt eine große Anzahl von Ausländern: im Jahr 2020 waren 44 Prozent der Bewohner keine geborenen Isländer. Das sorgt für frischen Wind und neue Ideen, was man auch an den touristischen Angeboten sehen kann. Wer schon immer einmal Ziplining oder Gleitschirmfliegen ausprobieren wollte, ist hier genau richtig! Abenteuerlustige können sich hier in Begleitung eines erfahrenen Paragliders von der Steilküste stürzen oder mit einem Klettergurt an einem Seil über liebliche, grüne Schluchten rutschen!
www.zipline.is

★ DER SCHWARZE STRAND BEI VÍK

Der tiefschwarze Lavastrand direkt bei Vík ist ein beliebtes Fotomotiv. Vor der Kulisse des mächtigen Tuffberges Reynisfjall und der markanten Felszinnen Reynisdrangar schlagen hier oft wilde, weiß schäumende Wogen auf den tiefschwarzen, steilen Sandstrand. Auch ohne fotografische Hintergedanken lohnt sich ein Spaziergang, und Pferdefreunde können die Aussicht gar vom Pferderücken aus erleben.

WEITERE INFORMATIONEN
www.visitvik.is

24 VOGELPARADIES – DYRHÓLAEY UND REYNISFJARA

Schwarze Strände, wildes Meer

Im Westen der Ortschaft Vík ragt der 340 Meter hohe Reynisfjall in die Höhe, in dessen Wänden Eissturmvögel und Papageitaucher brüten. Dieser fünf Kilometer lange, aber nur 800 Meter breite Berg aus Tuff trennt die Ortschaft von zwei der populärsten Attraktionen der Südküste: dem schwarzen Sandstrand Reynisfjara und dem Steinbogen und Vogelfelsen Dyrhólaey.

Bizarr wirken bei Reynisfjara nicht nur die Basaltsäulen, sondern auch das Treiben mancher Besucher (unten). Vom Leuchtturm bei Dyrhólaey sieht man das »Torloch« im Vulkanfels (rechte Seite oben). Mit etwas Glück kann man bei Dyrhólaey Papageitaucher beobachten (rechte Seite unten).

Die Teerstraße 215 führt auf der Westseite des Reynisfjall an einigen Häusern und Höfen vorbei zu einem Restaurant mit angegliedertem Parkplatz. Von hier aus sind es nur noch wenige Schritte bis zur Reynisfjara, einem bildhübschen, schwarzen Sandstrand, der leider oft von Autospuren verunstaltet wird. Von hier aus hat man einen fantastischen Blick auf die Felsnadeln der Reynisdrangar. Wie nah man an die versteinerten Trolle der Reynisdrangar herankommt, hängt von den Gezeiten und dem Zustand der Küste ab. Doch Vorsicht: Wer sich dem Meer nähert, der sollte die oft wilde Brandung sehr aufmerksam verfolgen! Ohne Warnung können einzelne Wellen plötzlich auf den Strand heraufschwappen. In trauriger Regelmäßigkeit werden hier Menschen ins Meer gerissen, was bei den sehr niedrigen Wassertemperaturen leider meist tödlich endet. Von daher sollte man die Warnschilder vor Ort unbedingt ernst nehmen – und die Wellen immer im Blick behalten!

Eine Treppe aus Basaltsäulen

Spektakulär ist bei Reynisfjara auch der Blick hinauf zum Reynisfjall, dessen Steilküste wie eine überdimensionale Treppe aus riesigen,

hellgrauen Basaltsäulen erscheint. Basalt ist das Vulkangestein, das weltweit am häufigsten vorkommt. Er ist für gewöhnlich dunkelgrau bis schwarz, sehr hart und kann wunderschöne, regelmäßige Säulen ausbilden. In Island sieht man diese bienenwabenförmigen Strukturen häufig. Sie entstehen, wenn sich bereits verfestigte Basaltlava ganz langsam weiter abkühlt. Wenn sie im Lauf dieses Prozesses an Volumen verliert, entstehen Risse, die senkrecht zu den Abkühlungsflächen verlaufen. In der Folge bilden sich meterlange fünf- oder sechseckige Basaltsäulen unterschiedlichen Durchmessers. Je nachdem, in welche Richtung sich der Stein abkühlt, wachsen diese Säulen gerade nach unten, fächerartig nach innen oder gar gebogen.

Südpunkt Dyrhólaey

Folgt man der Ringstraße weiter Richtung Westen, sieht man nach wenigen Kilometern die Straße 218 nach Dyrhólaey ausgeschildert. Die »Türloch-Insel« ist der südlichste Punkt der isländischen Hauptinsel. Auch sie ist ein alter Vulkan, der ursprünglich als Insel vor der Küste stand, durch die Gletscherläufe der Katla jedoch zu einer Halbinsel versandete. Die steilen Wände der Vulkanruine ragen bis zu 120 Meter aus dem Meer auf und bieten Küstenvögeln wie Papageitauchern, Trottellummen, Tordalken und Basstölpeln Zuflucht. Die Halbinsel steht deshalb seit 1978 unter Naturschutz; der Zugang ist für Besucher während der Brutsaison im Mai und Juni eingeschränkt. Leider ist die Population der Papageitaucher, Trottellummen und Küstenseeschwalben in den vergangenen Jahren stark zurückgegangen – schuld ist die Klimakrise, die das Meer erwärmt und den Futterfisch abwandern lässt. Auf Dyrhólaey gibt es aber nicht nur Vögel zu bestaunen. Vom unteren Parkplatz aus führt eine Wanderung hinauf zu einem markanten Leuchtturm, der die ehemalige Insel krönt. Von hier oben hat man den besten Überblick auf ein gewaltiges Felsentor, das die Brandung in Jahrtausenden geschaffen hat und welches der Landzunge ihren Namen gab. Von dort oben bietet sich ein grandioser Ausblick auf die gesamte Umgebung und den geradezu unwirklich erscheinenden Felsbogen. Durch das riesige Tor können Schiffe fahren, und einmal ist sogar ein Kleinflugzeug durchgeflogen. Aber Vorsicht: Die Abbruchkante ist lebensgefährlich! Unterhalb des Leuchtturms bröckelt es gewaltig!

TOP ★ ERLEBNISSE

★ PAPAGEITAUCHER IN DYRHÓLAEY

Am unteren Parkplatz ganz am Ende der Teerstraße 218 gibt es eine kleine Papageitaucherkolonie. Die Vögel sind zwar an Menschen gewöhnt, dennoch ist es sehr wichtig, sich an die Absperrungen zu halten. Im Mai und Juni wird die Gegend nachts gesperrt, um den verschiedenen Vogelarten Ruhe zum Brüten zu geben. Auch außerhalb der Schutzzeit sollte man Tieren immer mit gesundem Abstand und Respekt begegnen: Es handelt sich schließlich um eigenständige Lebewesen und nicht um bezahlte Fotomodels …

★ WANDERUNG AUF DEN REYNISFJALL

Von Vík aus kann der Berg Reynisfjall über einen ehemaligen Jeeptrack erwandert werden. Nach Süden sieht man direkt auf die Felszinnen der Reynisdrangar hinab, und nach Osten hin offenbart sich eine tolle Fernsicht über den schwarzen Sandstrand der Reynisfjara und nach Dyrhólaey. Unmittelbar an der Südspitze steht ein heruntergekommenes Gebäude, das im Zweiten Weltkrieg als amerikanische Funkstation diente.

WEITERE INFORMATIONEN
www.south.is

25 DAS FLUGZEUGWRACK AUF DEM SÓLHEIMASANDUR

Verloren in Island

Unweit von Skógar befindet sich eine der ungewöhnlicheren Attraktionen Islands: ein Flugzeugwrack, das wie ein Symbol der menschlichen Vergänglichkeit in einer schwarzen Sandwüste vor sich hin rostet. Viel ist nicht mehr übrig von dieser 50 Jahre alten Flugzeugleiche, deren Rumpf von Schüssen durchsiebt und von Grafitti bedeckt ist – und die genau deswegen ein beliebtes Fotomotiv darstellt.

Am 21. November 1973 befand sich eine kleine US-Militärmaschine, eine Douglas C-117 (eine Militärversion der Douglas DC-3) auf dem Rückweg zur damaligen NATO-Militärbasis in Keflavík. Im schlechten Winterwetter vereisten über dem Vatnajökull beide Motoren und fielen aus. Das Pilotenteam setzte einen Hilferuf ab und steuerte die Küste an, mit dem Plan, im Meer notzuwassern. Südlich des Mýrdalsjökull fanden sie jedoch einen langen Sandstrand namens Sólheimasandur, auf dem sie die Maschine bruchlanden konnten. Die gesamte siebenköpfige Crew überlebte unverletzt und wurde innerhalb einer Stunde von Militär und Bergrettung gefunden. Das Flugzeug war allerdings so stark beschädigt, dass man es komplett ausschlachtete. Bereits zwei Tage später war es nur noch ein Skelett ohne Flügel, Motor und Technik, und weil niemand die Entfernung des Wracks einforderte, steht es noch heute dort. Von der Ringstraße elf Kilometer östlich des Skógafoss kann man von einem Parkplatz die vier Kilometer dorthin wandern. Das teils harsche Wetter hat hier schon Touristen das Leben gekostet: Vor der Wanderung sollte man unbedingt die Wettervorhersage zurate ziehen!

INFO: www.south.is

Lichtspielereien am nächtlichen Flugzeugwrack: von der Fotografin rot erleuchtet, wirkt es unter dem stillen Tanz der Nordlichter, wie ein abhebendes UFO.

26 FJAÐRÁRGLJÚFUR

Ein Canyon aus Tuff

Der Canyon windet sich mehrere Kilometer lang durch die saftig-grüne Landschaft westlich von Kirkjubæjarklaustur.

Abenteuerlich zerklüftet ist die Schlucht Fjaðrárgljúfur, die mittlerweile zu den bekannteren Naturwundern Islands zählt. Hier hat sich die Fjaðrá (»Feder-Fluss«) einen vielfach gewundenen Weg durch das weiche Gestein gegraben und eine Schlucht geschaffen, deren moosbewachsene Wände einem riesigen Kunstwerk gleichen. Nach einer einfachen Wanderung kann man von mehreren Plattformen aus in die Schlucht hinunterschauen.

Bei Vulkanausbrüchen unter Gletschern zerreißt der Temperaturunterschied die Basaltmagma in kleine poröse Bruchstücke, die sich mit der Zeit zu zusammenhängendem Tuff verfestigen können. Welch guten Angriffspunkt das vergleichsweise weiche Gestein der Erosion bietet, lässt sich unweit des kleinen Ortes Kirkjubæjarklaustur nachvollziehen. Dort hat sich im Lauf der Jahrtausende der kleine Fluss Fjaðrá in einen flachen Bergrücken aus Tuff gegraben.

Zwei Kilometer lang windet sich die bis zu 100 Meter tiefe Schlucht Fjaðrárgljúfur durch die sanfte, grüne Hügellandschaft oberhalb des Lavafeldes Eldhraun. Die Erosion hat die Wände der Schlucht geradezu künstlerisch zu kühn geformten Felsen abgeschliffen, die hoch in den Himmel aufragen. Im Sommer erstrahlt die moos- und grasbewachsene Gegend außerdem in verzaubernden Grüntönen. Man erreicht die Schlucht, wenn man wenige Kilometer westlich von Kirkjubæjarklaustur auf die Straße 206 abbiegt. Nach nur drei Kilometern kommt der Hauptparkplatz direkt am Fluss in Sichtweite. Von hier aus führt ein gut ausgebauter Pfad zu mehreren Plattformen, die teils in die Schlucht hineinragen: Es eröffnen sich faszinierende Blicke in die formen- und farbenreiche Märchenlandschaft, die der Fluss geschaffen hat. Die zahlreichen Besucher werden angewiesen, unbedingt auf den Wanderwegen zu bleiben, da die Vegetation hier besonders empfindlich ist.

INFO: www.south.is

27 FASZINIERENDES WANDERPARADIES – SKAFTAFELL

Zwischen Gletschern und Sandwüste

Eine touristisch gut erschlossene Berglandschaft zwischen Gletschern und Sandwüste – so lässt sich Skaftafell wohl am besten beschreiben. Umringt von großen Gletscherzungen erstreckt sich ein sanfter, bewaldeter Höhenzug mit eleganten Wasserfällen. Wanderer kommen hier voll auf ihre Kosten, reicht doch das Angebot von leichten Spaziergängen bis zu anspruchsvollen Bergtouren und geführten Gletscherwanderungen.

Das Tal Kjós ist ein Wanderziel westlich von Skaftafell (unten). In der Moränenlandschaft des Skaftafellsjökull gedeihen nur wenige Pflanzen (rechte Seite oben). Vom Rundwanderweg nach Sjónanípa eröffnet sich ein fantastisches Panorama über den Skaftafell-Gletscher (rechte Seite unten).

Wer das Glück hat, bei guter Sicht nach Skaftafell zu reisen, wird staunend den mächtigen Eisschild des Öræfajökull bewundern, der sich alles überragend bis zur Küste vorschiebt. Von seinen Seiten fallen dünne, aber steile Gletscherzungen zwischen schroffen, tief eingeschnittenen Bergketten herab: ein wahrhaft imposanter Anblick! Dass der höchste Punkt dieses Gletschers der mit 2110 Metern höchste Gipfel des Landes ist, das wissen viele – dass sich darunter aber auch einer der gefürchtetsten Vulkane des Inselstaates verbirgt, ist nicht so bekannt.

Der vergletscherte Schichtvulkan brach im vergangenen Jahrtausend zwar »nur« zweimal aus (in den Jahren 1362 und 1727) – dann aber richtig. Der Ausbruch von 1362 gilt als die weltweit viertgrößte Eruption seit dem Ende der Eiszeit und sorgte selbst in den Westfjorden noch für starken Ascheregen. Die Region um Skaftafell wurde daraufhin für lange Zeit unbewohnbar und erhielt damals ihren heutigen Namen: Öræfi (Ödland, Einöde, Wüste) heißt die ganze Gegend heute. Auch der Vulkan und der darauf befindliche Gletscher wurden umbenannt. Hieß er vor

Bei Kjós zeigen sich in den steilen Rhyolithbergen Formen und Muster, welche die Fantasie beflügeln (unten). Der Wasserfall Svartifoss ist die wohl bekannteste Sehenswürdigkeit in Skaftafell (rechte Seite oben). Der Svínafellsjökull schmiegt sich zwischen steil aufragende Berge (rechte Seite unten).

der Eruption noch Knappafellsjökull, so nennt man ihn heute Öræfajökull, »Gletscher der Einöde«. Und wüstenhaft ist die Gegend hier teilweise immer noch: Weite Schotterebenen, die sogenannten Sander, und mächtige Gletscherflüsse trennen das spärlich besiedelte Gebiet vom fruchtbar-grünen Südwesten des Landes.

Mächtige Gletscherläufe

Die Gletscherflüsse auf dem Skeiðarársandur, also der Sander-Ebene südlich von Skaftafell, gehören zu den größten Strömen des Landes und stellten für Reisende früher ein beachtliches Hindernis dar. Erst als 1974 drei neue Brücken gebaut wurden, darunter die längste des Landes über den mächtigen Skeiðará, wurde die letzte Lücke in der Ringstraße geschlossen. Etwa alle fünf bis zehn Jahre kommt es hier zu einem sogenannten Gletscherlauf: einer langsamen, aber mächtigen Flutwelle aus Gletscherwasser. Die Wärme der Vulkane im westlichen Vatnajökull schmilzt das Eis kontinuierlich, welches sich in Seen unter dem Gletscher ansammelt. Irgendwann bricht sich das angestaute Wasser dann einen Weg unter der Gletscherzunge Skeiðarárjökull hervor, und in der Folge schwillt der Fluss im Lauf mehrerer Tage auf das oft über Dreißigfache seines normalen Pegels an. Viel dramatischer wird es, wenn ein Vulkanausbruch zusätzlich Eis schmilzt, so geschehen im Jahr 1996. Die von Asche und Eis durchsetzten Wassermassen strömten über die unbewohnten Sander, rissen riesige Teile des Gletschers mit sich und beschädigten die Ringstraße schwer. Der Wiederaufbau der Brücken zog sich über Wochen hin; die Überreste riesiger, völlig verformter Metallpfeiler sind dort heute noch zu sehen. Interessierte Besucher können sich im Besucherzentrum in Skaftafell einen Film über die Ereignisse von 1996 ansehen.

Skaftafell Besucherzentrum

Um Skaftafell zu erreichen, verlässt man die Ringstraße auf einer kurzen Stichstraße – und landet erst einmal auf einem Rummelplatz. Eine riesige Parkplatzanlage vor einem großen Gebäudekomplex und einem gut ausgestatteten Campingplatz garantiert Zivilisationsgefühl, liefert aber gleichzeitig auch willkommene Sanitäranlagen und Ansprechpartner. Der Grund für diese Infrastruktur liegt in der Geschichte des Ortes: Hier wurde 1967 der Nationalpark Skaftafell gegründet, der im Lauf der Jahre stetig vergrößert wurde und heute zum Vatnajökull-Nationalpark gehört, dem größten Nationalpark Europas. Seitdem befindet sich hier ein Besucherzentrum, das aus Touristeninformation, Andenkenladen, einem

Café sowie einer kleinen Ausstellung über die vulkanisch geprägte Geschichte der Gegend besteht. Wer möchte, der kann sich hier mit Rangern unterhalten, die auch kostenlose geführte Touren in der Umgebung anbieten.

Die Qual der Wahl: Wandern in Skaftafell

Die meisten Besucher wird es schnell hinaus in die Natur ziehen. Die direkte Umgebung des Besucherzentrums ist erstaunlich grün und lieblich. Skaftafell steht mit seiner üppigen Vegetation im auffälligen Kontrast zu den schwarzen Sanderflächen und den weißen Gletschern der Umgebung. Die umliegenden Berge und Gletscher schaffen ein angenehmes Mikroklima mit häufigen Sonnentagen im Sommer, von dem nicht zuletzt die Tier- und Pflanzenwelt profitieren. So sind die Hänge des sanft ansteigenden Höhenzugs Skaftafellsheiði mit mannshohen Birken und Ebereschen bewachsen, und an seiner Westflanke gedeiht mit dem Bæjarstaðarskógur einer der größten Birkenwälder Islands. Dieses ist von einem sehr gut ausgebauten Netz aus Wanderwegen unterschiedlichster Länge und Schwierigkeitsgrade durchzogen. Die einfachste Wanderung in Skaftafell führt vom Parkplatz durch das von Moosen überwucherte Moränenfeld zum Rand des Gletschers Skaftafellsjökull. Wie alle großen Gletscher Islands zieht auch er sich zurück, kalbt aber noch in eine kleine Lagune mit kaffeebraunem Wasser. Die Hauptattraktion des Gebietes befindet sich gut versteckt im lichten Birkenwald: Dort stürzt der kleine Wasserfall Svartifoss weiß schäumend über eine Felskante, die wie eine überdimensionale Orgel aus Basaltsäulen aussieht. Den vier Kilometer langen Rundweg zum Wasserfall kann man beliebig verlängern, etwa zum Museumshof Sel oder zum Aussichtspunkt Sjónarnípa. Ausführliche Informationen und Karten zu den Wanderungen sind im Besucherzentrum am Parkplatz erhältlich. Wer Zeit mitbringt, kann sich auf ganztägigen Wanderungen in die totale Einsamkeit begeben: etwa auf die Gipfel der Kristínartindar (eine anspruchsvollere Höhenwanderung mit fantastischen Ausblicken über den Skaftafellsjökull) oder zur Gletscherzunge Morsárjökull (eine eher flache Wanderung hinein in eine farbenfrohe Rhyolith-Bergwelt). Vom Parkplatz aus bieten zudem mehrere Agenturen Gletscherwanderungen an. Unter der Anleitung eines ortskundigen Guides geht es mit Steigeisen hinauf in eine faszinierende Welt aus weißschwarzem Eis und türkis leuchtenden Gletscherspalten. Für diese Touren muss man keine Vorerfahrung und keine herausragende Fitness mitbringen.

TOP ★ ERLEBNISSE

★ BRÜCKE (FAST) OHNE WASSER

Skeiðarárbrú, die mit 880 Metern längste Brücke des Landes, ist mittlerweile eine Kuriosität geworden, denn sie steht ungenutzt neben der Ringstraße! Die Klimakrise hat die Gletscherzunge des Skeiðarárjökull so weit schmelzen lassen, dass der mächtige Fluss Skeiðará, der die ganze Gegend namentlich geprägt hat, sein Wasser verlor. Weil die einspurige Brücke nun eher hinderlich ist, verlegte man die Ringstraße einfach 50 Meter weiter nördlich über eine kleinere, zweispurige Brücke.

SVÍNAFELLSJÖKULL

Unweit von Skaftafell befindet sich die steile und daher spektakuläre Gletscherzunge Svínafellsjökull. Eine holprige Schotterpiste führt zu einem Parkplatz mit tollem Blick über die kleine Gletscherlagune. Nach einer kurzen Wanderung gelangt man zur felsigen Gletschermoräne hinauf, von der aus man die gesamte Gletscherzunge überblicken kann: auf der einen Seite Eiskaskaden, auf der anderen grüne Berge und die schwarze Sanderebene.

WEITERE INFORMATIONEN
www.vjp.is

Menschen schauen auf der versandeten Insel Ingólfshöfði heute nur noch als Tagesgäste vorbei (oben). Vor der Großen Raubmöwe, meist Skua genannt, muss man sich hier in Acht nehmen (rechte Seite unten). Die unbestrittenen Stars der Insel sind zweifellos die Papageitaucher (rechte Seite oben).

28 DER VOGELFELSEN INGÓLFSHÖFÐI

Im Traktor übers Watt

Einige Kilometer östlich von Skaftafell beginnt beim Bauernhof Hofsnes ein Island-Erlebnis der besonderen Art. Im leeren Heuwagen geht es mit dem Traktor etwa eine halbe Stunde durch das Watt zur Felseninsel Ingólfshöfði. Dort erreicht man nach einem steilen Aufstieg den Vogelfelsen, auf dem tollpatschige Papageitaucher brüten und Skuas ihre Nester verteidigen.

An einem sonnigen Tag kommt man bei der Tour nach Ingólfshöfði aus dem Staunen nicht heraus. Auf einem umgebauten Heuwagen werden die Besucher im Traktor über die weitläufige Wattlandschaft gefahren. Je nach Gezeitenstand durchquert man entweder eine scheinbar endlose Ebene aus schwarzem Lavasand oder aber einen riesigen »Spiegel«. Denn wenn bei gutem Wetter die Flut das Watt befeuchtet, könnte man den Himmel und seine Spiegelung beinahe verwechseln. Langsam tuckert der Traktor durch diese ungewöhnliche, reduzierte Landschaft und gelangt nach einer halbstündigen bewegten Fahrt zu einem schwarzen Felsblock inmitten der Sandebene: die versandete Insel Ingólfshöfði.

Ingólfur Arnarsons Landepunkt

Der Name dieses windigen, auf den ersten Blick sehr ungastlichen Ortes bedeutet übersetzt »Kap Ingólfur«. Hier soll im Jahr 874 Islands erster Siedler, Ingólfur Arnarson, überwintert haben. Der Wikinger war wegen Streitigkeiten im überbevölkerten Norwegen landlos geworden und wagte im sagenumwobenen Island, in dem bis dato nur einige wenige Mönche temporär lebten, einen Neubeginn. Auf der Insel landete er zuerst auf diesem auch damals schon wenig einladenden Landstück, das noch heute nach ihm benannt ist. Einen ganzen Winter blieb Ingólfur mit seiner Familie hier, bevor er weiter gen Westen segelte.

Die ersten Siedler legten die Wahl des neuen Wohnsitzes in die Hand ihrer Götter. Deshalb dauerte es oft Monate bis Jahre, bis sie sich dauerhaft an einem Ort niederließen. Kam nach der Überfahrt von Skandinavien oder den britischen Inseln das erste Mal Land in Sicht, warfen sie die mitgebrachten Hochsitzpfeiler ihres ehemaligen Hauses ins Meer. Dort, wo die Pfosten angeschwemmt würden, wollten sie bleiben. Auch Ingólfur führte dieses Ritual aus. Während er auf Ingólfshöfði überwinterte, sandte er zwei seiner Sklaven, Karli und Vífill, aus, um die Balken zu suchen. Nach drei Jahren fanden sie sie im heutigen Reykjavík, wo sich Ingólfur in der Folge ansiedelte.

Im Reich der Skuas und Papageitaucher

Nach einem steilen Aufstieg auf die 76 Meter hohe Insel erreicht man den Gedenkstein für Ingólfur Arnarson. Außer dem Denkmal, einer Schutzhütte und einem Leuchtturm stehen auf der 1200 Meter langen und 750 Meter breiten Insel keine weiteren Bauwerke. Der Rest des grasbewachsenen Vulkanfelsens ist eine einzige große Vogelkolonie, die man nur im Rahmen einer Führung betreten darf. Eineinhalb Stunden dauert die gemächliche Umrundung der Insel, bei der man sehr viel Interessantes über die Lebensgewohnheiten der Vögel erfährt. An der nach Süden gerichteten Steilküste hausen Trottellummen, Tordalke, Mantelmöwen, Dreizehenmöwen und Eissturmvögel, und oben auf den grünen Wiesen brüten Skuas und Austernfischer. Die dicke, fruchtbare Grasschicht der Insel ist völlig durchlöchert von den Bruthöhlen der Papageitaucher.
Ab Ende April leben die drolligen, tollpatschig wirkenden Vögel hier, um zuerst ihre Höhlen zu säubern und zu reparieren und dann dort zu brüten. Bis August werden die Küken großgezogen, die dann auf sich allein gestellt auf dem Meer überwintern und vier bis fünf Jahre später zurückkehren, um ihrerseits hier zu brüten.
Die Papageitaucher mögen die Stars des Vogelfelsens sein, die Herrscher der Insel sind eindeutig die Skuas. Die großen braunen Raubmöwen erreichen eine Flügelspannweite von 140 Zentimetern und brüten im Gras genau in der Mitte der Insel. Wer sich im Hochsommer in die Nähe der Nester wagt, muss mit Attacken rechnen – die Altvögel verstehen keinen Spaß, wenn es um die Sicherheit ihrer Jungen geht. Die Guides der Tour kennen die einzelnen Tiere gut und versuchen, Angriffe zu umgehen, denn Skuas können auf direkten Kollisionskurs gehen und einen dadurch zu Fall bringen. Der Mensch wird hier nur geduldet, wenn er respektvollen Abstand hält.

TOP ★ ERLEBNISSE

★ FOTOGRAFIE AM VOGELFELSEN

Die Wildtiere Islands sind im allgemeinen weder extrem scheu noch besonders zutraulich: Für gute Fotos sind daher, wie auch sonst in der Tierfotografie, Geduld und Ruhe gefragt. Zudem ist es sehr förderlich, eine möglichst lange Brennweite dabei zu haben, um den Tieren nicht zu sehr auf die Pelle rücken zu müssen. Man sollte zudem niemals vergessen, dass Papageitaucher in der obersten Grasschicht ihre Höhlen bauen und diese dadurch destabilisieren. An den Steilkanten ist also Vorsicht geboten!

★ PAPAGEITAUCHER FÜR FRÜHAUFSTEHER

»From Coast to Mountains« bietet in den Sommermonaten an ein paar Tagen pro Woche spezielle Touren für Fotografen an, die schon vor sechs Uhr morgens starten. Das Ziel ist es, Papageitaucher im möglichst warmen Morgenlicht fotografieren zu können – eine gute Gelegenheit für ambitionierte Fotografen! Da die Gruppen klein gehalten werden, sollte die Tour unbedingt im Voraus gebucht werden.

WEITERE INFORMATIONEN
www.fromcoasttomountains.com

ISLANDS GEOLOGIE

Die Kraft der Gletscher und Vulkane

Alle paar Jahre bricht in Island ein Vulkan aus: so etwa im Jahr 2014 bei Holuhraun im östlichen Hochland.

Island verdankt seine Entstehung der Kontinentaldrift. Hier, genau auf dem mittelatlantischen Rücken, fördert ein riesiger Hotspot seit der Entstehung des Nordatlantiks vor 50 bis 60 Millionen Jahren ungeheure Mengen von Lava an die Erdoberfläche. Er schuf so eine der größten Vulkaninseln der Erde.

Geologisch gesehen steckt Island noch in seinen Kinderschuhen. Wann genau sich die Insel erstmals aus dem Meer erhob, weiß man nicht. Jedoch ist das älteste über dem Meeresspiegel gefundene Gestein, das in den Westfjorden liegt, gerade einmal 16 Millionen Jahre alt. Island besteht eigentlich ausschließlich aus vulkanischen Gesteinen wie Basalt, Tuff und Rhyolith. Die Insel ist einfach noch zu jung, um andere Felsarten wie etwa Sand- oder Kalkstein gebildet zu haben!

Die Macht der Vulkane

Auf Island erheben sich rund 130 Vulkane, von denen jedoch »nur« 30 als aktiv gelten. Diese lassen aber immer wieder von sich hören: Allein im 20. Jahrhundert wurden 50 Vulkanausbrüche registriert! Erdgeschichtlich betrachtet waren dies kleine, unbedeutende Ereignisse. Allerdings ereignen sich pro Jahrtausend auch mehrmals Eruptionen, die die ganze Welt beeinflussen. So starben nach dem Ausbruch der Laki-Krater 1783/84 über 30 000 Menschen in ganz Europa durch Schwefeldioxidvergiftung und durch die Entbehrungen des extrem harten folgenden Winters.

Faszinierende Geologie: Rhyolithgestein kann alle Farben des Regenbogens annehmen.

Noch sind 10 Prozent der isländischen Landfläche von Gletschern bedeckt: hier ein Teil des Langjökull.

Die scheinbare Ruhe der letzten 200 Jahre, in denen Island von größeren Katastrophen verschont wurde, ist also trügerisch. Dass sich dies ohne Vorwarnung wieder ändern kann, bewiesen die jüngsten Vulkanausbrüche. Im Jahr 2010 hielt der Eyjafjallajökull die Welt in Atem, indem seine Asche den europäischen Flugverkehr tagelang lahmlegte, und 2014 öffnete sich bei Holuhraun südlich von Askja eine Erdspalte. Das neue Lavafeld bedeckte innerhalb eines halben Jahres ein 85 Quadratkilometer großes Gebiet. Die isländischen Geologen überwachen ihre Pappenheimer ganz genau, registrieren jedes Erdbeben und haben es in der Vergangenheit oft geschafft, Ausbrüche kurzfristig vorherzusagen. Der Klimawandel, so sagen sie, wird dafür verantwortlich sein, dass es in Zukunft wieder mehr Vulkanausbrüche geben wird. Denn mit dem Schmelzen der Gletscher schwindet auch der Eismantel, der bisher wie ein schwerer Deckel auf den Feuerbergen liegt. Es ist also nur eine Frage der Zeit, bis in Island wieder ein Berg Druck ablassen und dadurch eventuell auch in Europa für Furore sorgen wird!

Ein Beiwerk der vulkanischen Aktivität sind zudem die 25 Geothermalgebiete mit ihren Fumarolen, Solfataren und Geysiren. Nirgendwo sonst auf der Welt gibt es so viele Hochtemperaturgebiete, also Orte, an denen die vulkanische Hitze als Wasser- oder Schlammquelle zutage tritt. Es sind vegetationslose Landschaften voller Formen und Farben: zischender, nach Schwefel riechender Dampf, köchelnde, blau schimmernde Quellen und bunte Schlammfelder, überzogen von einem Mosaik aus Trockenrissen. Vulkanismus kann auch ohne glühende Lava wunderschön sein!

Die Kraft von Wasser und Eis

Island wird noch von zwei weiteren Kräften geprägt: der Erosion und den Gletschern. Während der letzten großen Eiszeit, die vor 12 000 Jahren endete, war Island bis auf wenige Bergspitzen komplett von kilometerdickem Eis bedeckt, das die tiefen Fjorde und Täler formte. Vulkanausbrüche unter den Gletschern verursachten riesige Fluten, die sich in tiefen Schluchten in den Boden frästen und die großen Sanderflächen entstehen ließen. Auch die Tafelberge entstanden unter dem Eis: Es sind Vulkane, die den dicken Eispanzer über sich wegschmolzen und an der freien Luft einen relativ waagerechten Deckel aus harter Basaltlava erhielten. Das berühmteste Beispiel eines solchen eiszeitlichen Tafelvulkans ist Herðubreið, die »Königin der Berge« in Nordisland. Die heutigen Gletscher sind allerdings keine Überbleibsel der letzten Eiszeit, sondern entstanden in einer Kälteperiode vor etwa 2500 Jahren. Sie ziehen sich nun wieder zurück, geben neues Land frei, speisen die mächtigen Gletscherflüsse – und verändern die Landschaft dadurch bis heute.

29 FESSELNDE GLETSCHERWELT – DER VATNAJÖKULL

Ein Wunder aus schmelzendem Eis

Während der Eiszeit war Island fast vollständig vergletschert, und heute liegen immerhin noch zehn Prozent des Landes unter Eiskappen. Davon bedeckt der Vatnajökull acht Prozent. Egal, in welchem Licht oder zu welcher Jahreszeit: Seine Gletscherzungen ziehen jeden in seinen Bann, denn es offenbart sich eine Welt, die so fremdartig schön ist, dass man sich auf einem anderen Planeten wähnt.

Der »Wassergletscher« Vatnajökull wird mit seinen stolzen 8100 Quadratkilometern gerne als größter Gletscher Europas bezeichnet. Dies ist allerdings nicht korrekt, denn die Eiskappe auf der Sewerny-Insel in Nowaja Semlja, westlich des Ural im Nordpolarmeer gelegen, ist mit fast 20000 Quadratkilometern deutlich größer. Nichtsdestotrotz ist der Vatnajökull mächtig beeindruckend! Rund 3000 Kubikkilometer Eis von bis zu 560 Metern Dicke lasten auf Südostisland und verbergen mehrere aktive Vulkane. Die für uns imposanten Ausmaße täuschen jedoch gerne darüber hinweg, dass jeden Sommer mehr Eis schmilzt, als Schnee im Winter nachfallen kann. Seit dem Ende des 19. Jahrhunderts hat der Gletscher zehn Prozent seines Volumens verloren und damit etwa einen Millimeter zum derzeitigen Meeresspiegelanstieg beigetragen. In der sich zuspitzenden Klimakatastrophe beschleunigt sich dieser Prozess rasant: Allein in den Jahren 2000 bis 2010 hat der Gletscher drei Prozent seines Volumens verloren. Die Gletscherzungen ziehen sich 100 bis 400 Meter zurück – und das jedes Jahr. Wenn es der Menschheit nicht gelingt, die Erderwärmung auf weit unter 2 °C zu begrenzen, werden von diesem Eisriesen in 200 Jahren nur noch kümmerliche Reste übrig sein. Und so ist es leider unver-

Der Besuch einer winterlichen Eishöhle ist wie der Ausflug in eine andere Welt (unten und rechte Seite oben). Wer auch im Sommer eine besuchen möchte, kann dies in der menschengemachten Eishöhle in »Perlan« gefahrlos tun (rechte Seite unten).

meidbar, an dieser Stelle daran zu erinnern, dass jede Flugreise, auch die nach Island, und jeder Kilometer mit einem von fossilem Brennstoff betriebenen Fahrzeug genau jene Schönheit zerstören, derentwegen so viele ins Reich des Vatnajökull reisen.

Ein Ausflug unters Eis

Interessanterweise begünstigt die Eisschmelze ein Phänomen, das sich zu den beliebtesten Winterattraktionen Islands gemausert hat: die türkisfarbenen Eishöhlen des südlichen Vatnajökull. Im Sommer formt das unaufhörlich fließende Schmelzwasser Gänge und Tunnel im Eis, welche im Winter zugänglich werden. Die Farbe des Eises wird von mehreren Faktoren bestimmt. Der wichtigste ist die Klarheit des umgewandelten Schnees: Befinden sich viele Luftblasen oder Aschepartikel darin, wirkt er weiß bzw. grau. Jenes jahrhundertealte Eis, das sich immer im Inneren des Gletschers befand, also nie Kontakt zu herabfallender Vulkanasche oder den »schmutzigen« Seitenmoränen hatte, ist durch den immensen Druck der darauf lastenden Eisschichten so klar wie Glas geworden. Nun ist es aber so, dass Wassermoleküle rotes Licht sechsmal häufiger absorbieren als blaues Licht. Das hat zur Auswirkung, dass ein Lichtstrahl nach etwa zwei Metern Reise durchs Eis kaum mehr Rottöne enthält, und genau deshalb wirken klares Eis und tiefe Wasser blau. Weil die Auslassgletscher des Vatnajökull einerseits schnell fließen und andererseits jeden Sommer extrem schmelzen, müssen die Höhlen jeden Herbst aufs Neue begutachtet und präpariert werden, etwa mit Brücken, Treppen und Leitern. Auf keinen Fall sollte man sich alleine auf die Suche nach den Höhlen machen, sondern sich von jenen zahlreichen Anbietern führen lassen, die genau wissen, wo und wann die jeweiligen Eishöhlen sicher zu betreten sind. In den Wintermonaten, meist von November bis März, werden die Teilnehmer mit Steigeisen und Helmen ausgestattet, Vorkenntnisse sind nicht vonnöten, und in die Wunderwelt der blau- bis türkisfarbenen Eispaläste geführt. Wie die Höhle aussieht, wie lang und hoch sie ist, ist also jeden Winter unterschiedlich. Eines aber ist klar: Befindet man sich zur Eishöhlenzeit in Island, sollte man sich dieses Erlebnis nicht entgehen lassen!

TOP ★ ERLEBNISSE

★ AUSBLICK VON SJÓNARNÍPA

Die »Aussichts-Felsnase« Sjónarnípa ist die Hauptattraktion einer 6,4 Kilometer langen Rundwanderung in Skaftafell, welche beim Besucherzentrum beginnt und ausgeschildert ist. Nach einem Anstieg von 240 Höhenmetern hat man von besagtem Aussichtsfelsen einen fantastischen Rundumblick über den Skaftafellsjökull. An den verschiedenen Endmoränen kann man sehr gut sehen, wie weit sich die Gletscherzunge bisher zurückgezogen hat.
www.vjp.is/en/areas/skaftafell

★ EISHÖHLEN- UND GLETSCHER-AUSSTELLUNG

In Perlan, einem der Wahrzeichen Reykjavíks, befindet sich ein modernes Museum über die Naturwunder Islands, das sich u. a. intensiv mit den isländischen Gletschern befasst. Weltweit einmalig ist die 100 Meter lange, künstliche Eishöhle aus echtem Schnee, in welcher –10 °C herrschen: Damit bekommt man auch im Sommer einen Eindruck von einer »echten« Eishöhle, die zudem auch noch kinderwagen- und rollstuhlfreundlich ist!
www.perlan.is

WEITERE INFORMATIONEN
www.visiticeland.com

Die Gletscherlagune inszeniert sich immer wieder neu (oben). Fellsfjara, der Strand bei Jökulsárlón, wird von Touristen passenderweise »Diamond Beach« genannt (rechte Seite).

30 DIE GLETSCHERLAGUNE JÖKULSÁRLÓN

Im Bann des Eises

Umgeben von Islands größtem Gletscher scheint die blau schimmernde Gletscherlagune Jökulsárlón wie ein eisiges Juwel. Bizarr geformte Eisberge treiben in ihrem spiegelglatten Wasser, schimmern weiß, blau und schwarz. Den teilweise über 15 Meter hohen Eisblöcken kann man sich auf einer Bootstour oder auch einfach am Ufer des Sees nähern.

Genau zwischen Skaftafell und Höfn bietet unmittelbar an der Ringstraße der glasklare Gletschersee Jökulsárlón einen wahrlich spektakulären Anblick. Tausende Eisberge treiben in dem oft spiegelglatten See, in dessen Wasser die Gletscherzunge Breiðamerkurjökull des Vatnajökull kalbt. Das 1000 bis 1500 Jahre alte Eis schmilzt im Lauf von zwei bis sieben Jahren und treibt schließlich auf dem seichten Jökulsá hinaus ins Meer. Nur rund 500 Meter lang, gilt er als kürzester Fluss Islands. Durch die direkte Verbindung zum Meer vermischt sich das gelb-braune Wasser der Gletscherschmelze mit dem blauen Salzwasser des Meeres, weshalb der See in wechselnden Grün- und Blautönen leuchtet. Neugierige Robben halten sich gerne in der Nähe des Ausflusses auf, schlafen gar teilweise auf flachen Eisschollen, und auch Küstenseeschwalben, Eiderenten und andere Vögel nutzen die gemächlich dahintreibenden Eisberge als Rastplätze. Der beinahe unwirklich-schöne Anblick der eisigen Gletscherwelt ist bei jedem Wetter ein Erlebnis und stellt für viele Besucher den Höhepunkt ihrer Islandreise dar.

Phänomen der Gletscherschmelze

Kaum jemand weiß, dass die Gletscherlagune Jökulsárlón ein sehr junges Phänomen ist. Als Island besiedelt wurde, befand sich Nordeuropa in einer Warmzeit und die äußeren Ausläufer des Vatnajökull lagen vermutlich gut 20 Kilometer weiter landeinwärts als heute. Während der »kleinen Eiszeit« zwischen dem 15. und 19. Jahrhundert schoben sich die

Ein Eissturmvogel überfliegt eine natürlich Eisskulptur (unten). Staunen tut wohl jeder, der zum ersten Mal die Eisberge in der Lagune treiben sieht (rechte Seite oben). Gezeiten spülen das Eis an den schwarzen Lavastrand des »Diamond Beach« (rechte Seite unten).

Gletscher wieder bis unmittelbar zur Küste vor. Seit den 1930er-Jahren befinden sie sich wieder auf dem Rückzug. Wie weit sie sich einst ausdehnten, zeigen die Moränen rings um die Gletscherlagune.

Seit Beginn des 20. Jahrhunderts erwärmt sich das Klima im Süden Islands, in der Folge begann die bis heute anhaltende Gletscherschmelze. Noch 1935 floss der Fluss Jökulsá vom Rand der Gletscherzunge Breiðamerkurjökull ohne Unterbrechung ins Meer. Eine Lagune entstand erst, als sich der Gletscher durch die stetige Klimaerwärmung immer weiter landeinwärts zurückzog. Das Eis hatte sich bis zu 300 Meter unter den Meeresspiegel geschoben und bildete beim Auftauen einen immer tiefer werdenden See. Als Messungen aus dem Jahr 2009 eine Tiefe von 248 Metern ergaben, löste Jökulsárlón den Öskjuvatn (220 Meter) als tiefsten See Islands ab.

Jährlich zieht sich nun der Breiðamerkurjökull auf seiner ganzen Breite um 100 Meter zurück und liefert der Lagune neuen Nachschub an Eisbergen. 18 Quadratkilometer ist der See mittlerweile groß; seit den 1970er-Jahren hat sich seine Ausdehnung vervierfacht. Das Treibeis staut sich vor seinem Ausfluss, der mit großen Felsbrocken künstlich abgeflacht wurde, da die großen Eisberge die Stabilität der Brücke gefährdeten. Doch auch das Meer nagt an dem schmalen nur aus Sand und Gletschergeröll bestehenden Küstenstreifen. Trotz des Eingreifens des Menschen ist es wohl nur eine Frage der Zeit, bis die Brandung das Land so weit abgetragen hat, dass anstelle der Lagune ein tiefer Fjord entstanden ist und der Gletscher direkt ins Meer kalbt.

Die Farben der Kälte

Die Gezeiten und der Wind bewegen die Eisberge innerhalb der Lagune, der flache Ausfluss erlaubt aber nur den kleinsten Exemplaren die Weiterreise ins Meer. Bei Ebbe führt die starke Strömung des kurzen Gletscherflusses viele kleine Eisbrocken aus der Lagune mit sich, die am Strand unmittelbar neben der Flussmündung angeschwemmt werden. Wie Edelsteine liegen die weißen und grünlich-blauen Eisblöcke auf dem schwarzen Lavasand. Wenn die von der Brandung umspülten Eisberge innerhalb weniger Tage schmelzen, formen sie aberwitzige Skulpturen, die im Sonnenlicht wie mit Diamanten besetzte Glaskunstwerke glitzern und leuchten.

Immer wieder sieht man hier Eis, in dem sich schwarze, weiße und klare Schichten abwechseln. Die unterschiedliche Färbung der Eisberge hängt von ihrer Zusammen-

setzung ab. Die Asche vergangener Vulkanausbrüche sorgt für schwarze und graue Farbtöne, weißes Eis besteht hingegen aus nur leicht zusammengepresstem Schnee oder aber es war längere Zeit oberflächlich geschmolzen. In beiden Fällen enthält die Oberfläche des Eisberges viele Luftbläschen, die das Licht reflektieren und streuen. Deshalb erscheint das Eis dem menschlichen Auge weiß.
Besonders beeindruckt sind die meisten Besucher jedoch von dem leuchtend blaugrünen Eis von Gletscherspalten und vielen Eisbergen in Jökulsárlón. Es ist durch das hohe Eigengewicht des Gletschers so stark komprimiert, dass es kaum noch Lufteinschlüsse enthält und deshalb blau wirkt.
Je weniger Luftblasen im Gletschereis eingeschlossen sind, desto deutlicher wird die Blaufärbung sichtbar.

Autorennen und Amphibienfahrzeuge

Der weltweit einzigartige Gletschersee ist ein beliebter Schauplatz für Filmproduktionen, gedreht wurden hier unter anderem schon James Bond, Tomb Raider und »Batman Begins«. In James Bond »Stirb an einem anderen Tag« wurde ein Autorennen auf dem winterlichen Gletschersee inszeniert. Weil durch den Zufluss von Salzwasser die Lagune in normalwarmen Winterjahren nicht zufriert, verschloss man den Zugang zum Meer im Winter 2002 mit schwerem Gerät. Jökulsárlón legte sich daraufhin eine vollständige Eishaut zu, und die Dreharbeiten konnten wie geplant stattfinden.
Die allermeisten Besucher werden die Gletscherlagune jedoch naturbelassen vorfinden. Einzig und allein die Boote des ortsansässigen Unternehmens Glacier Lagoon sind regelmäßig auf dem Wasser zu sehen. Während der Sommermonate fahren die Amphibienfahrzeuge im Halbstundentakt auf den See hinaus und geben zahlungswilligen Besuchern die Möglichkeit, den großen Eisbergen und dem Gletscher sehr nahe zu kommen. Üblicherweise bucht man die Touren spontan vor Ort, die Nachfrage kann normalerweise immer bedient werden. Die Anlaufstelle ist der Parkplatz auf der Ostseite des Flusses, wo im weiten Umkreis das einzige Gebäude steht. In diesem weiß-blauen Haus im Stil der isländischen Torfgehöfte befinden sich Toiletten, ein Café, die Information und das Büro von »Glacier Lagoon«.
Übernachtungsmöglichkeiten gibt es direkt an der Gletscherlagune nicht; auch Campervans mit eingebauter Toilette müssen den nächsten offiziellen Campingplatz ansteuern: dieser befindet sich in Skaftafell. Die nächsten Unterkünfte bieten Gästehäuser, die zwölf Kilometer weiter östlich an der Ringstraße liegen.

TOP ★ ERLEBNISSE

★ DIAMOND BEACH

Breiðamerkursandur oder auch Fellsfjara heißt der Strand bei Jökulsárlón eigentlich, doch in den letzten Jahren hat sich bei den Touristen die Bezeichnung »Diamond Beach« durchgesetzt. Schon bei der Ankunft an der Gletscherlagune kann man die kleinen Eisblöcke sehen, die wie Diamanten auf dem schwarzen Lavastrand liegen. Nach dem Besuch der Eislagune sollte man an diesem ikonischen Fotomotiv unbedingt auch noch vorbeischauen!

★ WINTERLICHE EISHÖHLEN

Die Gletscherzungen bei Jökulsárlón sind dafür bekannt, mit die schönsten Eishöhlen der Welt zu besitzen. Diese sollten aus Sicherheitsgründen allerdings nur im Winter und unter der Führung eines fachkundigen Guides besucht werden! Mittlerweile gibt es zahlreiche Anbieter, die von Oktober bis März/April Touren unters Eis anbieten: wie die Höhlen genau aussehen, ist dabei von Monat zu Monat und Jahr zu Jahr unterschiedlich.

WEITERE INFORMATIONEN
www.south.is

Fjallsárlón begeistert mit fantastischen Ausblicken – zu jeder Jahres- und Tageszeit.

31 FJALLSÁRLÓN – DEM EIS GANZ NAH

Grandioses Gletscher-Panorama

Jeder kennt die Gletscherlagune Jökulsárlón, und man kann sie auch gar nicht übersehen, schließlich führt die Ringstraße genau an ihr vorbei. In direkter Nachbarschaft liegt jedoch eine wesentlich kleinere Lagune, die weniger stark besucht ist und bei der man erheblich näher an den Gletscher herankommt. Fjallsárlón sollte man unbedingt besuchen, so man genügend Zeit mitbringt!

Zehn Kilometer westlich von Jökulsárlón führt ein kurzer Abstecher nach Fjallsárlón, genauer gesagt zum Frost Restaurant. Dieser Gebäudekomplex unweit der Ringstraße beinhaltet ein Bistro und Sanitäranlagen. Von hier aus startet ein kurzer, einfacher Spaziergang durch eine hügelige Moränenlandschaft. Erst nachdem man einem breiten Pfad auf einen sanften Hügel gefolgt ist, erblickt man die »Bergfluss-Lagune« Fjallsárlón. Der Anblick ist atemberaubend: Hier fällt die Gletscherzunge Fjallsjökull über 2000 Höhenmeter vom höchsten Berg Islands, dem Hvannadalshnjúkur, herunter. Die sich zurückziehende Gletscherzunge hat einen milchigen Gletschersee geschaffen. Die darin treibenden Eisberge sind wesentlich kleiner als bei Jökulsárlón, aber das Panorama ist durch den nahen Gletscher und die hohen Berge ungleich spektakulärer! Wer mag, der kann beim Frost Restaurant Touren in kleinen Schlauchbooten buchen. Blaues Eis gibt es hier im See zwar seltener zu sehen als bei Jökulsárlón, dafür kann man aber mit etwas Glück das Kalben der Gletscherfront miterleben!

INFO: www.fjallsarlon.is

32 IKONISCHE FOTOMOTIVE – STOKKNES UND VESTRAHORN

Dünen, Berge und ein Wikingerdorf

Island bietet quasi an jeder Ecke spektakuläre Landschaftspanoramen. Ein sehr bekanntes Motiv befindet sich auf der Halbinsel Stokksnes, 15 Kilometer östlich von Höfn: Hier ragt der Berg Vestrahorn sehr markant über einer sandigen Bucht auf. Der »Geheimtipp« ist längst zum Touristen-Hotspot geworden, für dessen Besuch Eintritt bezahlt werden muss.

Zwölf Kilometer östlich von Höfn zweigt von der Ringstraße die kurze Stichstraße 9720 nach Süden ab, welche in Stokksnes beim »Viking Cafe Guesthouse« endet, einem kleinen Gästehaus mit Café und Campingplatz. Die gesamte Halbinsel ist in Privatbesitz und darf nur nach Entrichtung einer Eintrittsgebühr betreten werden. Wer für die Besichtigung dieser hübschen, aber doch normalen isländischen Küstenlandschaft kein Geld zahlen will, der kommt besser nicht hierher! Für Fotografen ist der Besuch allerdings fast ein Muss, denn hier offenbart sich eines der bekanntesten Landschaftspanoramen Südostislands. Mit Strandroggen bewachsene, tiefschwarze Dünen liegen vor einer geschwungenen Bucht, in der sich bei Ebbe der formschöne Berg Vestrahorn spiegelt. Im Winter ist der Besuch ebenfalls beliebt, in der Hoffnung, die Szene mit Nordlichtern fotografieren zu können. In der Nähe zum Café, direkt unterhalb des Berges, befindet sich zudem ein kleines Wikingerdorf. Die von einem Palisadenzaun umrahmten Holzhäuschen mit Grasdächern wurden als Filmkulisse für einen niemals hergestellten Film aufgebaut und sind heute zu besichtigen.

INFO: www.vikingcafe.is

Schwarze Dünen vor ikonischer Bergkulisse: Fotos von Stokksnes zieren so manchen Kalender und Bildband.

In der Brackwasserlagune östlich von Höfn spiegelt sich an sonnigen Tagen die umliegende Bergkulisse (oben). Der Campingplatz liegt zwar mittig in der Stadt Höfn, gewährt aber tolle Fernsichten (rechte Seite unten). Heinabergsjökull ist eine von mehreren Gletscherzungen am südöstlichen Rand des Vatnajökull (rechte Seite oben).

33 IM REICH DES VATNAJÖKULL – HÖFN Í HORNAFIRÐI

Ausgangsbasis für grandiose Touren

Höfn í Hornafirði, meist nur kurz Höfn genannt, zählt 1700 Einwohner und lebt von der Fischindustrie sowie im zunehmenden Maß auch vom Tourismus. Der Ort liegt am Südrand des Vatnajökull, nur 30 Kilometer von Islands größtem Gletscher entfernt, und ist somit ein perfekter Ausgangspunkt für Touren in die schroffe Wildnis des Eisgiganten.

Städtebaulich betrachtet ist Höfn nicht sehr attraktiv. Langweilige Betonbauten und Reihenhäuser dominieren das Stadtbild, und umso reizvoller wirken die wenigen gut erhaltenen Häuser aus der Gründungszeit des Ortes im späten 19. Jahrhundert. Ansonsten gibt es hier die übliche Infrastruktur:ein paar Supermärkte, Tankstellen, Einrichtungen zur medizinischen Versorgung, eine Molkerei, kleinere Industrie und hier und da eine Kunstinstallation – der Ort ist ein zweckmäßiges Dienstleistungszentrum in der großen, ansonsten spärlich besiedelten Region. Für Touristen ist Höfn in erster Linie eine Durchgangsstation und vor allem Ausgangspunkt für Unternehmungen ins Umland. Immerhin finden sich hier vielerlei Übernachtungsmöglichkeiten, ein großer, gut ausgerüsteter Campingplatz und diverse Restaurants. Zudem besitzt die kleine Stadt den größten Hafen an der zu großen Teilen versandeten Südostküste, vor der ergiebige Fanggründe liegen. Da ist es nicht verwunderlich, dass sich hier vieles um Fisch dreht. Unter anderem wird der Kaisergranat angelandet, hier gerne als »Icelandic lobster« bezeichnet. Es handelt sich dabei allerdings nicht um Hummer, sondern um maximal 25 Zentimeter

lange Krebse mit hummerähnlichem Körperbau, die als Delikatesse gelten.

Tor zum Vatnajökull

So wenig attraktiv die Stadt auch sein mag, so hübsch ist das Umland. Höfn liegt auf einer Landzunge, die einen idyllischen Brackwassersee bildet, in welchem sich unzählige Vögel tummeln. Bei gutem Wetter liegt das Wasser oft so still, dass sich die umliegenden Berge darin perfekt spiegeln. Von bunten Rhyolithbergen umrahmt ragt der Vatnajökull 30 Kilometer von der Küste entfernt in den Himmel und füllt den gesamten Nordhorizont aus. Die Tourismusanbieter der Region haben sich deshalb auf Touren spezialisiert, die zum Gletscher führen oder auch hinauf. Über die Touristeninformation in der Stadtmitte oder die Rezeptionen der Unterkünfte kann man unterschiedliche Unternehmungen buchen, wie etwa Superjeep- und Schneemobilfahrten, Wanderungen auf den Gletscher, Mountainbiken oder Kajakfahren. Ein Abenteuer für Allrad-Fans ist die enge, in Teilen sehr steile Schotterpiste F985 nach Jöklasel (nur im Sommer befahrbar), die mit fantastischen Ausblicken aus 800 Meter Höhe belohnt.

Ausflüge mit Auto und Wanderschuhen

Östlich von Höfn liegt das schwer erreichbare Gebiet Lónsöræfi. Hier bahnt sich der Fluss Jökulsá í Lóni seinen Weg durch schroffe Schluchten aus grünen Hängen und bunten Rhyolithbergen. Dieses Gebiet am südöstlichen Rand des Vatnajökull ist bekannt für anspruchsvolle Wildniswanderungen. Wer die isländische Natur hier zu Fuß erleben will, auf schlecht bis kaum markierten Wegen, der muss sich unbedingt gut vorbereiten, denn bei Unfällen ist man hier gänzlich auf sich alleine gestellt! Auch Allradfahrer kommen hier auf ihre Kosten. Die Stichstraße F980 führt auf der Westseite des Flusses Jökulsá 25 Kilometer nach Norden. Diese Route ist nur für wirklich hochgelegte Allradfahrzeuge geeignet, denn es muss der tiefe und schnell fließende Fluss Skyndidalsá durchquert werden. Fahrzeuge mit ungenügender Bodenfreiheit stecken hier oft mitten im Fluss fest, was ein sehr nasser und teurer Spaß werden kann. Ohne Flussfurten kommt ein Schotterweg auf der Ostseite der Jökulsá aus: Die ersten Kilometer bis nach Hvannagil sind im Sommer für alle Fahrzeuge befahrbar. Ein Abstecher für alle, die neugierig sind auf diese einsame Naturlandschaft abseits der Ringstraße.

TOP ★ ERLEBNISSE

★ GLETSCHERZUNGEN ABSEITS DER RINGSTRASSE

Wie überall in Island muss man nicht weit fahren, um kleine Wanderungen in wilder Natur unternehmen zu können. Von Höfn aus bietet es sich an, die Gletscherzungen des Vatnajökull zu erkunden, etwa den Hoffellsjökull, den Fláajökull und die nebeneinanderliegenden Skálafellsjökull und Heinabergsjökull. Unbefestigte Schotterstraßen führen zu den sehr unterschiedlich aussehenden Gletschern, denen man sich dann zu Fuß nähern kann.

★ ALMANNASKARÐ – DIE ALTE PASSSTRASSE

Den besten Blick auf die Umgebung von Höfn hat man, wenn man die Ringstraße nach Osten weiterfährt. Unmittelbar nach dem Abzweig nach Stokknes führt die Ringstraße durch einen kurzen Tunnel. Auf der anderen Seite kann man einen Abstecher auf die alte Passstraße machen, bis man von einem kleinen Parkplatz auf dem Almannaskarð nach Westen zurückschauen kann.

WEITERE INFORMATIONEN
www.visitvatnajokull.is

Die Eisberge in der Gletscherlagune von Jökulsárlón bilden einen farblichen Kontrast zum Gletscherglühen des frühen Sonnenaufgangs.

DER OSTEN

zerklüftete Berge, tiefe Fjorde

Eine typische Szene der Ostfjorde: der fotogene Leuchtturm Vattarnesviti vor den steil aufragenden Bergen des Reyðarfjörður (links). Die Abgeschiedenheit scheint so einige kreative Köpfe zu inspirieren (oben). Überall graben sich kleinere und größere Wasserfälle ihren Lauf (unten).

Der kleine Hafen des pittoresken Fischerdorfes Djúpivogur (oben). Das alte Handelshaus Langabúð ist eines von mehreren alten, fotogenen Holzgebäuden (rechte Seite unten). Der Búlandstindur ist der Hausberg der kleinen Siedlung (rechte Seite oben).

34 DIE FJORDLANDSCHAFT BEI DJÚPIVOGUR

Der abgelegene Osten

Zwischen der Stadt Höfn und der Bucht Héraðsflói erstreckt sich die etwa zwölf Fjorde umfassende Landschaft der Ostfjorde. Zusammen mit den Westfjorden bilden sie den geologisch ältesten Teil der Insel. Etwa 13 Millionen Jahre alt sind die Gesteine der Berge, die von eiszeitlichen Gletschern abgeschmirgelt und geformt wurden.

Wer will, der kann die Ostfjorde fast vollständig umfahren. Von Süden kommend, zweigt die Passstraße 939 von der Ringstraße ab und führt abseits der Küste direkt nach Egilsstaðir, der größten Stadt Ostislands. Es lohnt sich jedoch, diese Landschaft abseits der Ringstraße zu erkunden. Kleine, meist gut ausgebaute Straßen winden sich entlang der tief eingeschnittenen Fjorde und erschließen einen Teil Islands, der von vielen Touristen oft ausgelassen wird. Die zerklüftete Küstenlandschaft mit grünen, schmalen Buchten und vielen kleinen Naturhäfen ist eine eigene kleine Welt für sich. Sie gleicht den Westfjorden, ist jedoch kleiner und überschaubarer. Bunte Fischerdörfer schmiegen sich in die Talkessel, die von lang gezogenen, begrünten Bergen aus vielfach geschichtetem Basalt überragt werden. Vielerorts zeugen verlassene verfallene Höfe von der Landflucht der jungen Isländer, die es eher in die großen Städte zieht. Hier draußen sind die Arbeitsmöglichkeiten sehr beschränkt und höhere Schulen gibt es nicht.

Fischerdorf Djúpivogur

Weit im Süden liegt am südlichen Ufer des Fjordes Berufjörður die kleine Ortschaft Djúpivogur. Sie ist von langen, niedrigen Bergzügen eingerahmt und wird von dem beeindruckenden pyramidenförmigen Berg Búlandstindur überragt. Die aus leicht geneigten Basaltschichten aufgebauten Berge schauen ein wenig aus, als seien sie mit Treppenstufen versehen.

Wie fast alle Dörfer der Ostfjorde blickt auch Djúpivogur auf eine lange Vergangenheit als Fischer- und Handelssiedlung zurück. Dies verdankt es den fischreichen Küstengebieten und der geschützten Lage seines Hafens. Bis Anfang des 20. Jahrhunderts hielten dänische Kaufleute das Handelsmonopol im wirtschaftlich florierenden Djúpivogur, aus jener Zeit stammen die vielen bunten Holzhäuser des gemütlichen Stadtzentrums in unmittelbarer Nähe zum kleinen Hafen. Dort steht beispielsweise das leuchtend rote Handelshaus Langabúð, das Besucher mit Museum, Café und Galerie zum Verweilen einlädt.
Djúpivogurs Umgebung ist von Feuchtland geprägt. Zwischen grauen Lavablöcken liegen unweit der Hauptstraße mehrere kleine Seen, die vielen Vogelarten Schutz- und Lebensraum sind. Zu den bemerkenswerten Brutvögeln zählen Sterntaucher, Ohrentaucher, Brandgans und Löffelente.

Vogelinsel Papey

Von Djúpivogur aus lockt ein Ausflug nach Papey. Täglich werden Bootsfahrten auf die nur zwei Quadratkilometer große Insel angeboten, die sich acht Kilometer vor Djúpivogur aus dem Meer erhebt. Das von vielen weiteren, bis zu 45 Meter hohen Inseln und Klippen umgebene Eiland ist ein beliebtes Brutgebiet für viele Seevogelarten. Leider verwaisen auch hier die Kolonien der kleineren Vögel allmählich, da es wie in Südisland vermehrt am Futterfisch Sandaal mangelt.
Die gut erreichbare Insel mit den zwei Naturhäfen war bis 1966 bewohnt. Die Insulaner lebten von der Schafzucht, dem Fischfang und dem Sammeln von Vogeleiern. Zu ihren Hinterlassenschaften gehören einige kleine Gebäude, darunter auch die älteste und kleinste Holzkirche Islands. Sie wurde im Jahr 1807 errichtet.
Der Name der Insel Papey ist eine Kombination der Wörter »Papar«, eine alte Bezeichnung für Einsiedlermönche, und »Ey« (Insel). In den historischen Schriften Íslendingabók und Landnámabók, welche über die Besiedlungszeit Islands Auskunft geben, steht geschrieben, dass auf Papey die Hinterlassenschaften irischer Mönche gefunden wurden. Diese wären dort angeblich vor der Ankunft der Wikingersiedler im 9. und 10. Jahrhundert ansässig gewesen. Archäologisch ließ sich dies allerdings niemals nachweisen. Jedoch erinnern auch Ortsnamen auf der Insel an die frommen Erstsiedler: Írsku hólar (Irische Hügel) und Papatættur (Mönchs-Ruine). In Island geht man daher davon aus, dass nicht norwegische Wikinger, sondern irische Mönche erstmals dauerhaft auf Island lebten.

TOP ★ ERLEBNISSE

★ AUÐUNNS STEINSAMMLUNG

In Djúpivogur befindet sich die kleine, aber beeindruckende private Ausstellung »Steinasafn Auðuns«, auf Deutsch »Auðunns Steinsammlung«. Hier präsentiert der begeisterte Mineralienliebhaber Auðunn Baldursson Hunderte liebevoll präparierter Mineralien und Steine, deren Schönheit einen zum Staunen bringt. Ein lohnenswerter Stopp abseits der bekannten Touristenpfade!

★ PYRAMIDENBERG BÚLANDSTINDUR

Der aus fast waagrechten, unterschiedlich dicken Basaltschichten aufgebaute Berg Búlandstindur ist das Wahrzeichen von Djúpivogur. Seine auffällige Pyramidenform verdankt er den Eiszeitgletschern, die ihn von allen Seiten abschliffen; nur seine Spitze ragte damals aus der Eismasse hervor. In dem Aufforstungsgebiet unterhalb des Berges verlaufen viele einfache Wanderwege, auf den Berg selbst führt von Süden aus eine fünf Kilometer lange, steile und anstrengende Tour. Die besten Informationen dazu erhält man bei der Touristeninformation in Djúpivogur.

WEITERE INFORMATIONEN
www.djupivogur.is

Immer wieder führt die Ringstraße direkt am Meer entlang und ermöglicht tolle Ausblicke auf den wilden Nordatlantik.

Petras Steinsammlung in der Ortschaft Fáskrúðsfjörður ist eine von vielen versteckten Attraktionen der stillen Ostfjorde (oben). Es sind hier aber vor allem die rauen Landschaften, die begeistern, so etwa die Steilküste bei Hafnarnes im südlichen Fáskrúðsfjörður (rechte Seite).

35 DIE SÜDLICHEN OSTFJORDE

Unterwegs in abgeschiedenen Tälern

Als »Ostfjorde« wird die Küstenregion zwischen den Bergen Eystrahorn (westlich von Djúpivogur) und Glettingur (östlich von Borgarfjörður Eystri) bezeichnet. Die zwischen Nordatlantik und steilen Bergen eingezwängte Ringstraße führt hier in eine von schroffen Bergen geprägte Fjordlandschaft.

Wer auf seiner Island-Umrundung keine Zeit für die Westfjorde hat, der sollte auf jeden Fall diesen südlichen Teil der Ostfjorde erkunden. Die meist geteerte Ringstraße passiert viele verlassene Höfe, stille Zeugen der landesweiten Landflucht. Die steilen Berge, wunderschön gemustert durch unzählige Lagen alter Lavaschichten, sind oft in Nebel gehüllt. An ihren Hängen ergießen sich in regelmäßigen Abständen kleine Wasserfälle. Jede einzelne dieser Kaskaden gälte in anderen Teilen der Welt als Naturwunder, hier aber sind sie fast eine Begleiterscheinung. Die alten Fischerdörfer Stöðvarfjörður, Fáskrúðsfjörður und Reyðarfjörður liegen in den jeweils gleichnamigen Fjorden. Im Schatten der hohen Berge nisten kleine Häuser mit bunten Wellblechdächern und es dümpeln Fischkutter in den übersichtlichen Häfen.

Fische und Steine

An Kulturgeschichte interessierte Reisende können sich in Fáskrúðsfjörður im französischen Museum (The French Museum) über die französische Dorschfischerei informieren. Es erzählt von den französischen Seeleuten, die ab dem 17. Jahrhundert und bis Mitte des 20. Jahrhunderts in der Stadt lebten und sie nachhaltig prägten.

Unbedingt sehenswert ist auch Petra Sveinsdóttirs Steinsammlung im kleinen Ort Stöðvarfjörður. Über Jahrzehnte hinweg hat sie Steine und Mineralien in ganz Ostisland gesammelt und in diesem sehr persönlichen Museum ausgestellt. Man muss sich nicht zwingend für Mineralien interessieren, um sich an diesen liebevoll gestalteten Garten zu erfreuen und einen Moment innezuhalten.

INFO: www.east.is

36 ISLANDS OSTEN

Entlang zerklüfteter Berge und tiefer Fjorde

Erlendur, Islands berühmtester, wenn auch fiktiver Krimi-Kommissar, hat seine Kindheit in den Ostfjorden verbracht. Immer wieder zieht es die Romanfigur aus der Feder des Autors Arnaldur Indriðason dorthin. Auch echte Reisende werden die Magie der Ostfjorde spüren: Viele besondere Highlights laden hier zum längeren Verweilen ein.

Für viele Touristen ist Höfn das östlichste Ziel ihrer Islandreise. Nur wer mehr Zeit mitbringt, folgt der Ringstraße in die tief ins Land einschneidenden Ostfjorde hinein. Diese stehen zu Unrecht ein wenig im Schatten der immer populärer werdenden Westfjorde.

Im Reich der Ostfjorde

Ein Fjord nach dem anderen reiht sich zwischen der Stadt Höfn (siehe Kapitel 33) und der Bucht Héraðsflói an den nächsten. Schroffe Berge und atemberaubende Felsküsten machen den mit 13 Millionen Jahren geologisch ältesten Teil Islands zu einem besonderen Erlebnis. Begibt man sich von Höfn aus auf den Weg gen Osten, lohnt sich der Abstecher zur Landzunge Stokksnes mit seinen ikonischen Fotomotiven (siehe Kapitel 32). Die Ringstraße passiert den markanten Berg Vestrahorn, der unter Touristen auch als »Batman Mountain« bekannt ist. Kurz vor dem Campingplatz Stafafell zweigen Hochpisten in das abgelegene Wandergebiet Lónsöræfi ab. Der ebenfalls direkt an der Ringstraße aufragende, fotogene Berg Eystrahorn bildet die offizielle Grenze zu den Ostfjorden. Entlang einer spektakulären Küstenstraße erreicht man Djúpivogur (siehe Kapitel 34), die südlichste der Ostfjord-Siedlungen. Von hier aus kann man die Insel Papey besuchen, auf der wohl schon im 8. Jahrhundert irische Mönche lebten. Nach weiteren 65 Kilometern muss man sich bei Breiðdalsvík über den weiteren Verlauf der Reise entscheiden: Biegt man nun nach Westen auf die Straße 95 und wählt den kürzeren Höhenweg direkt nach Egilsstaðir, oder folgt man der Ringstraße durch den mittleren Teil der Ostfjorde hindurch? Dort erwarten

Die Gegend von Lónsöræfi ist bekannt für ihre bunten Berge und Steine.

Hat man den fotogenen Berg Vestrahorn passiert, gelangt man bald in die Ostfjorde: Spätestens hier wird es einsam.

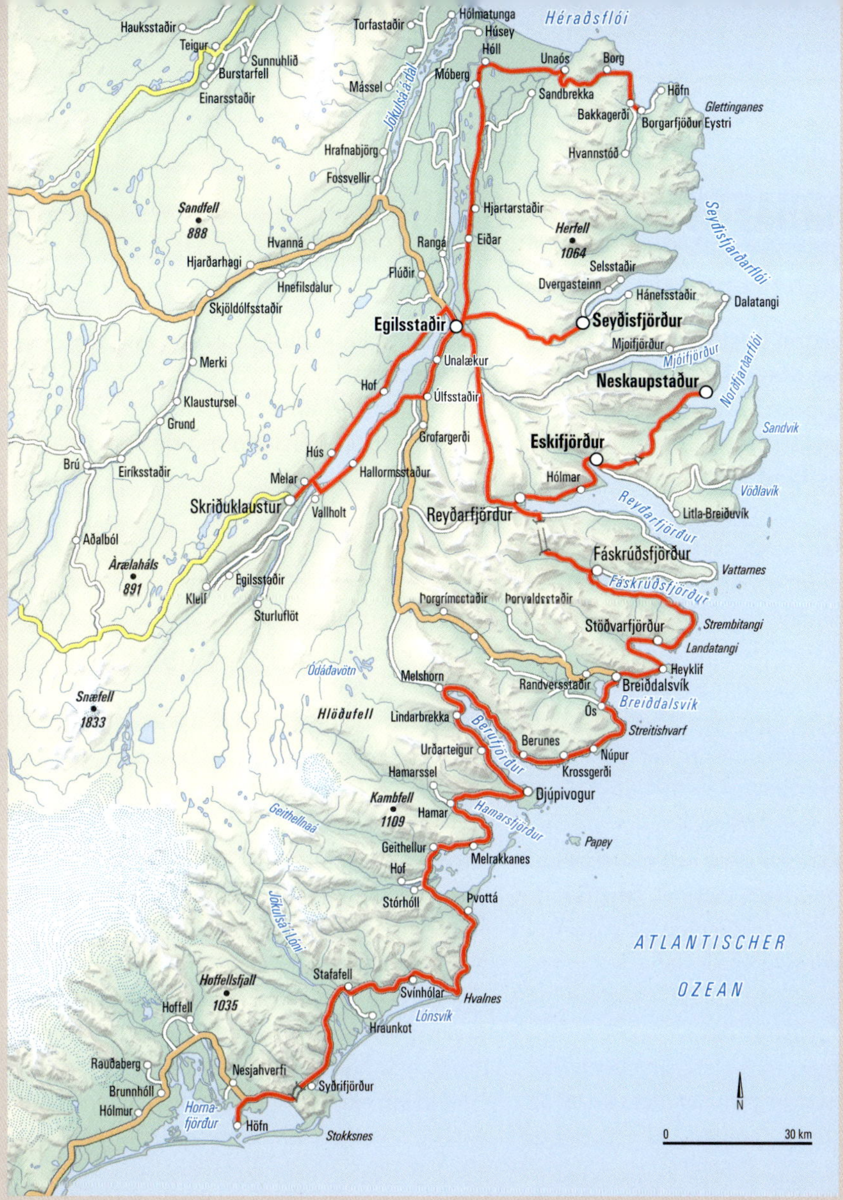

einen kleine Dörfer wie Stöðvarfjörður (siehe Kapitel 35) mit der Steinsammlung Petra Sveinsdóttirs und das ehemals von französischen Dorschfischern frequentierte Fáskrúðsfjörður. Wer Zeit und Lust hat, kann von Reyðarfjörður auf der Stichstraße 92 Eskifjörður und Neskaupstaður besuchen und hat zudem die Möglichkeit, auf Umwegen in noch entlegenere Gegenden vorzudringen.

Knotenpunkt Egilsstaðir

Egilsstaðir ist der wichtigste urbane Verkehrsknotenpunkt der Region. Von hier führen mehrere lange Stichstraßen in die verschiedenen Ecken des Ostens. Eine Umrundung des Sees Lagarfljót (siehe Kapitel 39) könnte für alle von Interesse sein, die sich den Wald Halldórmsstaður (siehe Kapitel 40) und das ungewöhnliche Gutshaus in Skriðuklaustur (siehe Kapitel 41) sowie das Besucherzentrum Snæfellsstofa anschauen wollen. Zurück in Egilsstaðir, folgt man der Beschilderung zur Teerstraße 93 zum Fährhafen Seyðisfjörður (siehe Kapitel 37) oder auf die Teer- und Schotterstraße 94 nach Borgarfjörður Eystri (siehe Kapitel 38). Beides sind schöne Tagestouren mit spannender Route und malerischen Aussichten.

Entfernung Höfn–Borgarfjörður Eystri: ca. 327 Kilometer

Info: www.east.is

TOP ★ ERLEBNISSE

★ DIE EIER VON GLEÐIVÍK

Eine Kunstinstallation der besonderen Art findet sich in des Nähe des Hafens von Djupivogur: 34 überdimensionale Graniteier repräsentieren alle Vogelarten, die in Island nisten.

★ KUNST STATT FISCH

Die im Jahr 2005 geschlossene Fischfabrik in Stöðvarfjörður wurde von einer Gruppe junger Menschen renoviert und zu einem kreativen Zentrum für Künstler aus aller Welt umgestaltet.
www.inhere.is

★ ALS SICH ALLES UM DEN HERING DREHTE

Eine Zeitreise in die Ära der Heringsfischer ermöglicht das Museum im Randulfssjóhús in Eskifjörður. Darüber hinaus befindet sich im ehemaligen Seefahrerhaus ein exzellentes Restaurant.
www.randulffssjohus.is

★ NATURWUNDER IM DYRFJÖLL-GEBIRGE

Eine der schönsten Wanderungen in Ostisland führt zum gewaltigen Bergsturz Stórurð (»Großer Steinhaufen«). Die 16 Kilometer lange Tour beginnt am zweiten Parkplatz nach dem Bergpass Vatnsskarð auf dem Weg nach Borgarfjörður Eystri. Feste Wanderschuhe und gute Kleidung sind ein Muss!

★ DER INSTAGRAM-CANYON

Ein Beispiel für die Macht der sozialen Medien ist Stuðlagil. Durch ein Staudammprojekt wurden fast alle Zuflüsse des Gletscherflusses Jökulsá á Brú gekappt und einst überflutete Basaltsäulen freigegeben. Fotografen aus aller Welt hoffen in Stuðlagil auf das ultimative Instagram-Foto. Der einst unbekannte Ort ist in kürzester Zeit zur Attraktion geworden – leider mit allen negativen Begleiterscheinungen.
www.studlagil.is

37 FÄHRHAFEN SEYÐISFJÖRÐUR

Die heimliche Hauptstadt des Ostens

Die allermeisten Besucher erreichen Island mit dem Flugzeug. Horrende Mietwagenpreise, die Liebe zum eigenen Geländewagen oder einfach eine andere Reisephilosophie bewegen jedoch so manchen Islandurlauber zur Anreise mit der färöischen »Norröna«. Sie verbindet als einzige Autofähre Island mit dem europäischen Festland.

Wer mit dem Schiff nach Island fährt, darf es nicht eilig haben. Die »Norröna«, das Flaggschiff der färöischen Reederei »Smyril Line«, verkehrt einmal in der Woche zwischen Dänemark, den Färöer-Inseln und Island. Je nach Fahrplan und Länge des obligatorischen Zwischenstopps auf den Färöern dauert die Reise drei bis sechs Tage. Dabei hat der stürmische Atlantik schon manche Landratte seekrank in ihre Kabine verwiesen. Doch wenn man das Glück hat, bei gutem Wetter in Island anzukommen, ist das unruhige Nordmeer bald vergessen.

Reizendes Seyðisfjörður

Die Mittsommersonne steht am frühen Morgen schon hoch am Himmel und taucht die nahende Küste mit ihren altschneebedeckten Bergen in gleißendes Licht. Ein kühler Wind fegt über das Deck, an dem sich viele Menschen versammelt haben, um die Ankunft in Island nicht zu verpassen. Der Fjord Seyðisfjörður ist eng und still und misst von den äußersten Landzungen draußen am Meer bis zum schmalen Fjordende insgesamt 17 Kilometer Länge. Wenn das stetige Stampfen der Schiffsmotoren leiser wird und das Schiff zwischen den steil aufragenden Berghängen des gekrümmten Fjordes hindurchgleitet, kommt langsam Seyðisfjörður in Sicht. Die kleine Ortschaft mit ihren 700 Einwohnern wirkt vom Aussichtsdeck der hohen Fähre wie ein Spielzeugdorf. Viele bunte Holzhäuser und eine hellblaue Kirche gruppieren sich rund um einen kleinen See, in dem sich die 1000 Meter hohen Berge spiegeln.

Die bunten Häuser des kleinen Ortes spiegeln sich vor den grünen Wänden des hohen Fjordes (unten). Die »Norröna« liegt im Hafen (rechte Seite oben). Die Skulptur »Tvísöngur« des deutschen Künstlers Lukas Kühne (rechte Seite unten).

Seyðisfjörður zählt zu den hübschesten Dörfern Islands. Ein Großteil der bunten Holzhäuser aus dem frühen 20. Jahrhundert wurde von dänischen und norwegischen Handelsleuten nach Island gebracht. Die Fertighäuser wurden ab Ende des 19. Jahrhunderts in Norwegen serienmäßig produziert und in die ganze Welt exportiert. Island war ein dankbarer Abnehmer, was sicherlich auch dem Mangel an Bauholz zu verdanken war. Zu jener Zeit waren die Wälder der Insel längst abgeholzt und das Land kämpfte mit großflächiger Bodenerosion. Während die Häuser in anderen Landesteilen verfielen oder im Laufe der Zeit durch Neubauten ersetzt wurden, behielt Seyðisfjörður den Flair eines Städtchens der vorletzten Jahrhundertwende.

Ein unerwarteter Aufschwung

Der Ort war lange Zeit eine unbedeutende, durch die hohen Berge isolierte kleine Siedlung, in der sich die Menschen mit Fischfang und den kargen Erträgen der Landwirtschaft durch die harten Winter brachten. Wie viele andere Dörfer rund um die Insel blühte der Ort erst durch den Heringsfang der Norweger in den Jahren von 1870 bis 1900 auf. Die Heringe wurden hier tonnenweise gesalzen und vertrieben. In der Folge gewann die Siedlung innerhalb weniger Jahre große Bedeutung und erhielt sogar das Handelsrecht.

Im günstig gelegenen Seyðisfjörður wurde zudem 1906 das erste Unterseekabel von Schottland nach Island verlegt und die Insel dadurch telefonisch mit dem Rest der Welt verbunden. 1913 errichtete die deutsche Elektrotechnikfirma Siemens-Schuckert das erste Wechselstrom-Wasserkraftwerk Fjarðarselsvirkjun, heute das älteste noch betriebene Wasserkraftwerk der Insel. Die erste Hochspannungsleitung Islands machte Seyðisfjörður zur ersten voll elektrifizierten Ortschaft des Landes. Damals erwog man allen Ernstes, das Dorf zur Hauptstadt zu ernennen.

Dass Seyðisfjörður auch heute noch eine bedeutende Rolle spielt, trotz seiner Nähe zu Egilsstaðir, der größten Stadt Ostislands, ist der »Norröna« zu verdanken. Wenn die Fähre einmal die Woche anlegt und dabei laut ihr Nebelhorn erklingen lässt, erwacht Seyðisfjörður aus seinem Dornröschenschlaf und sonnt sich in seinem internationalen Flair, das seit jeher typisch für das eigentlich so abgeschiedene Dorf ist.

TOP ★ ERLEBNISSE

★ TVÍSÖNGUR

Der deutsche Künstler Lukas Kühne hat am Hang hinter Seyðisfjörður eine Sound-Skulptur erschaffen, die wie fünf aneinandergeklebte, unterschiedlich große Beton-Iglus aussieht. Sie visualisiert die traditionelle Fünf-Ton-Harmonie, »Tvísöngur«, die im isländischen Liedgut Anwendung findet. Die 20-minütige Wanderung, welche bei der Brimberg Fischfabrik beginnt, lohnt sich schon allein wegen der fantastischen Aussicht auf Stadt und Fjord.

★ WASSERFÄLLE IM FJARÐARÁ

Der Fluss Fjarðará, der in Seyðisfjörður ins Meer mündet, bildet einige sehr schöne Wasserfälle. Man kann vom Ort aus den Fluss entlangwandern und die unzähligen kleinen Kaskaden und Wasserfälle bewundern, oder alternativ bei der Überquerung des Passes Fjarðarheiði auf dem Weg von oder nach Egilsstaðir an den kleinen Parkplätzen am Wegesrand stoppen. In 200–300 Meter Höhe liegen dort die Wasserfälle Gufufoss und Múlafoss in szenischer Umgebung: Es wäre eine Schande, hier nicht kurz innezuhalten!

WEITERE INFORMATIONEN:
www.visitseydisfjordur.com

Im Frühling ist die Farbenpracht der Hausberge von Bakkagerði noch unter dem Schnee verborgen.

38 BORGARFJÖRÐUR EYSTRI

Im Reich der Elfen

Ganz im Norden von Ostisland liegt eines der einsamsten bewohnten Gebiete der Insel. Etwa eine Stunde Autofahrt von Egilsstaðir entfernt, schmiegt sich die kleine Ortschaft Bakkagerði ans Ufer des malerischen Fjordes Borgarfjörður Eystri. Bunte Rhyolithberge fallen zum blau leuchtenden Meer ab, und auf den grünen Hochweiden grasen Schafe.

Der lange Weg nach Borgarfjöður Eystri ist eine Einbahnstraße: Hierher fährt man nur, wenn man sich wirklich dazu entschlossen hat. Gerade einmal 100 Einwohner zählt der Ort Bakkagerði, der sich in das Ende des Fjordes schmiegt. Seine Einwohner verdienen sich ihren Lebensunterhalt mit Landwirtschaft, Fischerei und zunehmend auch Tourismus. Es gibt hier einen Campingplatz und mehrere Gästehäuser, denn so wenig bekannt der Ort bei Touristen aus dem Ausland noch ist, so beliebt ist er dafür bei Isländern. Im Sommer findet hier unter anderem das Musikfestival »Bræðslan« statt, zu dem mehrere Tausend Besucher erscheinen. Geschichten von Elfen und Trollen ranken sich um den kleinen Fjord, weshalb es hier unweit des »Elfenhügels« auch ein »Elfencafé« (für Menschen) gibt. Sogar für Edelsteine ist die Gegend bekannt!

Im Hafen von Bakkagerði gibt es eine geschäftige Eiderenten- und Papageitaucherkolonie. Besonders früh morgens und spät abends sind die beliebten »Lundi« zu Hause und können von einem Holzsteg aus wenigen Metern Entfernung beobachtet werden.

Unterwegs auf den Víknaslóðir

Bei Bakkagerði beginnt das Wandergebiet Víknaslóðir, das auch die umliegenden unbewohnten Fjorde und Buchten mit einbezieht. Der Wanderverein Ostislands hat eine Vielzahl unterschiedlichster Wege markiert, Tages- wie Mehrtageswanderungen. Karten und Informationen dazu können vor Ort erworben werden. Wie immer gilt, dass man die Natur (und das Wetter) hier nicht unterschätzen und seine Wanderungen gut vorbereiten sollte.

INFO: www.borgarfjordureystri.is

39 NUR SCHEINBAR UNINTERESSANT – LAGARFLJÓT

See des Wurmmonsters

Jeder Reisende Ostislands wird unweigerlich am Lagarfljót vorbeikommen, diesem schmalen, langen See in direkter Nähe zur größten Stadt der Region, Egilsstaðir. Der milchig-graue Gletschersee hat eine Fläche von 53 Quadratkilometern, ist 35 Kilometer lang, 2,5 Kilometer breit und bis zu 112 Meter tief – und er hat sein eigenes Monster, das viel älter ist als sein Cousin Nessie in Schottland.

Zugegeben: Der See Lagarfljót, auch bekannt als Lögurinn, ist kein Fotomotiv, das sich aufdrängt. Still liegt ein milchig-trüber Gletschersee in einem langen Tal, umringt von Wäldern, Weiden und sanften Berghängen, an die sich Sommerhäuser und Bauernhöfe schmiegen. Dennoch gibt es hier immer wieder Parkplätze mit Hinweistafeln, die unter anderem dazu auffordern, den See ganz genau zu beobachten. Hier wird schon seit dem Mittelalter immer wieder ein Seeungeheuer namens Lagarfljótsormurinn, Lagarfljótswurm, gesichtet. Im Februar 2012 filmte ein ansässiger Bauer ein mit Eis bedecktes, schwimmendes, schlangenähnliches Objekt – die Aufnahme machte international Schlagzeilen. Und wer weiß, wer das Wurmmonster als Nächstes sehen und seine Existenz vielleicht sogar beweisen wird …? Leider wurde das Ökosystem des Sees stark beeinträchtigt, weil wegen des Baus des Kárahnjúkar-Kraftwerks ein kompletter Gletscherfluss hierher umgeleitet wurde. Große Mengen Sedimente trüben nun das Wasser, was messbar negative Auswirkungen auf alle Lebewesen hat: Seitdem gibt es hier deutlich weniger Fische und Vögel.

INFO: www.east.is

Geschützt von hohen Bergen, wie etwa dem 1833 Meter hohen Snæfell, erstreckt sich ein weites, grünes Tal mit dem lang gestreckten See Lagarfljót.

Isländische Wälder bestechen nicht durch gigantische Baumumfänge, aber sehr wohl durch intensive Sinneseindrücke.

40 EINE ISLÄNDISCHE RARITÄT – DER WALD VON HALLORMSTAÐUR

Oase der Ruhe am Lagarfljót

25 Kilometer südlich von Egilsstaðir entfernt, am südöstlichen Ufer des Sees Lagarfljót, liegt eine Sehenswürdigkeit, die man wahrscheinlich nur zu schätzen weiß, wenn man sich länger in Island aufhält. Der Hallormsstaðaskógur ist nämlich ein richtiger Wald – den man selbst nach mitteleuropäischen Standards guten Gewissens so nennen kann!

Island ist ja für vieles berühmt, aber nicht unbedingt für seine Wälder. Nach jahrhundertelanger Abholzung und Überweidung bedeckten Bäume nur noch ein Prozent der isländischen Landfläche. Im Jahr 1905 wurde deshalb ein noch intaktes Waldstück namens Hallormstaðaskógur offiziell unter Schutz gestellt – das war gleichzeitig der erste Schritt der Isländer in Richtung Naturschutz. Seitdem wird hier im »Wald von Hallormstaður« zudem mit der Pflanzung von ausländischen Baumarten experimentiert. Auch der Rest des Landes wird inzwischen mit größtenteils ausländischen Baumarten aufgeforstet, was das Landschaftsbild bereits jetzt stark verändert. Doch dies ist der Weg, den die Isländer gehen wollen, denn sie lieben Bäume! So ist es nicht verwunderlich, dass der mittlerweile 740 Hektar große Hallormstaðaskógur zu einem beliebten Erholungsgebiet geworden ist. Es gibt hier zwei Campingplätze, ein Hotel und eine große Auswahl an Wanderwegen: beispielsweise durch das Arboretum, in dem 85 Baumarten zu finden sind. Einige Exemplare sind mittlerweile zu wahren Riesen herangewachsen!

INFO: www.hengifoss.is

41 POETENIDYLL – SKRIÐUKLAUSTUR

Wo Gunnar Gunnarsson schrieb

Am südlichen Ende des Sees Lagarfljót, rund 40 Kilometer von Egilsstaðir entfernt, steht bei Skriðuklaustur ein für Island einzigartiges Gebäude: ein zweigeschossiges Wohnhaus aus dunkelgrauen, weiß eingefassten Steinen. 1939 von einem deutschen Architekten erbaut, war es das Wohnhaus des populären isländischen Dichters Gunnar Gunnarsson.

Gunnar Gunnarsson (1889–1975) zählt zu den wichtigsten isländischen Autoren des 20. Jahrhunderts. Er wurde mehrfach für den Literaturnobelpreis vorgeschlagen, und seine Werke wurden internationale Bestseller. Seine Bücher waren in Nazi-Deutschland sehr erfolgreich. Der Autor ist nicht unumstritten, weil er 1940 mit Lesungen durch Deutschland tourte und dabei auch eine Audienz bei Hitler hatte – als einziger Isländer überhaupt. Seinen Prachtbau in Ostisland nutzte er nicht lange, sondern vermachte ihn dem isländischen Staat, mit der Auflage, ihn für kulturelle Zwecke zu nutzen. Deshalb befindet sich in dem Haus heute neben einem Café auch ein Museum, das sowohl über das Leben und Schaffen des Autors informiert als auch über die historische Bedeutung des Ortes. Ursprünglich nannte man den Hof nur »Skriða«, »Erdrutsch«, aber zum Ende des 15. Jahrhunderts wurde hier ein Augustinerkloster gegründet und dem Ortsnamen »Klaustur«, »Kloster« hinzugefügt. Das nur 60 Jahre bestehende Ordenshaus war das einzige Kloster in Ostisland und gleichzeitig auch das letzte, da im Zuge der Reformation sämtliche katholischen Bischöfe enthauptet wurden und das Kloster geschlossen wurde. Von 2002 bis 2011 fanden hier Ausgrabungen statt, um mehr über das Leben und Wirken der Mönche zu erfahren. Das Ausgrabungsgebiet und die Ruine des Klosters sind heute für Besucher zugänglich.

INFO: www.skriduklaustur.is

Das zweigeschossige, mit einem Grasdach versehene Wohnhaus des Dichters Gunnar Gunnarsson ist islandweit einzigartig.

Der Wasservorhang des Litlanesfoss ist von unzähligen Basaltsäulen umrahmt: ein traumhafter Anblick nicht nur für Fotografen.

Tiefrote Gesteinsschichten verwandeln die Umgebung des Hengifoss in ein abstraktes Kunstwerk.

42 BERÜHMTE WASSERFÄLLE – HENGIFOSS UND LITLANESFOSS

Die ungleichen Geschwister

Unweit von Skriðuklaustur beginnt an der Straße 931, die von Egilsstaðir rund um den See Lagarfljót führt, eine Wanderung hinauf zu den bekanntesten (und deshalb meist gut besuchten) Wasserfällen Ostislands: dem kleinen aber hübschen Litlanesfoss und dem großen Hengifoss, der für seine roten Gesteinslinien berühmt ist.

Etwa 250 Höhenmeter hat man vor sich, wenn man dem zweieinhalb Kilometer langen, gut präparierten Wanderweg entlang der vom Fluss Hengifossá geschaffenen Schlucht folgt. Zuerst erreicht man den Litlanesfoss, der 30 Meter tief in zwei Stufen in einen kleinen See stürzt. Was ihn sehr speziell macht, ist die schiere Menge äußerst filigraner, bis zu 15 Meter langer Basaltsäulen, die den schlanken Wasservorhang umrahmen. Manche sind kerzengerade, manche gekrümmt – dies ist einer der schönsten Basaltsäulenwasserfälle Islands und so gänzlich anders als der nun folgende Hengifoss. Aus 450 Metern Höhe fällt dieser 128 Meter in die Tiefe, was ihn zu einem der höchsten Wasserfälle Islands macht. Die ihn umgebenden dicken Basaltschichten, die so typisch für den Osten Islands sind, sind hier durchzogen von roten, sehr fotogenen Linien. Es handelt sich dabei um eisenhaltige Sedimente und ehemalige Erde, die sowohl durch Verwitterung in heißem, feuchtem Klima (Island lag im Tertiär wesentlich weiter südlich als heute) als auch durch die Hitze der darüber strömenden Lava rostrot wurde.

INFO: www.hengifoss.is

43 ISLANDS GRÖßTES WASSERKRAFTWERK – KÁRAHNJÚKAR

Auf der Teerstraße ins Hochland

Am Südende des Sees Lagarfljót beginnt die Teerstraße 910, die 55 Kilometer nach Westen führt. Hier kann man die kahle Berglandschaft des östlichen Hochlandes erleben und den 700 Meter langen und 198 Meter hohen Hauptstaudamm des Kárahnjúkar-Kraftwerks »bewundern« – und erleben, dass erneuerbare Energien auch ihre Schattenseiten mit sich bringen.

Kárahnjúkar ist Islands größtes und umstrittenstes Wasserkraftwerk. Seit 2008 produziert es jährlich 4800 Gigawattstunden »sauberen Strom«. Viele hier sind stolz auf die Anlage und preisen ihre Vorteile, zu denen gut ausgebaute Wege ins Hochland gehören sowie Arbeitsplätze in der ebenfalls neu gebauten Aluminiumschmelze in Reyðarfjörður. Profitiert haben vor allem einige bestechliche isländische Politiker und der US-amerikanische Aluminiumhersteller Alcoa – auf Kosten der isländischen Natur. Das neue Aluminiumwerk produziert seitdem große Mengen an CO_2 und befeuert somit die Klimakatastrophe und das Schmelzen der Gletscher. Wo sich heute ein Stausee von 57 Quadratkilometern erstreckt und Wege, Dämme und Hochspannungsleitungen die Wildnis zerschneiden, befand sich früher ein einzigartiges Schluchtensystem, Brutgebiete für Vögel und Weideflächen für Rentiere. 60 Wasserfälle wurden trockengelegt, und ein kompletter Gletscherfluss wurde in den großen See Lagarfljót umgeleitet, dessen Ökosystem daraufhin zusammenbrach. Insgesamt hat dieses Großindustrieprojekt unglaubliche drei Prozent der isländischen Landfläche beeinflusst – industrielle Nutzung von Wildnis lässt sich nun einmal nicht mit Naturschutz vereinen.

INFO: www.hengifoss.is

Die hohe Mauer des Kárahnjúkar-Staudamms liegt tief im östlichen Hochland, welches über eine einfache Teerstraße erkundet werden kann.

ISLANDS TIERWELT

Robuste Haustiere, spektakuläre Wildnis

Aufgrund seiner isolierten Lage im hohen Norden besitzt Island eine relativ übersichtliche Fauna. Hier gibt es keine giftigen Tiere, kaum Insekten und nur wenige Landsäugetiere. Der Bestand von Meeressäugern und die Vogelwelt sind dafür aber umso spektakulärer!

Wenn man von den verwilderten Nerzen der Pelztierzuchten einmal absieht, dann gilt der Polarfuchs als einziges Landraubtier Islands. Die katzengroßen Tiere leben über das ganze Land verstreut, sind aufgrund stetiger Bejagung aber sehr scheu. Nur in entlegeneren Gegenden, wie beispielsweise auf Hornstrandir, kommen sie teils neugierig näher an Menschen heran. Dort oben kann es auch vorkommen, dass einmal ein Eisbär aus Grönland angetrieben wird. Dies geschieht aber so selten, dass die weißen Jäger nicht zur isländischen Fauna gezählt werden. Die Rentiere allerdings, die im 18. Jahrhundert aus

Polarfüchse sind erstaunlich kleine Tiere und in den meisten Fällen sehr scheu.

Norwegen eingeführt wurden, gehören in Ostisland mittlerweile ganz selbstverständlich zum Landschaftsbild. Fast nie zu Gesicht bekommt man dagegen die versehentlich eingeschleppten Nagetiere, wozu zwei Mäuse- und Rattenarten gehören.

Letztere sind Allesfresser, richten aber lange nicht so viel Schaden im isländischen Ökosystem an wie die gefräßigen Nerze, die die Bestände der bodenbrütenden Küstenvögel deutlich dezimieren.

Robuste Nutztierrassen

Die isländischen Nutztierrassen haben sich kaum verändert, seit die ersten Siedler sie mit nach Island brachten. Nicht nur die Islandpferde gibt es in verschiedensten Farben, auch die isländischen Landnahmehühner, der Islandhund (ein Spitz) und die kleinen Island-Rinder sind bunt und genauso robust wie die vielen Islandschafe. Im Sommer laufen die kurzschwänzigen Wollknäuel meist in Dreiergruppen – ein Mutterschaf mit Zwillingslämmern – frei umher. Erst im Herbst werden sie in gemeinschaftlichen Abtrieben wieder zurück zum heimischen Bauernhof gebracht, wo sie den Winter im Stall verbringen.

Ein Buckelwal in Nordisland. Beste Chancen für Walsichtungen hat man vom Boot aus.

Küstenseeschwalben sind in ganz Island ein häufiger Anblick. Die charakterstarken Vögel sind wahre Luftakkrobaten.

Leben im und am Meer

Das kristallklare und saubere Wasser der isländischen Quellflüsse und Seen beheimatet Seesaiblinge und Forellen, und die isländischen Lachsflüsse zählen zu den besten der Welt. Das fruchtbare Meer bietet einen großen Reichtum an Dorschen, Steinbeißern und Schellfischen und lockt über 20 verschieden Walarten an Islands Küste. Buckelwale, Zwergwale, Schweinswale und Weißschnauzendelfine werden häufig auf Walbeobachtungsfahrten gesehen, und sogar das größte Säugetier der Welt, der bis zu 35 Meter lange Blauwal, lässt sich mit etwas Glück bewundern. Kegelrobben und Seehunde liegen bei Ebbe auf flachen Sandbänken. Besonders viele Tiere trifft man auf der Halbinsel Vatnsnes in Nordisland an.

Im Frühsommer kommen Vögel aus Europa und Amerika nach Island, um hier zu brüten oder kurzzeitig zu pausieren. Über 370 Arten wurden hier schon gesichtet, die Insel ist ein Eldorado für Vogelliebhaber! Der Artenreichtum an Seevögeln ist besonders groß. Von Mai bis Mitte August faszinieren hier die (noch) weltweit größten Bestände von Papageitauchern, etwa bei den Klippen von Látrabjarg in den Westfjorden.

Den Sommer über trifft man im ganzen Land die eleganten, aber aggressiven Küstenseeschwalben an. Diese agilen Luftakrobaten attackieren jeden, der ihren gut getarnten Gelegen oder Küken zu nahe kommt. Weil sie dabei immer den höchsten Punkt angreifen, hilft es, einfach nur eine Hand über den Kopf zu halten – und sich zügig aus dem Brutrevier der Vögel zurückzuziehen. Dieselbe Taktik gilt für die auch »Skua« genannte Große Raubmöwe, die ihre Jungen ebenfalls rigoros verteidigt.

Die meisten isländischen Vögel aber sind völlig harmlos und teilweise herrlich neugierig. Odinshühnchen und Regenbrachvögel, Gerfalken und Seeadler, Singschwäne und Kolkraben gibt es hier – und die Alpenschneehühner, die sich im Winter ein schneeweißes Federkleid zulegen und zwischenzeitig gescheckt wie ein Schachbrett, aber immer gut getarnt, durch die Gegend huschen. Wer Island mit offenen Augen bereist, der wird später auf einige sehr besondere Tierbegegnungen zurückblicken können!

Im Sommer braun, im Winter weiß: ein Alpenschneehahn im Federwechsel

DER NORDEN

Urlandschaften der Superlative

Dampf entsteigt einem Solfatar bei Námaskarð, von Polarlichtern surreal beleuchtet (links). Ein Islandpferd platziert sich fotogen vor dem winterlichen Mývatn (oben). Der Goðafoss in Nordisland setzt sich aus mehreren Wasserfällen zusammen (unten).

Stóri Karl, ein einzeln stehender Brandungspfeiler am Vogelfelsen Skoruvikurbjarg, ist im Sommer von Basstölpeln bevölkert (oben). Entlang der kargen Treibholzküste brüten überall Küstenseeschwalben, die ihre Nester vehement verteidigen (rechte Seite unten). Das Flugzeugwrack beim Sauðaneshús wird heute vor allem von Schafen genutzt (rechte Seite oben).

44 EIN ECHTES VOGELPARADIES – LANGANES

Einsame Halbinsel im Nordosten

Zwischen Þistilfjörður und Bakkaflói liegt die wie ein Vogel geformte Halbinsel Langanes. Außerhalb der Ortschaft Þórshöfn trifft man in dieser entlegenen Gegend selten auf Menschen. Die Küste ist wild und einsam, an den Stränden sammelt sich Treibholz. Auf der Fahrt zum Vogelfelsen Skoruvíkurbjarg, die man am besten mit einem Allradfahrzeug antritt, passiert man verlassene Siedlungen und verfallene Höfe.

Ausgangspunkt für Touren auf die 40 Kilometer ins Nordmeer ragende Halbinsel Langanes ist das rund 400 Einwohner zählende Dorf Þórshöfn, das früher ein wichtiger Handelsort gewesen ist. Geht es nach dem Willen der isländischen Regierung, soll an alte Zeiten angeknüpft werden. Nur wenige Kilometer von Þórshöfn, im Süden von Langanes, ist im Finnafjörður ein riesiger Containerhafen mit sechs Kilometer langen Terminals und Bürogebäuden geplant. Durch das Abschmelzen des Nordpolarmeer-Eises könnten Frachtschiffe bald schon auf einer neuen Handelsroute zwischen Europa und Asien unterwegs sein: auf der Nordostpassage. Island und die deutsche Hafenmanagement-Gesellschaft »bremenports« wittern ihre Chance und das große Geld. Die Warnungen von Naturschützern verhallen angesichts von Investitionen und neuen Arbeitsplätzen. Dabei ist das Meer rund um Langanes ein Refugium für alle Arten von Seevögeln, Walen und andere Meeresbewohner und Teil eines einzigartigen und sensiblen Ökosystems.

Ein altes Steinhaus und eine Radarstation

Verlässt man Þórshöfn auf der Straße 869, passiert man zunächst den kleinen Flughafen. Nach sieben Kilometern erreicht man die alte

Kirchengemeinde Sauðanes. Das ehemalige Vikariatsgebäude, das Sauðaneshús, wurde schon 1879 errichtet und ist das älteste Steinhaus in Nordostisland. Heute beherbergt es ein Heimatmuseum, eine Touristeninformation und ein Café. Neben dem Sauðaneshús mit seinen aus Treibholz gefertigten Türen steht eine Kirche aus dem Jahr 1889. Folgt man der Straße an der Nordküste der Halbinsel entlang, zweigt bald eine Stichstraße zur Farm-Lodge Ytra Lón ab. Von dort aus werden im Sommer zahlreiche Touren zu den Sehenswürdigkeiten der Umgebung angeboten. Östlich des verlassenen Hofes Heiðarhöfn erhebt sich der 266 Meter hohe Berg Heiðarfjall, auf dessen östlichem Teil die NATO von 1954 bis 1968 eine Radarstation betrieb. Seit 1989 steht die neue Station auf dem mit 719 Metern höchsten Berg der Halbinsel, dem Gunnólfsvíkurfjall.

Der Vogelfelsen Skoruvíkurbjarg

Auf einem alten holprigen Fahrweg geht es, mit dem normalen PKW oft nur im Schritttempo, Richtung Nordosten. Es lohnt sich, kurz an der verfallenen Siedlung Læknesstaðir anzuhalten. Reste von Torfhäusern und die rostige Ruine einer Fischfabrik erinnern noch an das 1953 verlassene Fischerdorf. Ein paar Kilometer weiter erhebt sich der Vogelfelsen Skoruvíkurbjarg. Eine neu installierte Aussichtsplattform ragt über den Abgrund hinaus und lässt das Herz von Vogelfreunden höher und das von Menschen mit Höhenangst schneller schlagen. Von April bis August ist man hier umgeben von Papageitauchern, Dickschnabellummen und Dreizehenmöwen. Zudem kann man direkt auf den abgesetzt im Meer stehenden Felsen Stóri-Karl, »großer Kerl«, hinabsehen, der im Sommer von Basstölpeln bevölkert wird. Vom Skoruvíkurbjarg sind es noch weitere 18,5 holprige Kilometer bis zum Leuchtturm auf der Landzunge Fontur, dem östlichsten Zipfel von Langanes. Vor der Errichtung des ersten Leuchtturms im Jahr 1910 ließen zahlreiche Seeleute hier ihr Leben. Zuletzt sank hier 1907 ein norwegisches, von Jan Mayen kommendes Schiff; nur eines von 17 Besatzungsmitgliedern überlebte das Unglück. Von hier aus führt eine weitere Straße nach Skálar, auf der Südseite der Landzunge. In dem Fischerdorf lebten 1924 noch 117 Menschen. Heute ist, außer ein paar Grundmauern und einem alten Friedhof, nicht mehr viel zu sehen von dieser Siedlung.

TOP ★ ERLEBNISSE

★ FLUGZEUGWRACK

Auf der damaligen Militärbasis auf Sauðanes wurde ein Flugzeug der amerikanischen Luftwaffe, eine zu einer R4D umgebaute Douglas DC-3, bei einer Landung wegen heftigen Windes und des schlechten Untergrundes so schwer beschädigt, dass es einfach neben dem Flugfeld stehen blieb. Heute dient es als Unterstand für Schafe. Vom Sauðaneshús sind es nur wenige Meter bis zum schwer lädierten Flugzeugwrack, auf dem zahlreiche Einschusslöcher zu erkennen sind.

★ DRAUGAFOSS

Südlich von Langanes, in der Nähe der kleinen Siedlung Bakkafjörður, befindet sich ein kleiner, hübscher Wasserfall: der »Geisterwasserfall« Draugafoss mit einer Fallhöhe von zehn bis15 Metern. Von der Küstenstraße 85 biegt man unmittelbar nördlich des Abzweigs nach Bakkafjörður auf den westlich nach »Dalshús« führenden Weg ab, wo sich ein kleiner Parkplatz befindet. Von dort aus führt ein etwa 800 Meter langer, markierter Pfad zum Wasserfall.

WEITERE INFORMATIONEN
www.langanesbyggd.is/info

45 DER ARCTIC COAST WAY

An Nordislands Küste entlang

Der »Arctic Coast Way« ist eine über 900 Kilometer lange Route, die sich auf Teer- und Schotterstraßen die Küste Nordislands entlangschlängelt und dabei 21 Fischerdörfer und die schönsten Sehenswürdigkeiten miteinander verbindet. Die meisten Touristen befahren sie in drei bis fünf Tagen.

Islands Norden hat seinen ganz eigenen Charme und präsentiert sich ebenso spannend und vielfältig wie der Süden. Einsame arktische Tundra und gewaltige Wasserfälle wechseln sich ab mit dramatischen Küstenstraßen und grünen Toblerone-Bergen. Bleibt man allerdings auf der Ringstraße, die auf meist kürzestem Weg einmal rund um die Insel führt, verpasst man viele dieser Höhepunkte. Aus diesem Grund wurde der »Arctic Coast Way« geschaffen.
Das östliche Ende des Küstenwegs liegt offiziell im winzigen Fischerdorf Bakkafjörður an der Teerstraße 85. Anschließend umrundet man die Halbinsel Melrakkaslétta (siehe Kapitel 46) und kann in Raufarhöfn den Steinkreis »Arctic Henge« besuchen oder in Hraunhafnartangi einen Spaziergang zum dortigen Leuchtturm unternehmen. Nach einer weiteren Stunde

Der Góðafoss zählt zu den schönsten Wasserfällen Islands.

Der fotogene Felsen Hvítserkur liegt fernab der Ringstraße auf der Halbinsel Vatsnes.

Fahrt wird Ásbyrgi erreicht, von wo aus man Islands größten Canyon erkunden kann (siehe Kapitel 47).

Mücken, Wale und große Wasserfälle

Nachdem man die Walbeobachtungsstadt Húsavík (siehe Kapitel 48) besucht und hoffentlich die großen Meeressäuger ganz nah gesehen hat, lohnt es sich, einen Abstecher vom Küstenweg zu machen, nämlich zurück nach Osten, die Ringstraße entlang. Hier befinden sich der mächtige Wasserfall Dettifoss und der landschaftlich unglaublich vielseitige »Mückensee« Mývatn (siehe Kapitel 50 bis 51), an dem allein man locker einen ganzen Tag verbringen könnte! Wer Island bereist, wird schnell feststellen, dass die Zeit wie im Fluge vergeht und man locker noch ein paar Wochen länger hätte bleiben können ... Auf der Weiterfahrt nach Akureyri muss man beim berühmten Wasserfall Goðafoss dann noch einen obligatorischen Stopp einlegen (siehe Kapitel 49), denn ihn zu verpassen, wäre wirklich schade!

Fischerdörfer, Torfhöfe und Pferde

Nördlich von Akureyri, der Hauptstadt des Nordens (siehe Kapitel 52), befinden sich auf der wunderschönen Halbinsel Tröllaskagi mehrere kleine Fischerstädte (siehe Kapitel 54 bis 56). Dann erreicht man den Skagafjörður, bekannt für seine Islandpferde (siehe Kapitel 57). Nun wird die Landschaft etwas lieblicher und grüner. Der Museumshof Glaumbær stellt ein weiteres kulturelles Highlight dar (siehe Kapitel 58). Folgt man der Küste auf einer holprigen Schotterstraße auf die wenig frequentierte Halbinsel Skagi, ändert sich die Landschaft erneut: Es wird arktisch und absolut menschenleer (siehe Kapitel 59). Nach der größeren Siedlung Blönduós biegt man sofort wieder von der Ringstraße ab und umrundet die letzte, westlichste Halbinsel des »Arctic Coast Way«: Vatnsnes mit der Felsenburg Borgarvirki und dem berühmten Felsen Hvítserkur, der wie ein flaches Nashorn vor der Küste aufragt (siehe Kapitel 60).

Entfernungen: Bakkafjörður–Hvammstangi: 900 km

Info: www.arcticcoastway.is

Islandpferde sieht man im Norden Islands wirklich überall.

TOP ★ ERLEBNISSE

★ MITTERNACHTSSONNE

In den Sommerwochen geht hier oben im Norden die Sonne kaum bis gar nicht unter: Obwohl Islands Küste den Polarkreis nicht berührt, kann man von Mitte Mai bis Ende Juni hier zu Mitternacht die Sonne über dem Meer stehen sehen. Wenn sie untergeht, dann nur kurz – gefühlt gibt es keine Nacht!

★ LAUFÁS

Stellvertretend für die vielen kulturellen Höhepunkte des Nordens soll hier der Museumshof Laufás genannt werden. 30 Kilometer nordöstlich von Akureyri liegt der einst reiche alte Torfhof malerisch vor der Kulisse des Eyjafjörður und dessen hohen Bergen. Weitere Infos: siehe Kapitel 53.

★ LEUCHTTÜRME

Am »Arctic Coast Way« gibt es Leuchttürme satt – in allen erdenklichen Farben und Formen. Man kann die automatisierten Leuchtfeuer zwar nicht betreten, aber sie sind oft hervorragende Fotomotive und immer eine Wanderung wert!

★ LÝTINGSSTAÐIR

Der von einem deutsch-isländischen Ehepaar geführte Pferdehof in der Nähe von Varmahlíð bietet Ausritte für Anfänger und Fortgeschrittene. Die liebevolle Rekonstruktion eines Torfhauses mit Stall und Geräteschuppen wird mit dem empfehlenswert Audioguide von Evelyn Kuhne zum Erlebnis! www.lythorse.is

★ HVÍTSERKUR

Dieser wie ein Elefant geformte, 15 Meter hohe Basaltfelsen liegt an der Ostküste der Halbinsel Vatsnes (siehe Kapitel 60). Glaubt man einer isländischen Sage, handelt es sich um einen versteinerten Troll.

Die kleine Kirche am Hafen von Raufarhöfn, der nördlichsten Siedlung der isländischen Hauptinsel (oben). In Hraunhafnartangi finden sich alte Hausruinen und einer der nördlichsten Leuchttürme Islands (rechte Seite oben). Auf einem nahe gelegenen Hügel steht das beeindruckende Steinmonument »Arctic Henge« des Künstlers Erlingur Thoroddsen (rechte Seite unten).

46 BEI DEN FÜCHSEN IN MELRAKKASLÉTTA

In der Einsamkeit des Nordens

Im äußersten Nordosten Islands, fernab der Ringstraße, liegt die flache Halbinsel Melrakkaslétta. Die nur sehr spärlich besiedelte Gegend bietet kaum Attraktionen, dafür weite Blicke über die oft ebene, baumlose Landschaft, viele kleine Seen und Strände voller großer Steine und mit großen Mengen an Treibholz: Hier kann man Island von seiner rauen Seite kennenlernen.

Melrakkaslétta bedeutet übersetzt »Ebene der Polarfüchse«. Tatsächlich konnten sich die kleinen Wildhunde auf Melrakkaslétta gut vermehren, weil dort kaum Menschen leben, die sie bejagen würden. Die Landschaft entlang der Straße ist nahezu flach: Umringt von 400 Meter hohen Bergen befindet sich hier eine arktische Tundra, deren reiche Flora und Fauna von der Vielzahl der unberührten Feuchtgebiete, zahlreichen Seen und Flussmündungen profitieren. Nirgendwo in Island sind Alpenschneehühner oder Knutts so häufig, wie hier! In Küstennähe gibt es mehrere Vogelfelsen, der bekannteste ist der Vulkanschlot Rauðinúpur, wo auch Trottellummen und Basstölpel brüten. Ende Juni bleibt die Sonne die ganze Nacht über dem Horizont. An der Küste im Osten und Westen liegen die Siedlungen Raufarhöfn und Kópasker. In der Blütezeit des Heringsfangs waren es große Städte, heute aber zählen sie jeweils nur noch knapp über 100 Einwohner. Immerhin gelten sie weiterhin als nördlichste Ortschaften des isländischen Festlandes. Der nördlichste Leuchtturm der Hauptinsel steht auf der Landzunge Hraunhafnartangi. Von dort sind es nur noch drei Kilometer Richtung Norden zum Polarkreis! Die wenigen Bauernhöfe liegen weit verstreut, etliche sind verlassen. Die Viehzucht ist die einzige Einnahmequelle der Bauern, die sich ihr Einkommen manchmal mit Fischfang, dem Sammeln von Eiderentendaunen oder dem Verkauf von Treibholz aufbessern. Diese Landschaft hat ihren ganz eigenen rauen Charme und ist ideal für Vogelfreunde!

INFO: www.edgeofthearctic.is

Schroffe Basaltformationen säumen den Canyon Jökulsárgljúfur, der auch aus der Luft spektakulär wirkt (rechte Seite). Nicht minder faszinierend präsentiert sich die Kraterreihe Rauðhólar (oben).

47 JÖKULSÁRGLJÚFUR-NATIONALPARK

Der Grand Canyon Islands

Auf den ersten Blick wirkt das Hochland des Nordostens wie eine leblose, unattraktive Lavawüste. Tatsächlich hat hier jedoch der Gletscherfluss Jökulsá á Fjöllum eine spektakuläre Landschaft geschaffen. Mächtige Wasserfälle stürzen in ein 25 Kilometer langes und vielerorts über 100 Meter tiefes Schluchtensystem, das 1973 zum Nationalpark erklärt wurde.

Leere. Eine versandete, graue Lavalandschaft erstreckt sich bis zum Horizont und verbreitet ein Gefühl der Trostlosigkeit. Wenn man sich dem Hochland des Nordostens von der Ringstraße aus nähert, fragt man sich unwillkürlich, wieso bloß ausgerechnet hier ein Nationalpark gegründet wurde. Jedes Fahrzeug in dieser hügeligen Lavalandschaft wirbelt eine Wolke grau-braunen Staubes auf. Die Hochlandwege sind teilweise so eng, dass man Gegenverkehr fürchtet, und so voller Schlaglöcher und spitzer Lavafelsen, dass man sich um Stoßdämpfer und Reifen seines vierradgetriebenen fahrbaren Untersatzes sorgt. Erstaunlicherweise kämpfen in diesem besonders niederschlagsarmen Gebiet tatsächlich vereinzelt Pflanzen gegen die widrigen Lebensbedingungen an. Dann aber sieht man in der Ferne eine weiße Wolke aus Gischt aus der grauen, kahlen Einöde aufsteigen, und plötzlich steht man vor dem mächtigsten Wasserfall Europas, der sich tief in die Lavaebene hineingegraben hat.

Eine Wand aus Wasser

Der Dettifoss ist zwar nicht der wasserreichste, sehr wohl aber der energiereichste Wasserfall Islands. Lange bevor er in Sichtweite kommt, erfüllt sein Dröhnen die Luft und regnet seine Gischt auf die Besucher hernieder. Auf einer Breite von 100 Metern stürzt die Jökulsá á Fjöllum, der »Gletscherfluss aus den Bergen«, 45 Meter in einen Kessel hinab und hinein in einen mächtigen schäumenden Strudel, der alles mit sich in die Tiefe zieht. Neben dieser gewaltigen

Alte Vulkanschlote wie bei Hljóðaklettar erheben sich aus der kargen Landschaft (oben), in der v. a. Zwergsträucher wie die Krähenbeere wachsen (unten). Direkt am gewaltigen Dettifoss stehend kommt sich der Mensch einfach nur winzig vor (rechte Seite oben). Auch im Winter ist dieser riesige Wasserfall ein beeindruckender Anblick (rechte Seite unten).

Wand aus tosenden, steingrauen Wassermassen wirken die Besucher der jeweils anderen Flussseite wie winzige Ameisen. Gekrönt wird der mächtige Wasserfall von einem Regenbogen, den die Gischt bei Sonnenschein verlässlich an den Himmel zaubert und der den Besucher den Anblick der grauen, kahlen Einöde gänzlich vergessen lässt.

Der Dettifoss ist über zwei verschiedene Wege an beiden Ufern der mächtigen Jökulsá erreichbar. Die Straße 862 ist von der Ringstraße aus bis zum Wasserfall geteert und endet an einem Parkplatz oberhalb des Wasserfalls, an dem auch sanitäre Anlagen errichtet wurden. Bis hierhin kann diese westliche Route ganzjährig auch von normalen PKWs genutzt werden, nördlich des Dettifoss wird sie allerdings zur nur im Sommer befahrbaren Schotterpiste. Die Straße 864, die auf der Ostseite der Jökulsá zum Dettifoss führt, ist eine durchgehende Schotterpiste und nur im Sommer geöffnet.

Im Netz der Schluchten

Der Dettifoss ist nicht der einzige Wasserfall des Gebietes, muss der Fluss dort doch weitere Höhenunterschiede überwinden. Vom Parkplatz auf der Westseite der Jökulsá führt eine einstündige Rundwanderung flussaufwärts zum Selfoss, einem breiten, trotz der Wassermassen filigran wirkenden Wasserfall. Unterhalb des Dettifoss wird in einigem Abstand der 27 Meter hohe Hafragilsfoss dem Besucher durch eine weitere Gischtwolke angekündigt.

Dort beginnt der spektakulärste Abschnitt des Schluchtensystems der Jökulsá á Fjöllum. Während der letzten Eiszeit kam es in der Umgebung und im Vatnajökull zu mehreren großen Vulkanausbrüchen, die den Eispanzer schmolzen und unvorstellbare Fluten auslösten. Sie brachen die von Lavaströmen aufgefüllte Hochebene auf und bildeten ein Netz aus Schluchten, deren Wände teilweise über 100 Meter tief sind. Unterhalb des Dettifoss erreicht der Canyon sogar eine Tiefe von 120 Metern. Deutlich lassen sich in seinen Wänden die verschiedenen Lavaströme erkennen, aus denen die Hochebene aufgebaut ist. Spannend ist auch die wechselnde Wasserfarbe des Flusses, der durch mitgeführtes Sediment eigentlich eine steingraue Färbung aufweist. Zahlreiche Frischwasserzuflüsse sorgen jedoch für ein beeindruckendes Farbspiel.

Grünes Vesturdalur

Folgt man der F862 Richtung Norden, so erreicht man über einen kurzen Abstecher den Parkplatz und Campingplatz in Vesturdalur. In dem überraschend grünen Gebiet

grenzen kleine Wälder und saftig-grüne Täler an den Canyon der wild strömenden Jökulsá. Hier kann man ohne Probleme ein bis zwei Tage verweilen und auf zahlreichen Wanderwegen die geologisch höchst interessante Umgebung erkunden. Die »Echofelsen« Hljóðaklettar zum Beispiel sind die harten Überreste alter Vulkanschlote, die von der Jökulsá á Fjöllum freigelegt wurden. Ungewöhnlich vielfältig ausgeprägte Basaltsäulen schmücken die bizarren Felsen. Die kurze Wanderung vom Park- bzw. Campingplatz lohnt sich auf jeden Fall! Eine andere Wanderung führt von Vesturdalur zur Kraterreihe von Rauðholar. Es sind die Zeugen eines Vulkanausbruchs, der vor 6000 Jahren direkt unter dem Fluss stattfand und die Gegend regelrecht zerriss. Diese »Rothügel« heißen so nach ihren feuerroten Hängen. Direkt am Flussufer stehen weiter südlich zwischen weiteren interessanten vulkanischen Felsformationen die beiden wie Menschen geformten Felsen Karl og Kerling, »Mann und Weib«.

Ein gewaltiger Hufabdruck

Auf der Weiterreise gen Norden wird der Canyon immer flacher und die Landschaft immer lieblicher. Die kargen Lavaebenen weichen begrünten Hügeln mit wunderschön abgeschliffenen Flussbetten, in denen sich klares Wasser in runden Becken sammelt. Plötzlich öffnet sich das Land zur dreieinhalb Kilometer langen, halbrunden Schlucht Ásbyrgi, die wie ein antikes Theater aufgebaut ist. Bis zu 100 Meter hohe Felsen bilden einen Ring, aus dessen Mitte die hohe Klippe Eyjan, die »Insel«, aufragt. Aufgrund der geschützten Lage im Inneren der Schlucht konnte sich hier ein für Island seltener Mischwald aus Birken und Fichten entwickeln, die über vier Meter Höhe erreichen. Dies macht Ásbyrgi auch zu einem Anziehungspunkt für Isländer, die gerne bewaldete Gebiete besuchen. Ásbyrgi liegt etwas abseits und weist deshalb nicht viel Infrastruktur auf. Es gibt einen Campingplatz, ein Besucherzentrum sowie eine Tankstelle mit kleinem Supermarkt und Fast-Food-Imbiss.

Von oben sieht die Schlucht Ásbyrgi wie der Hufabdruck eines riesigen Pferdes aus. Auf ihrer Form basiert auch die Legende über die Entstehung. Danach soll sich hier Óðinns achtbeiniges (!) Pferd Sleipnir mit einem Huf vom Boden abgestoßen haben, als es mit seinem göttlichen Herrn auf der Flucht war. Geologen wissen hingegen, dass die Schlucht durch drei besonders starke Gletscherläufe der Jökulsá á Fjöllum entstand, die sich inzwischen weiter östlich ihr Bett gegraben hat.

TOP ★ ERLEBNISSE

★ ÁSBYRGI VISITOR CENTRE

Da Ásbyrgi Teil des Vatnajökull-Nationalparks ist, gibt es hier ein Besucherzentrum, das mehrere Stunden täglich geöffnet ist. Hier gibt es neben einer Touristeninformation der zuständigen Ranger und den obligatorischen Sanitäranlagen auch eine Ausstellung über die Jökulsárgljúfur-Gegend.

★ WANDERUNG IN ÁSBYRGI

Vor dem Eingang zur hufeisenförmigen Schlucht Ásbyrgi thront der Inselberg Eyjan. Der senkrecht aufragende Felsen ist 25 Meter hoch und kann bestiegen werden. Die Wanderung (4,5 km) startet am Parkplatz beim Campingplatz. Holzstufen vereinfachen den steilen Aufstieg. Von oben hat man einen guten Überblick über die gesamte Gegend.

★ DETTIFOSS IM WINTER

Der Dettifoss ist ganzjährig über die Straße 862 erreichbar. Im Winter sollte man dennoch aufpassen, denn dann legt sich die Gischt als Eis über die Wege. Bei einem Winterurlaub in Island ist es eine gute Idee, sogenannte »Grödel« dabeizuhaben, das sind Schneeketten für die Schuhe, die einem auch auf vereisten Wegen einen sicheren Halt ermöglichen.

WEITERE INFORMATIONEN
www.vjp.is

48 DIE WALE BEI HÚSAVÍK

Zu Gast bei den sanften Riesen des Meeres

Húsavík ist mit knapp über 2200 Einwohnern die größte Stadt in Islands Nordosten. Fischfang bildet das wichtigste Standbein der lokalen Wirtschaft, jedoch nimmt auch der Tourismus einen immer größeren Stellenwert ein. 1995 wurden hier die islandweit ersten regelmäßigen Walbeobachtungsfahrten angeboten. Heute gilt Húsavík als die Hauptstadt des »whale watching«.

Ebenso bunt wie die kleine Stadt ist auch ihr Hafen (unten). Von den Walbeobachtungsbooten aus können mit etwas Glück große Wale wie Buckelwale gesichtet werden (rechte Seite oben). Das Walmuseum mit seinen aufwendig präparierten Skeletten ist immer einen Besuch wert (rechte Seite unten).

Das alte Fischerboot »Knörrinn« tuckert leise über den Fjord. Es weht eine leichte Brise, der Seegang ist moderat, die Sonne glitzert auf dem graublauen Wasser. An diesem Morgen Anfang Mai sind die Gipfel der umliegenden Berge noch mit Schnee gepudert und es ist wegen des stetig wehenden Windes winterlich kalt. Auf dem Deck des alten Eichenbootes drängeln sich 20 warm eingemummelte Landratten. Es ist eines der sechs hölzernen Fischerboote, die das Unternehmen »North Sailing« zu Walbeobachtungsschiffen umgebaut hat.

Der mehrsprachige Guide steht oben im Ausguck und sucht das Wasser mit einem Fernglas ab. »Es bestehen sehr gute Chancen, dass wir heute Wale zu sehen bekommen«, erklärt er. »Zwergwale und Delfine sehen wir hier fast täglich, und auch Buckelwale lassen sich öfters blicken.« Seltener suchen auch Blauwale, Sei-, Finn- und Schweinswale in der tiefen Bucht nach Nahrung oder Schutz. Insgesamt 23 Wal-arten wurden schon in den isländischen Küstengewässern gesichtet, weltweit ist diese Vielfalt einmalig.

Walfang als Nationalrecht

Genau dieser Reichtum muss nach Ansicht vieler Isländer auch durch Walfang genutzt werden. Dass die Insulaner in früheren Jahr-

zehnten niemals eine echte Walfangnation waren und die treibende Kraft immer von den Norwegern ausging, ist nebensächlich. Offensichtlich geht es bei dieser Frage eher um die auf Island hoch gehaltene nationale Selbstbestimmung. Die Isländer wollen selbst entscheiden, wie sie ihre Ressourcen nutzen. So kommt es, dass Island seit 2006 gegen internationalen Protest wieder kommerziell Wale jagt, wenn auch sehr unregelmäßig: in einigen Jahren sterben über 150 Wale, in anderen gar keine. In Island selbst wird die Nachfrage nach Walfleisch vor allem von Touristen angekurbelt. Würden neugierige Besucher darauf verzichten, es unbedingt einmal zu probieren, würden wohl auch weniger Tiere sterben müssen.

Majestätische Riesen

Auf dem Walbeobachtungsboot »Knörrinn« ist man allerdings einhellig der Meinung, dass lebende Wale viel wertvoller sind als tote, und außerdem viel interessanter. Nach zwei Stunden auf dem Fjord wurden kurz zwei Zwergwale gesehen – seitdem suchen alle hoffnungsvoll das Meer nach weiteren Finnen oder Fluken ab. Einige Passagiere sind wegen des Seegangs schon leicht grün angelaufen, wieder anderen wird allmählich kalt im kühlen Wind. Endlich gibt der Guide auf dem Ausguck das erlösende Signal: »Wal auf 9 Uhr!« Alle drängen nach Backbord, die »Knörrinn« kommt mächtig ins Schwanken. Den dicht an der Reling gedrängten Beobachtern offenbart sich ein Schauspiel. Ein stattliches Schwertwalmännchen bläst schnaubend eine Fontäne in den Himmel, zeigt seine eineinhalb Meter lange Rückenflosse und taucht kurz darauf wieder ab. Während sich das Boot vorsichtig nähert, sind weitere Wale zu sehen: eine Orca-Familie auf Heringsjagd. Immer wieder tauchen kleinere und größere Schwertwale auf, blasen Fontänen aus feinem Nebelregen in die Luft. Die Tiere kommen teilweise so weit aus dem Wasser, dass man den weißen Fleck hinter dem Auge sehen kann.

Selbst für den Kapitän des Bootes ist es ein besonderes Erlebnis: »Schwertwale sehen wir hier nicht oft«, verkündet er stolz und lässt das Boot ohne Motor auf dem Fjord treiben, um die Tiere nicht unnötig zu stören.

Nach einer halben Stunde tauchen die Wale ab und die »Knörrinn« macht sich wieder auf den Rückweg nach Húsavík. Die Zeit verging wie im Fluge, und das Erlebnis wird die Besucher noch lange beschäftigen.

TOP ★ ERLEBNISSE

★ WALMUSEUM HÚSAVÍK

Im 1997 errichteten »Húsavík Whale Museum« werden viele interessante Informationen vermittelt über die größten Säugetiere unseres Planeten; wie in allen isländischen Ausstellungen zweisprachig auf Isländisch und Englisch. U. a. werden die Gründe und Historie des isländischen Walfanges erläutert und die Geschichte von Keiko, dem Star des Hollywood-Films »Free Willy«.
www.whalemuseum.is

★ ERKUNDUNGS-MUSEUM

»The Exploration Museum« beschäftigt sich mit Entdeckungsreisen, unter anderem mit dem Training der Apollo-Astronauten, die sich in den Jahren 1965 und 1967 bei Húsavík auf ihre Einsätze im All vorbereitet haben.
www.explorationmuseum.com

★ KIRCHE VON HÚSAVÍK

Die im Jahr 1907 geweihte evangelische Kirche »Húsavíkurkirkja« hat den Ruf, die schönste Kirche Islands zu sein. Aus norwegischem Holz erbaut, ist sie weiß gestrichen, mit roten Holzverzierungen, einem grünen Dach und einem für isländische Verhältnisse ungewöhnlichem Stil: ein lohnendes Fotomotiv!

WEITERE INFORMATIONEN
www.visithusavik.com

Einer der schönsten Wasserfälle Islands: der Goðafoss (oben). Das milchige Wasser des Gletscherflusses Skjálfandafljót gräbt sich langsam immer tiefer in die Ebene aus Lavagestein (rechte Seite unten). Von Húsavík aus werden Wal- und Pagageitaucher-Beobachtungsfahrten angeboten (rechte Seite oben).

49 KRAFTVOLLER SKJÁLFANDAFLJÓT

Am Wasserfall der Götter

Auf den ersten Blick ist der Skjálfandafljót nur einer von unzähligen Flüssen auf Island. Den viertlängsten Strom der Insel im Nordatlantik schmücken jedoch einige großartige Wasserfälle, darunter der historisch bedeutende Goðafoss. Zudem steht das Fließgewässer stellvertretend für die vielen Großindustrieprojekte, die das Antlitz der Insel künftig stark verändern könnten.

Auf einem Gehöft westlich des Goðafoss lebte um die vorletzte Jahrtausendwende Þorgeir Þorkelsson. Er war der Gode seiner Region, ein Stammeshäuptling, der die Befehlsgewalt über den gesamten Bezirk und die lokale Thingversammlung besaß. Außer ihm gab es noch 38 weitere Goden in Island, die sich einmal im Jahr in Þingvellir beim Althing trafen, um dort über stammesübergreifende Probleme oder schwere Straftaten gemeinsam zu entscheiden. So auch im Jahr 1000, als Þorgeir Þorkelsson der gewählte Gesetzessprecher des Althing war. In dieser Zeit existierten das Christentum und alte Glaubensvorstellungen in Island nicht reibungslos nebeneinander. Þorgeir, der zugleich auch Priester der alten Religion war, appellierte in einer eindringlichen Rede an den Zusammenhalt der Isländer und unterstrich die Notwendigkeit einer friedlichen Lösung des Religionsstreites. Daraufhin wurde er beauftragt, zu bestimmen, welcher Glauben die Staatsreligion werden sollte. Nach längerer Überlegung entschied er, dass sich alle Isländer von nun an dem Christentum zuwenden sollten. Er erlaubte Andersgläubigen jedoch, heimlich einige Rituale ihrer Religion weiterhin auszuführen. Wohl auch, um mit gutem Beispiel voranzugehen, konvertierte er selbst unmittelbar nach seinem Beschluss zum Christentum. Þorgeirs Urteil wurde von allen akzeptiert und brachte Frieden in das gespaltene Land.

Juwelen der Skjálfandafljót

Der Sage nach warf Þorgeir nach seiner Rückkehr all seine Götterstatuen in den Goðafoss, der daraufhin »Wasserfall des Goden« bzw. »Wasserfall der Götter« genannt wurde. Ein Felsen teilt den neun und 17 Meter hohen Wasserfall, der je nach Wassermenge noch weitere kleinere Ableger aufweist. Der Goðafoss stürzt in eine bis zu 100 Meter breite Schlucht, die er sich auch heute noch aktiv gräbt. Jedes Jahr verschiebt sich der Wasserfall um acht bis 27 Zentimeter gen Süden.
Knapp 40 Kilometer flussaufwärts gibt es am nördlichen Ende der Sprengisandur-Piste mit dem Aldeyjarfoss einen weiteren einzigartigen Wasserfall zu bestaunen. Hier, unweit der Hochlandpiste F26 gelegen, stürzen die tosenden grauen Wassermassen des Skjálfandafljót etwa 20 Meter tief in einen Kessel aus farbigen Basaltsäulen. Das Lavafeld oberhalb des Flusses hält noch weitere Juwelen versteckt, wie etwa die Kaskade des Hrafnabjargarfoss.

Fluch und Segen der Wasserkraft

Seit Jahren versuchen isländische Lokalpolitiker, mit billigem Strom ausländische Investoren ins Land zu locken. Seit im Jahr 2007 für das Wasserkraftwerk Kárahnjúkar ein einzigartiges Wildnisgebiet in Ostisland erschlossen wurde, wird auch in Island über den Sinn und Unsinn solcher Projekte diskutiert. Die unausweichlichen Umweltprobleme durch die angeblich grüne Energiegewinnung vertragen sich einfach nicht mit dem Naturtourismus, der als Wirtschaftsfaktor immer wichtiger wird. Dennoch mangelt es auch weiterhin nicht an ehrgeizigen Ideen für Großprojekte. Zur Diskussion stehen aberwitzige Planungen wie etwa der Bau einer Ölraffinerie in den Westfjorden oder die unmittelbar bevorstehende Zerstörung von Islands wasserreichstem Wasserfall, dem in Südisland unmittelbar an der Ringstraße gelegenen Urriðafoss. Geschmiedet werden aber auch Pläne, den Skjálfandafljót durch ein Wasserkraftwerk zu nutzen. Durch dieses würden die oberen Wasserfälle wie der Aldeyjarfoss und auch der Goðafoss in Mitleidenschaft gezogen werden. Darüber hinaus würden in die bisher fast unberührte Weite der nördlichen Sprengisandur Straßen und Hochspannungsleitungen verlegt werden. So manchem stellt sich die Frage, ob es nicht viel notwendiger und zukunftsträchtiger wäre, in den geschickten Ausbau und in die Verwaltung der Tourismusbranche zu investieren. Hält Island an seinem bisherigen Kurs fest, seine Ressourcen auszubeuten, wird von der Wildnis, die alle Besucher so fasziniert und letztlich Islands Bewohner so stark geformt hat, bald nicht mehr viel übrig sein.

TOP ★ ERLEBNISSE

★ AUTOMOBILMUSEUM YSTAFELL

Auf dem Weg nach Húsavík, etwa 25 Kilometer vom Goðafoss entfernt, versteckt sich ein Museum, an dem man allzu leicht vorbeifahren kann: Bei der Farm Ystafell befindet sich das älteste Automuseum des kleinen Landes! Hier gibt es eine große Ansammlung alter Fahrzeuge zu besichtigen, darunter viele bildhübsche Oldtimer. Ein Island-Museum der ganz anderen Art!
www.ystafell.is

★ PAPAGEITAUCHERINSEL LUNDEY

In Skjálfandi, jener großen Bucht, in welche der Skjálfandafljót mündet, liegt in der Nähe von Húsavík die »Papageitaucherinsel« Lundey. Sie ist nur 200 x 100 Meter groß, aber im Sommer Brutkolonie von über 200 000 Papageitauchern. Auf diesem von Gletschern abgerundeten, 34 Meter übers Meer herausragenden Felsen kann nicht angelandet werden, jedoch bieten alle Walbeobachtungstouren in Húsavík zwischen Mai und August Kombi-Touren an, bei denen die zu Tausenden im Wasser schwimmenden Vögel vom Boot aus beobachtet werden können.
www.visithusavik.com

WEITERE INFORMATIONEN
www.northiceland.is

50 DER MÜCKENSEE – MÝVATN

Oase in der Lavawüste

Mit 37 Quadratkilometern Fläche ist der Mývatn der viertgrößte See Islands. Auf 278 Meter über dem Meeresspiegel befindet er sich genau auf der mittelatlantischen Plattengrenze. Entsprechend ist die gesamte Gegend geprägt vom Vulkanismus. Gleichzeitig regnet es hier viel weniger als in anderen Landesteilen, weil die umliegenden Gletscher und Berge die Wolken abfangen. Dementsprechend karg präsentiert sich die erosionsgeplagte Umgebung des Binnensees.

Bodenerhaltung ist ein wichtiges Thema für die Menschen rund um den großen See Mývatn. Sie sind sich durchaus bewusst, dass die großen Sand- und Wüstengebiete in dieser Gegend menschengemacht sind. Schätzungen zufolge war Island vor seiner Besiedlung bis zu 75 Prozent mit Bewuchs bedeckt, demzufolge also auch große Teile des Hochlandes. Birkenwälder mit teils stattlichen Bäumen wuchsen auf einem Drittel der isländischen Landfläche. Dies änderte sich durch die Siedler, die das Land brandrodeten und ihr Nutzvieh darauf weiden ließen – ganz so, wie sie es auch in ihrem alten Zuhause, in Norwegen, getan hatten. Doch die isländische Vegetation steckte diese Behandlung nicht so leicht weg, was auch und besonders am harschen Wetter lag. Die zusätzliche sukzessive Rodung der Bäume und Büsche für die Holzkohleherstellung (notwendig für die Eisenproduktion und zum Schärfen der Sensen, um Heu für die Tiere schlagen zu können) gab dem rauen Wind die Möglichkeit, den Boden zu erreichen. Und als es dann im 18. und 19. Jahrhundert auch noch zu flächendeckender Überweidung durch zu viele Schafe kam, war die Bodenerosion bereits weit fortgeschritten. Der Wind hatte leichtes Spiel, scharfkantige Lavasand-Körnchen umherzuwirbeln und

Vom Krater des Hverfell aus eröffnet sich ein fantastischer Blick über den Mývatn (unten). Bei Kálfastrandarvogur am südöstlichen Mývatn stehen faszinierende Lavaformationen direkt am See (rechte Seite).

Die Pseudokrater am südlichen Mývatn sehen aus der Luft am Eindrucksvollsten aus.

wie ein riesiges, konstantes Sandstrahlgerät die karge Vegetation zu bombardieren. Das führte im Lauf der Zeit dann zur Abtragung von Pflanzen und der gesamten Bodenschicht, welche entweder vom Wind bis ins Meer getragen wird oder aber in einer Art Dominoeffekt so lange auf andere Pflanzen einprasselt, bis es auch dort zur Erosion kommt. Heute besteht die Hälfte der isländischen Landfläche aus Wüsten. Besonders intensiv betroffen von dieser Entwicklung ist das Hochland südlich des Mývatn. Dort wird seit drei Jahrzehnten mit unterschiedlichen Methoden erfolgreich versucht, das Land wieder zu begrünen. Mithilfe von Dünger und dem Aussäen besonders widerstandsfähiger und/oder stickstoffbindender Pflanzen wird der Sand gebunden. Dieser Prozess dauert viele Jahre – hat aber bereits jetzt die Anzahl und Heftigkeit der Sandstürme in der Gegend spürbar reduziert. Um ein Ökosystem wiederherzustellen, braucht es Geduld – doch es lohnt sich garantiert!

Mývatn, See der Mücken und der Vögel

Nähert man sich dem Mývatn, wird die karge Landschaft plötzlich saftig-grün: Der See präsentiert sich wie eine Oase in der Wüste. Das sieben mal elf Kilometer große Gewässer entstand indirekt durch Vulkanismus. Als vor etwa 2300 Jahren ein Vulkanausbruch bei Laxárhraun stattfand, zerstörte die Lava den damaligen oberen Flusslauf der Laxá. Seitdem gibt das riesige Lavafeld Regenwasser in Form von unzähligen Quellen an den langsam entstandenen See ab: 35 Kubikmeter pro Sekunde an mineralstoffreichem Quellwasser fließen unterirdisch in den flachen See ein, aus dem die Laxá dann nach Westen hin abfließt. Der Mineralstoffreichtum dieses Quellwassers ist der Hauptgrund für das fruchtbare Ökosystem, das sich im See gebildet hat. Unter Einfluss des Sonnenlichtes, von dem es hier für isländische Verhältnisse überdurchschnittlich viel gibt, wachsen Kieselalgen im Wasser heran, welche Nahrungsgrundlage von Mückenlarven und Krebstierchen sind, die wiederum von Fischen und Vögeln gefressen werden. Vogelbeobachter kommen hier voll auf ihre Kosten, denn auf und am See finden unzählige Zugvogelarten ein Refugium, darunter auch einige seltene Entenarten. Im Sommer wird man an windstillen Tagen aber auch unweigerlich Bekanntschaft mit den Namensgebern des Sees machen: Mývatn bedeutet schlicht »Mückensee«. Stechmücken, wie wir sie aus Europa kennen, gibt es hier zwar nicht, dafür aber Zuck- und Kriebelmücken. Letztere können stechen, tun das aber nicht in dem Maße, dass man sich vor ihnen fürchten oder gar Insektenspray mitbringen müsste. Was sich eher lohnt, sind Kopfnetze – die es in Island in fast jeder Tankstelle zu kaufen gibt –, denn die kleinen, nervigen Insekten stürzen sich mit Begeisterung auf das menschliche Gesicht und versuchen, in Nase, Mund und Augen zu krabbeln.

Algenbälle – die unsichtbaren Stars

Im flachen, maximal vier Meter tiefen Wasser existiert eine seltene Wuchsfo ihre rm der Grünalge *Aegagropila linnaei*, die weltweit nur in wenigen anderen Seen vorkommt. »Marimo« oder »Algenball« nennt man die bis zu 15 Zentimeter großen, grünen Kugeln, die von den Isländern »Kugeldreck« (kúluskítur) genannt werden. Den Namen gaben ihnen isländische Fischer, die all den ungewollten, leblosen Beifang, der sich in ihren Netzen verfängt, als »Dreck« bezeichnen. Diese wie moosbewachsene Tennisbälle aussehenden Algen gab es früher in großer Menge – bis sie plötzlich verschwanden. Grund dafür war eine Blaualgenblüte, die das Ökosystem des Mývatn beinahe zum Kippen brachte. Der Auslöser war, wie sollte es auch anders sein, menschlicher Natur: Die Abwasserbelastung des Sees, erhöht auch durch den boomenden Tourismus, war zu hoch. Dank längst überfälliger Maßnahmen (Abwasserreinigung hat in Island noch lange nicht den mitteleuropäischen Standard erreicht) erholt sich das Ökosystem des Sees langsam wieder. Und inzwischen wurden auch wieder kleine Algenbälle gefunden!

Pseudokrater und Trollburgen

Am Südufer des Sees findet man ein spannendes vulkanisches Phänomen: die Pseudokrater von Skútustaðir. Sie entstanden, als sich glühende Lava über wasserreichen Untergrund schob, beispielsweise über Seen und Sumpfland. Der entstandene Wasserdampf entwich durch die enorme Hitze explosions-

Im Lavafeld Dimmuborgir kann man verstehen, wieso es in Island so viele Geschichten über Trolle und Elfen gibt (oben). Nicht nur das Odinshühnchen ist zwischen Mai und August am Mývatn zu finden – der See ist ein Paradies für Vogelbeobachter (unten).

Die kleine Siedlung Reykjahlíð liegt am Nordostende des Mývatn (oben). Mit 38–40 °C Wassertemperatur und toller Aussicht auf den Mývatn und die umliegenden Berge wartet das Thermalbad »Jarðböðin« auf Reisende (unten). Das von Pflanzen wie der Engelwurz gesäumte Seeufer im letzten Abendlicht (rechte Seite oben). Die kleine heiße Quelle in der Grjótagjá ist ein verstecktes Fotomotiv für »Game of Thrones«-Fans (rechte Seite unten).

artig nach oben. Dabei riss die Lava auf und bildete kleine Krater. Da diese aber selbst keine Lava freisetzten, werden sie Pseudokrater genannt. Ein echter Krater dagegen ist der Tuffring Hverfjall, der sich am Ostufer des Sees 150 Meter hoch über die Landschaft erhebt. Er wirkt so unscheinbar, und ist doch etwas ganz Besonderes, denn weltweit existieren nur wenige Krater mit einer solchen Entstehungsgeschichte: Hverfell ist das Überbleibsel eines gewaltigen, explosiven Vulkanausbruchs, bei dem vor etwa 2500 Jahren aufsteigende Magma nahe der Erdoberfläche auf Grundwasser stieß. Ein Liter Wasser verdampft zu über 1600 Litern Wasserdampf – man mag sich die Wucht und Ausdehnung der Wasserdampfexplosion kaum vorstellen, die damals eine einen Kilometer breite Wasserdampfsäule in den Himmel steigen ließ. Außen rieselte vulkanisches Lockermaterial herab, das einen Ring von 1000 Metern Durchmesser und 90 bis 150 Meter Höhe bildete. Heute kann man den ringförmigen Krater zu Fuß umrunden und dabei Ausblick auf die faszinierende Vulkanwelt des Mývatn genießen.

Dimmuborgir – wo die Trolle wohnen

Auch an dem etwas jüngeren Lavafeld Dimmuborgir, »Dunkle Burgen«, war Wasser an der Entstehung beteiligt. Jene Lava, die den Mývatn in seiner heutigen Form schuf, schob sich vor 2300 Jahren über einen See, der daraufhin zu kochen begann. Der Wasserdampf entwich durch die Lava und formte hohle Säulen inmitten großer Luftblasen. Nach dem Erkalten des Lavastroms brachen diese Blasen in sich zusammen, die Säulen jedoch blieben stehen. So kommt es, dass in Dimmuborgir die bizarrsten Lavaformationen bis zu 20 Meter in die Höhe ragen. Hier kann man der Fantasie freien Lauf lassen und dabei verstehen, warum die Isländer an unsichtbare Wesen glauben. An einem wolkenverhangenen Tag wähnt man sich verloren in einer von Trollen und Elfen bewohnten Ruinenstadt.

Wie viele andere Orte hat auch Dimmuborgir in den vergangenen 20 Jahren einen großen Wandel erlebt. Der Tourismus ist auf Island längst ein unverzichtbarer Wirtschaftsfaktor und verändert die Insel mindestens genauso stark wie die diversen Großindustrieprojekte. Die Hauptattraktion des Landes ist die Wildnis, die scheinbare Unberührtheit der urtümlichen Landschaft – doch die wird durch den Tourismus unweigerlich gezähmt. In Dimmuborgir wandern die Besucher mittlerweile über asphaltierte

Wege, die man ausdrücklich nicht verlassen darf und die nur aus dem Grund angelegt wurden, damit Hyperaktive nicht an den filigranen Lavaskulpturen klettern. Für so manchen sind Absperrungen jedoch nur dazu da, um sie zu überschreiten. Die Situation wird sich in Zukunft kaum verbessern, da es immer mehr Menschen in diese letzten Wildnisgebiete Europas zieht, die allmählich immer besser erschlossen und dadurch immer weniger »wild« werden. Islands Natur ist einzigartig, gewaltig und rau – aber sie ist auch ungeheuer empfindlich. Jeder Einzelne muss dazu beitragen, sie zu erhalten. Und das kann er am besten, indem er auf den Wegen bleibt und sich damit begnügt, die eine oder andere Sehenswürdigkeit aus der Ferne zu genießen. Die Natur wird es ihm danken – und sein Vorbild positive Akzente setzen.

Zivilisation in Reykjahlíð

Entlang der Küste des Binnensees gibt es eine Vielzahl von Hotels, Gästehäusern und Hütten. Das am Nordostende gelegene Reykjahlíð ist aber der einzige wirkliche Siedlungskern. Das 200-Seelen-Dorf hat erstaunlich viel zu bieten: Neben den üblichen minimalen Dienstleistungen wie Bank, Post, Gesundheitszentrum, Autowerkstatt, Tankstelle und Supermarkt gibt es hier ein Hotel, mehrere Gästehäuser, zwei Campingplätze, ein Besucherzentrum und einen Kajak-, Fahrrad- und Angelverleih. Der Ort ist perfekt als Basislager geeignet, um von hier aus die Umgebung zu erkunden. Den Tag kann man dann in Jarðböðin ausklingen lassen, in den »Mývatn Nature Baths«. Dieses unweit von Reykjahlíð errichtete Geothermalbad gilt als kleinere und nicht so überlaufene (aber ähnlich teure) Alternative zur Blauen Lagune. Hier kann man mit Blick auf den Mývatn im heißen Thermalwasser baden, das einem Bohrloch in einem Kilometer Entfernung und einer Tiefe von 2500 Metern entstammt. In dem mineralstoffreichen, basischen Wasser gedeihen weder unerwünschte Bakterien noch Pflanzen, sodass der Zusatz von Chlor oder anderen Desinfektionsmitteln nicht nötig ist. Allerdings kann der leichte Schwefelgehalt des Wassers Schmuckstücke aus Kupfer und Silber schwarz färben – diese sollte man also besser in der Umkleidekabine lassen!

TOP ★ ERLEBNISSE

★ GRJÓTAGJÁ

In Wanderreichweite zu Reykjahlíð liegt eine in jedem Reiseführer hochgepriesene Sehenswürdigkeit: Grjótagjá ist eine kleine Höhle, in der man früher einmal baden konnte. Spätestens seit sie als Drehort der Serie »Game of Thrones« genutzt wurde, pilgern viele Menschen hierher – um dann aber meist enttäuscht zu sein. Das milchig-blaue Wasser ist mit über 44 Grad zu heiß zum Baden, und das Dach der engen, kleinen Höhle ist einsturzgefährdet. Als Teil einer Wanderung zum Hverfell ist es ein lohnender, kurzer Stopp, als eigenständige Sehenswürdigkeit aber wohl nur mäßig interessant.

★ SIGURGEIRS VOGELMUSEUM

Auf der Westseite des Mývatn befindet sich ein kleines Museum, das sich mit der Vogelwelt Islands beschäftigt: über 300 ausgestopfte Vögel sind hier ausgestellt. Die Umgebung lädt zur Vogelbeobachtung ein, und im Sommer öffnet hier ein kleines Café: ein schöner Zwischenstopp für Tierliebhaber!
www.fuglasafn.is

WEITERE INFORMATIONEN
www.visitmyvatn.is

Schwefelwasserdampf entsteigt den fauchenden Solfataren bei Hverir am Berg Námafjall (oben). Das umliegende Hochtemperaturgebiet wirkt, wie die Landschaft eines anderen Planeten (rechte Seite).

51 DIE ERDE KOCHT – NÁMAFJALL UND KRAFLA

Vulkanismus hautnah erleben

Vulkanismus ist der rote Faden, der sich durch die Entstehungsgeschichte Islands zieht. An wenigen Orten sind die inneren Kräfte unseres Planeten so greifbar und vielseitig erlebbar wie unmittelbar östlich und nördlich des Binnensees Mývatn! Der über 800 Meter hohe Zentralvulkan Krafla ist das heiße Herz der Gegend, der dabei immer wieder für Überraschungen sorgt.

Ein paar Kilometer östlich von Mývatn befindet sich Bjarnarflag, das erste Geothermalkraftwerk Islands. Seit 1969 nutzt es die Wärme des Berges Námafjall, der zum Krafla-Vulkansystem gehört. Námafjall bedeutet »Bergwerksberg«, denn hier wurde bis ins 18. Jahrhundert Schwefel abgebaut. Es wird vermutet, dass Schwefel bereits im Jahr 1200 von Island nach Norwegen exportiert wurde, wo er vielseitige Anwendung fand, etwa zum Bleichen, als Arzneimittel oder zur Desinfektion – und natürlich zur Produktion von Schwarzpulver. Heute lässt man den Schwefel im Boden, und so können sich Islandreisende an den knallgelben Ablagerungen auf den vegetationslosen Hängen des Námafjall erfreuen. Mehrere Wanderwege umrunden und überqueren den 480 Meter hohen Bergrücken. Der beste Startpunkt ist das Hochtemperaturgebiet Hverir (auch »Hverarönd« oder »Námaskarð« genannt), das sich östlich des Berges direkt an der Ringstraße befindet. Mehrere Solfatare verströmen den Geruch fauler Eier (hervorgerufen durch Schwefelwasserstoff), aus Fumarolen steigen zischende Dampfsäulen in den Himmel, und es brodeln Schlammquellen in allen nur erdenklichen Farbtönen vor sich hin. Bei

Mitten in der Kaldera des Krafla-Vulkans liegt das gleichnamige Geothermiekraftwerk (oben). Der Erdboden in Hochtemperaturgebieten kann erstaunliche Muster und Farben aufweisen (unten). Bei Leirhnjúkur verstecken sich kleine, heiße Seen in verblüffend farbiger Umgebung (rechte Seite oben). Viti, »Hölle« heißen zwei kleine Krater mit Kraterseen, die man einfach erreichen und umwandern kann (rechte Seite unten).

aller Faszination sind die Reisenden hier mehr denn je angewiesen, sich ja an die Wege und Absperrungen zu halten. Der kochende Boden ist manchmal unterhöhlt, und es ist leicht möglich, durch die scheinbar feste Erdoberfläche zu brechen und sich schwere Verbrennungen zuzuziehen. Zudem halten sich Fußspuren im weichen Boden sehr lange und beeinträchtigen so das Naturerlebnis nachfolgender Besucher.

Unberechenbare Krafla

Bei Hverir zweigt die Stichstraße 863 von der Ringstraße nach Norden ab. Nach nur wenigen Kilometern endet sie mitten in der zehn Kilometer breiten Caldera der Krafla. Dieser Zentralvulkan ist über 200 000 Jahre alt und wird, wie viele isländische Vulkane, weiblich gelesen. Hier, mitten in der alten Caldera, brach die Vulkanin zum letzten Mal aus. Die sogenannten Krafla-Feuer waren eine Eruptionsserie, bei der sich in den Jahren 1975 bis 1984 neun kurze Spaltenausbrüche ereigneten. Das dabei entstandene Lavafeld Leirhnjúkshraun ist die jüngste Attraktion der Gegend. Vom Parkplatz mit seinen Hinweistafeln wandert man in das nicht weit entfernte Hochtemperaturgebiet von Leirhnjúkur, das für seine umwerfenden Farbkontraste berühmt ist. Der Besucherandrang ist mittlerweile allerdings so groß, dass Holzplattformen und Plankenwege angelegt wurden, um die Spaziergänger sicher über die kochende Erde zu führen. Wer Zeit mitbringt, der sollte unbedingt weiterwandern und das erstaunlich bunte Lavafeld erkunden, aus dem an einigen Stellen noch immer Dampf aufsteigt. Auch hier muss man aus Naturschutzgründen unbedingt auf den markierten Wegen bleiben!

Geothermiekraftwerk

Als 1975 der bisher letzte Ausbruch der Krafla begann, hatte der isländische Staat gerade erst damit begonnen, genau hier ein neues Kraftwerk zu bauen. Man war sich des Risikos natürlich bewusst gewesen, schließlich liegt Kröflustöð, das Krafla-Kraftwerk, innerhalb der Caldera eines aktiven Vulkans. Die Lava verschonte das Bauwerk, zu einem spannenden Zwischenfall kam es aber dennoch. In der Nacht des 8. September 1977 nämlich drang in etwa 1000 Meter Tiefe flüssige Magma in ein Bohrloch ein und verwandelte dieses für ein paar Minuten in einen Geysir, der glühendes Wasser ausspuckte. Schätzungsweise 1,2 Kubikmeter glühender Stein waren von dem Dampf-Wasser-Gemisch des Bohrlochs an die Oberfläche getragen worden und als Tephra, eine Art »Glas-Schaum«, im Umkreis niedergeregnet. Das Bohrloch selbst hat die-

sen Mini-Vulkanausbruch spannenderweise schadenlos überstanden! Im Jahr 1978 wurde das Kraftwerk dann in Betrieb genommen, und heute produziert es mithilfe zweier Dampfturbinen 60 Megawatt Strom. Wie ein auf Grund gelaufener Dampfer liegt Kröflustöð mit stetig qualmenden Schornsteinen im Tal. Spiegelnde Röhren und Hochspannungsleitungen durchschneiden die Landschaft; die Verkleidungen der Bohrlöcher stehen wie silberfarbene, dampfende Iglus auf den umliegenden Hügeln. Der Kontrast zwischen vulkanischer Landschaft und futuristisch-moderner Technik mutet völlig surreal an.

Es ist nicht alles Gold, was glänzt

Der starke optische Eindruck der Kraftwerk-Infrastruktur ist eine große Schattenseite dieser regenerativen Energieform. Ebenso traurig ist, dass die isländischen Kraftwerke mehr Dampf nutzen, als natürlich nachströmen kann, was die Nutzungsdauer der Bohrlöcher begrenzt. Um die produzierte Energiemenge aufrechtzuerhalten, müssen immer neue Bohrlöcher in immer neuen Gebieten angelegt werden. Und weil die Nachfrage nach erneuerbaren Energien ständig steigt, gibt es im Bereich des Mývatns kein Hochtemperaturgebiet mehr, das nicht bereits erschlossen und damit durch Kraftwerke, Hochspannungsleitungen und Rohre verschandelt wurde. Das neueste Kraftwerk bei Þeistareykir, 25 Kilometer nördlich des Mývatn gelegen, wurde nur gebaut, um ein Industriegebiet bei Húsavik mit Strom versorgen zu können. Der Hauptabnehmer dort ist eine Produktionsanlage für Siliziummetall des deutschen Unternehmens PCC SE, das sich damit brüstet, hier »eines der umweltfreundlichsten und modernsten Silikmetallwerke der Welt gebaut« zu haben. Weil der hiesige Strom so günstig ist, werden Rohstoffe aus der ganzen Welt, u. a. große Mengen Kohle, nach Húsavík verschifft – um dann die deutsche Industrie mit Siliziummetall zu versorgen. Unsere stete Nachfrage nach immer neuer Technik hat also zur Auswirkung, dass die letzten natürlichen Hochtemperaturgebiete Nordislands unwiederbringlich zerstört werden. Dies wird von den isländischen und deutschen Beteiligten aber natürlich ebenso wenig erwähnt wie die Tatsache, dass sowohl beim Transport als auch bei der Produktion große Mengen an CO_2 anfallen, die die Klimakatastrophe munter vorantreiben.
So sauber, wie die isländische (und deutsche) Großindustrie nach außen hin wirken möchte, ist sie leider nicht.

TOP ★ ERLEBNISSE

★ HÖLLENKRATER VITI

Die Teerstraße 863 endet am Explosionskrater Viti, was übersetzt »Hölle« bedeutet – allerdings nicht zu verwechseln mit dem gleichnamigen Krater im Hochland bei Askja. Den 300 Meter breiten Krater innerhalb der Krafla-Caldera füllt ein türkisblauer, kalter See, den man auf einem kurzen Wanderweg umrunden kann. Viti entstand bei einem fünfjährigen Ausbruch in den Jahren 1724 bis 1729, den sogenannten Mývatn-Feuern.

★ TAGESWANDERUNGEN BEI MÝVATN

Es gibt in der Umgebung des Mückensees viele markierte Wanderungen, sodass man die meisten der beschriebenen Sehenswürdigkeiten auch ohne Auto besuchen kann – vorausgesetzt, man bringt die Zeit und die Wanderschuhe mit. Informationen und Karten erhält man auch vor Ort bei dem Besucherzentrum am Supermarkt.

WEITERE INFORMATIONEN
www.visitmyvatn.is

In der Umgebung von Akureyri eröffnen sich malerische Aussichten auf den Eyjafjörður und seine Pyramidenberge.

52 STADTLUFT IN AKUREYRI

Das Tor zum Norden

Nach dem Großraum Reykjavík ist Akureyri der zweitgrößte Ballungsraum Islands. Die Hauptstadt des Nordens hat zwar nur 19 000 Einwohner, besitzt aber eine hervorragende urbane Infrastruktur. Im stimmungsvollen Akureyri gibt es viel zu sehen und zu unternehmen. Auch bieten sich hier lohnende Ausflüge in die nähere Umgebung an.

Nordislands größte Stadt schmiegt sich an die hügelige Westseite des weit ins Land hineinragenden Fjordes Eyjafjörður. Auf den ersten Blick wirkt Akureyri gar nicht wie das Dienstleistungs- und Verwaltungszentrum des Nordens und die viertgrößte Stadt des Landes. Im Gegensatz zu den drei miteinander verwachsenen Großstädten Reykjavík, Hafna-fjörður und Kópavogur gefällt in Akureyri das gemütliche Flair, das nicht zuletzt von der Lage der Stadt und der Architektur ihrer kleinen Häuser bestimmt wird. Obwohl der Ort nur 100 Kilometer vom Polarkreis entfernt ist, sorgen das milde Klima und die vielen Sonnenstunden für eine üppige Vegetation. Gepflegte Gärten und Parkanlagen liegen zwischen den farbenfrohen Häusern der an einem Berghang erbauten Stadt. Im Zentrum in der Nähe des Hafens findet man Cafés, Galerien und Souvenirläden. Ein Stadtrundgang führt zu Holzhäusern im dänischen Stil des 18. und 19. Jahrhunderts und zu Steinbauten und Villen aus der ersten Hälfte des 20. Jahrhunderts.

Nonni und Manni

Das auffälligste Gebäude der Stadt ist die auf einem Hügel thronende Akureyrarkirkja. Die zwei Türme der 1940 entworfenen Kirche bestimmen das Stadtbild. In ihrem Inneren sind unter anderem eine bayrische Orgel sowie ein 400 Jahre altes Glasfenster aus der Kathedrale von Coventry zu bewundern. Akureyris viele Museen sind über die ganze Stadt verteilt. Einen Stadtplan sowie Tipps zu Lage und Öffnungszeiten der Sehenswürdig-

Umringt von hohen Bergen liegt die »Hauptstadt des Nordens« am Eyjafjörður (unten). Das Herzsymbol begegnet einem in Akureyri wirklich überall (rechte Seite oben). Flugzeuge aller Epochen sind im Luftfahrtmuseum an Flughafen zu besichtigen (rechte Seite unten).

keiten erhält man in der Touristeninformation im Kulturzentrum »Hof«, beim Busbahnhof. Neben Kunst-, Naturkunde- und Heimatmuseen stehen mehrere historische Häuser, in denen bedeutende Poeten lebten, Besuchern offen. Für deutsche Reisende wohl besonders interessant ist das etwas außerhalb gelegene historische Nonnahús. Das hübsche, ganz in Schwarz-Weiß gehaltene dänische Holzhaus beherbergt ein Museum über den Kinderbuchautor Jón Sveinsson. Der mit Kosenamen »Nonni« genannte Schriftsteller wurde bei Akureyri geboren. Anfang des 20. Jahrhunderts beschrieb er in zwölf Nonni-Büchern seine Jugend auf Island sowie sein späteres Leben und Wirken in Europa, den USA und Japan. Die spannenden Jugendromane wurden in 30 Sprachen übersetzt und prägten die Kindheit einer ganzen Generation. Wer mit den Geschichten von Nonni und Manni großgeworden ist oder sich noch an die 1988 im ZDF erstmalig ausgestrahlte Verfilmung erinnert, sollte dem Museum unbedingt einen Besuch abstatten.

Lebendig und skurril

Akureyri ist unter anderem dank seiner Hochschulszene eine quirlige Stadt. Ein beliebter Erholungsort ist der sehenswerte botanische Garten, in dem Tausende Pflanzen aus den gemäßigten Breiten und den Hochgebirgen der Erde kultiviert werden. Die liebevoll gepflegte Grünanlage liegt hoch über dem Fjord und ist unter anderem mit rund 400 einheimischen Pflanzenarten bestückt.
An Sommerwochenenden lockt eine Vielzahl von Freizeitangeboten, Thementagen und Festivals Isländer aus dem ganzen Land nach Akureyri, welche die Mittsommernächte gerne durchfeiern. Gäste auf dem Campingplatz nahe dem Stadtzentrum müssen dann mit einem hohen Lärmpegel rechnen. Die günstigen Übernachtungsmöglichkeiten wie etwa die städtische Jugendherberge oder die netten kleinen Gästehäuser sind daher oft lange im Voraus ausgebucht.
Eine skurrile Sehenswürdigkeit ist das südlich von Akureyri gelegene Jólahús. Dieses mit unzähligen Weihnachtsartikeln vollgestopfte »Weihnachtshaus« in Form eines roten Lebkuchenhäuschens ist so vollkommen »unisländisch«, dass es schon fast wieder isländisch ist. Beim Anblick weißer Bäume und lebensgroßer Weihnachtsmannfiguren schütteln Besucher nicht selten spöttisch den Kopf und wundern sich über die Verschrobenheit der Inselbewohner. Selbst auf der Toilette ist man vor Weihnachtsstimmung mitten im Sommer nicht gefeit. Schließt man die Tür, so erklingen typisch amerikanische Weihnachtslieder!

TOP ★ ERLEBNISSE

★ GRAENI HATTURINN

Græni Hatturinn, der »Grüne Hut«, ist die Top-Adresse von Akureyris Musikszene. Die bekanntesten Bands Islands sind hier bereits aufgetreten, und es gibt ein vielfältiges Musikangebot. Wer ins musikalische Nachtleben der Stadt eintauchen möchte, sollte hier an einem Wochenende vorbeischauen!
www.graenihatturinn.is

★ MENNINGARHÚSIÐ HOF

Direkt an der Uferpromenade in Zentrumsnähe liegt das Kulturzentrum Hof. Das kreisrunde Gebäude ist architektonisch interessant und einer der kulturellen Veranstaltungsorte der Stadt. In der städtischen Touristeninformation werden Fragen beantwortet, es gibt hier öffentliche Toiletten sowie angrenzend den Busbahnhof, der Akureyri mit dem Rest des Landes verbindet.
www.mak.is

★ LUFTFAHRTMUSEUM

Am Flughafen Akureyri befindet sich das im Jahr 2000 eröffnete Luftfahrtmuseum Islands. Hier werden dutzende kleiner Flugzeuge ausgestellt und über die über 100-jährige Luftfahrtgeschichte Islands informiert.
www.flugsafn.is

WEITERE INFORMATIONEN
www.visitakureyri.is

Der idyllische Torfhof Laufás mit der angegliederten Kirche (oben). Ein hölzerner Eidererpel zeigt, welchen Stellenwert das Sammeln von Eiderdaunen seit jeher für die Menschen hat (rechte Seite).

53 BAUERNHOF SAMT KIRCHE – MUSEUMSHOF LAUFÁS

Besuch in einer längst vergangenen Zeit

Malerisch vor der Kulisse des Eyjafjörður, umgeben von den typischen Pyramidenbergen des Nordens, liegt 30 Kilometer nordöstlich von Akureyri der Museumshof Laufás. Das große Torfgehöft wurde Mitte des 19. Jahrhunderts erbaut und war bis 1936 der Wohnsitz einer wohlhabenden Pfarrersfamilie.

Torfhäuser waren früher die vorherrschende Hausform der Landbevölkerung. Sie waren zwar sehr reparaturintensiv, eng und dunkel, aber die Baumaterialien Torf und Stein waren günstig und überall verfügbar. Torf sorgte zudem für eine sehr gute Wärmedämmung. Der einst reiche Pfarrhof Laufás ist allerdings wesentlich größer als die meisten damaligen Wohnkomplexe. In den fünf kleinen nebeneinander stehenden und untereinander verbundenen Gebäuden lebten 20 bis 30 Personen. Eine größere Zahl Knechte und Mägde hielt die Farm am Laufen, half beim Heumachen, fing Fische oder sammelte Eiderdaunen. Die Räume des Hofes sind heute so eingerichtet, wie es Ende des 19. Jahrhunderts in einem wohlhabenden Haus üblich war. Bewohnt seit der Besiedlung Islands, gab es in Laufás seit den Anfängen des Christentums auch immer eine Kirche mit dazugehörigem Pfarrer: vom Jahr 1047 bis zum heutigen Tag. Die aktuelle Kirche, welche unmittelbar neben dem Torfhof steht, stammt von 1865 und ist berühmt für ihre 1698 geschaffene Kanzel. Laufás wird heute vom Museum Akureyri betreut und ist ganzjährig mehrere Stunden täglich geöffnet. Beim Besucherzentrum gibt es zudem einen kleinen Souvenirshop und ein Café.

INFO: www.akureyriguide.is

54 TRÖLLASKAGI – DER OSTEN

Umgeben von Toblerone-Bergen

Tröllaskagi nennt sich die Halbinsel, die sich zwischen den Fjorden Skagafjörður und Eyjafjörður befindet. Man muss bewusst von der Ringstraße abbiegen, um die spannende Landschaft mit ihren kleinen Fischerdörfern zu erkunden. Dabei offenbart sich ein erstaunlich anderes Island: grüne Hänge vor der malerischen Kulisse bildschöner Berge, die oft bis tief in den Sommer hinein mit Schnee bedeckt sind.

Nordwestlich von Akureyri befindet sich Tröllaskagi, die »Troll-Halbinsel«. Es handelt sich hierbei um die größte Bergkette des isländischen Nordens. Viele der oft pyramidenförmigen Berge erreichen Höhen von über 1000 Metern, was in Kombination mit einer meist guten Schneelage dazu geführt hat, dass hier jede Stadt ihr eigenes Skigebiet hat. Verglichen mit den Alpen sind die Pisten dort natürlich klein; die längsten überbrücken Höhenunterschiede von 450 Metern. Im Winter herrscht hier an den kurzen Schönwettertagen jedoch Hochbetrieb, denn Ski- und Snowboardfahren ist eine beliebte Freizeitbeschäftigung geworden. Es gibt mehrere Skivereine, und in den letzten Jahren haben auch Skilanglauf und das Tourengehen mehr und mehr an Beliebtheit gewonnen. Die vielen Möglichkeiten und das im Frühling oft gute Wetter locken auch immer mehr ausländische Freerider und Tourengeher hierher: Wo sonst kann man Ski fahren mit Blick aufs Meer? Selbst Heli-Skiing gibt es hier mittlerweile, was wegen des hohen CO_2-Ausstoßes in Zeiten der Klimakatastrophe allerdings ebenso wenig erstrebenswert ist wie etwa Hubschrauber-Rundflüge.

Die typischen Toblerone-Berge von Tröllaskagi ragen hinter der grünen Küstenebene auf (unten). Von mehreren Orten aus werden im Eyjafjörður Walbeobachtungstouren angeboten (rechte Seite oben). Auf der flachen Insel Hrísey mitten im Fjord leben etwa 150 Menschen (rechte Seite unten).

Ob Skifahren im Winter oder Wandern im Sommer: Tröllaskagi ist ein Paradies für Outdoor-Liebhaber! Alpine Berglandschaften in direkter Nähe zum Meer sind ja doch eine sehr besondere Kombination und garantieren einzigartige Erlebnisse. Zudem gibt es hier auf Tröllaskagi über 150 Gletscher – die meisten von ihnen sind sehr klein und zählen zu den Kar- und Talgletschern. Oft sind sie teilweise oder gänzlich von Geröll bedeckt, das im Lauf der Zeit von den umliegenden Berghängen auf sie herabrutschte. Eine solch isolierende Schicht aus Steinen kann tatsächlich dazu führen, dass die kleinen Gletscher trotz des Klimawandels weniger schnell schmelzen als ihre großen Stellvertreter in Südisland. Noch langlebiger sind sogenannte Blockgletscher, die ebenfalls hier zu finden sind. Diese bestehen aus gefrorenem Steinmaterial, wie etwa Hangschutt, sind für Nichtgeologen aber meist nur schwer erkennbar.

Dalvík

Biegt man von Akureyri aus von der Ringstraße auf die Straße 82, welche in den Norden der Halbinsel führt, erreicht man bald die kleine Stadt Dalvík. Die 1400 Bewohner leben von der Fischerei und zunehmend auch vom Tourismus. Es gibt hier mehrere Wanderwege, ein lohnendes Schwimmbad und im August ein Fischfestival namens »Fiskidagurinn mikli«. Eyjafjörður, der mit 60 Kilometern längste Fjord Islands, beheimatet eine reichhaltige Tierwelt: Mitten in der lang gestreckten Meeresbucht können Dorsche gefangen werden, und regelmäßig lassen sich Buckelwale blicken. Da ist es nicht verwunderlich, dass man hier nebst Walbeobachtungsfahrten auch sportangeln kann – und teilweise beides in einem Trip angeboten wird.

Grímsey

Von Dalvík aus startet dreimal wöchentlich die Fähre »Sæfari« nach Grímsey. Diese kleine Insel liegt 40 Kilometer nördlich der Nordküste, direkt auf dem Polarkreis, und stellt damit das nördlichste bewohnte Gebiet Islands dar. Da auf der Insel die Haltung von Hunden und Katzen nicht erlaubt ist, zeigen die Vögel hier kaum Scheu: Papageitaucher, Tordalke, Lummen und selbst Krabbentaucher können hier beobachtet werden. Zudem steht hier ein Monument, das den Polarkreis verbildlichen soll. Die Überfahrt mit »Sæfari« findet bei wirklich jedem Wetter statt und dauert ungefähr drei Stunden, bei Sturm allerdings wesentlich länger. Der Besuch der Insel ist etwas für all jene, die Zeit mitbringen – und das Risiko eingehen, auf einer der Überfahrten auch mal seekrank zu werden …

TOP ★ ERLEBNISSE

★ AUSFLUG NACH HRÍSEY

Hrísey ist eine kleine Insel mitten im Eyjafjörður. Von der Kleinsiedlung Árskógssandur südlich von Dalvík fährt sieben- bis neunmal täglich eine Fähre; die Überfahrt dauert 15 Minuten. Es gibt hier ein kleines Dorf aus fotogenen Häuschen mit einem Museum und einem kleinen Schwimmbad. Auf mehreren kürzeren Wanderwegen kann man die Insel erkunden, die Aussicht genießen und mit etwas Glück auch Buckelwale sehen, die im Fjord nach Nahrung suchen.
www.hrisey.is

★ TAUCHEN ZU HYDROTHERMALEN QUELLEN

Im Eyjafjörður versteckt sich eine einmalige Sehenswürdigkeit: Taucher können hier hydrothermale Quellen erleben, sogenannte »Raucher«, die es normalerweise nur in der Tiefsee zu bestaunen gibt. Wie riesige Stalagmiten ragen die Schlote Dutzende von Metern vom Fjordboden empor und haben ein einzigartiges Ökosystem geschaffen. Unter fachkundiger Leitung bietet das »Strýtan Dive Center« Tages-Tauchtouren dorthin an: ein Highlight für alle fortgeschrittenen Taucher, die kaltes Wasser nicht scheuen!
www.strytan.is

WEITERE INFORMATIONEN
www.visittrollaskagi.is

Die entlegene Ortschaft Siglufjörður ist von steilen Bergen umgeben (oben). Das dort angesiedelte Heringsmuseum »Síldarminjasafnið« ist auch fotografisch eindrucksvoll (rechte Seite unten). Wer einen Blick für Details hat, wird viel über die Bewohner dieser abgeschiedenen Ortschaft erfahren (rechte Seite oben).

55 TRÖLLASKAGI – DER NORDEN

In der Hering-Hauptstadt Islands

Ganz im Norden von Tröllaskagi liegen die beiden Fischerstädte Siglufjörður und Ólafsfjörður. Umgeben von steilen Bergen scheinen diese Orte gänzlich abgeschnitten vom Rest des Landes. Gerade Siglufjörður, die größere und lebendigere der beiden Siedlungen, verfügt über eine spannende Geschichte und ein ganz eigenes Flair, das das Traditionelle mit dem Modernen verbindet.

Ólafsfjörður ist eine kleine Stadt an der Nordostspitze von Tröllaskagi. Ein großer, aktiver Hafen und eine Ansammlung bunter, zweckmäßiger Häuser liegen hier umrahmt von der steilen Bergwelt, die so typisch für diese Gegend ist. Bereits seit 1944 versorgt ein kleines Geothermiekraftwerk den Ort mit heißem Wasser, und deshalb gibt es hier auch eines der typisch isländischen beheizten Freiluft-Schwimmbäder. In dessen direkter Nähe befindet sich auch der Campingplatz – und eine Skisprungschanze, die im Sommer und dazu noch mitten im Dorf herrlich skurril wirkt.

Siglufjörður – dem Polarkreis ganz nah

Nur einen Fjord und 15 Kilometer Luftlinie entfernt von Ólafsfjörður liegt Siglufjörður. 1200 Einwohner hat diese kleine Stadt, die auf drei Seiten von bis zu 900 Meter hohen Gipfeln umrahmt ist und aufgrund der Schneelage früher oft nur per Schiff zu erreichen war. Heutzutage ist der Ort über zwei Tunnel ganzjährig ans isländische Straßennetz angeschlossen. Die gute Schneelage und die Vielzahl steiler Berge machen Siglufjörður zu einem der beliebtesten und besten Abfahrt-Skigebiete Islands – aber leider auch anfällig für Lawinen. Am 12. April 1919 gingen von den steilen Hängen mehrere Schneerutsche ab, die 18 Todesopfer forderten. Seitdem wird Lawinenschutz hier großgeschrieben. In den Steilhängen oberhalb der Stadt befinden sich Stützverbauungen, und weiter unten wurden sieben Wälle errichtet, um abgehende Lawinen von den Häusern fortzuleiten. Nach kurzer Wanderung hat man von dort oben herrliche Ausblicke auf die Stadt und den gleichnamigen Fjord.

Das Klondike des Nordatlantiks

In der zweiten Hälfte des 19. Jahrhunderts begannen Norweger, in Island Hering zu fangen. 1903 wurde der Heringsfang, dank einer Kombination aus Motorbooten und hocheffizienten, neuen Fischfang-Technologien, plötzlich profitabel. Siglufjörður mit seinem natürlichen Hafen und einer perfekten Lage direkt an den Fanggründen erlebte einen rasanten Wandel: Innerhalb von 40 Jahren wuchs die zuvor winzige Siedlung zu einer blühenden Stadt mit über 3000 Bewohnern heran. Jahrzehntelang drehte sich das Leben hier ausschließlich um den Heringsfang und dessen Verarbeitung. Gesalzen wurde der Fisch in Holzfässern in die ganze Welt exportiert – der Hering dieser einen Stadt machte zeitweise über 20 Prozent des gesamten isländischen Exports aus! Der Traum vom schnellen Geld zog abenteuerliche Menschen (darunter viele Frauen) aus ganz Europa in dieses »atlantische Klondike« – doch der Fisch- und Geldsegen währte nur etwa bis in die 1950er-Jahre. Die jahrzehntelange massive Überfischung führte zum kompletten Zusammenbruch der Heringsbestände. In der Folge zogen die Menschen fort, und Siglufjörður wurde beinahe zur Geisterstadt. Von all dem erzählt das Heringsmuseum »Síldarminjasafnið«, das in liebevoll restaurierten Holzbauten am Fjordufer untergebracht ist. Mittlerweile weht in der Stadt wieder ein frischer Wind. Ein neuer Tunnel hat sie noch besser erreichbar gemacht, woraufhin sie zum Mekka von Wintersportlern geworden ist. Das kleine Fischerdorf hat ein junges, internationales und künstlerisches Flair erhalten, erkennbar an der vielen Kunst in dieser im wahrsten Sinne des Wortes bunten Stadt. Musik hat hier einen hohen Stellenwert, und auch Krimifans verirren sich hierher, denn Siglufjörður war einer der Hauptdrehorte der Fernsehserie »Trapped – Gefangen in Island«.

TOP ★ ERLEBNISSE

★ BLUES UND KLASSIK IN ÓLAFSFJÖRÐUR

Der kleine Ort Ólafsfjörður ist isländischen Musikliebhabern wohlbekannt, denn hier finden jedes Jahr zwei bekannte Festivals statt. Ende Juni gibt es das »Blue North Music Festival«, das Blues-Musiker aus dem ganzen Land anzieht. Ende August ist dann Zeit für das »Blueberry Music Festival«, das sich der klassischen Musik widmet. Im Kulturhaus des Ortes und in der Kirche, beides Säle mit fantastischer Akustik, zeigen hauptsächlich isländische Musiker ihr Können – und das vier Tage am Stück.

★ VOLKSLIEDER IN SIGLUFJÖRÐUR

Im Juli findet in Siglufjörður ein fünftägiges, internationales Musikfestival namens »Þjóðlagahátíð« statt. Im Mittelpunkt stehen dabei isländische und skandinavische Volkslieder, aber auch internationale Musik und Volkstänze. An unterschiedlichen Orten der Stadt werden 15 bis 20 Konzerte gespielt und verschiedenste Workshops angeboten. Wer sich für traditionelle isländische Musik interessiert, ist hier gut aufgehoben!
www.siglofestival.com

WEITERE INFORMATIONEN
www.visittrollaskagi.is

56 TRÖLLASKAGI – DER WESTEN

Geschichte in Hofsós

Auf der Schotterstraße 76 fährt man um die gebirgige Halbinsel Tröllaskagi. Anziehungspunkte dieser malerischen Rundreise sind vor allem die kleinen Küstenstädte Siglufjörður, Ólafsfjörður und Dalvík – die winzige Siedlung Hofsós wird oft links liegen gelassen. Doch lohnt sich ein Aufenthalt hier wegen der hübschen, alten Häuser, des interessanten Museums und der reizvollen Landschaftsformen.

Hofsós ist ein verschlafenes, kleines Nest, dessen bunte Häuser sich auf zwei kleinen Hügeln unmittelbar am Ufer des Skagafjörður drängen. 184 Einwohner zählte das Dorf im Jahr 2010, selbst für isländische Verhältnisse ist es winzig. Innerhalb kürzester Zeit hat man es erkundet, seine bunten, unterschiedlich hübschen Häuser gesehen und den kleinen Laden entdeckt, der nur zu bestimmten Zeiten geöffnet hat. Unten am kleinen Hafen aber stößt man auf einige ganz in Schwarz gehaltene Holzhäuser, darunter auf das Pakkhúsið aus dem Jahr 1777. Das kleine Dorf ist einer der ältesten noch existierenden Handelsorte Islands und blickt auf eine lange Geschichte zurück. Deshalb unterhält der Museenverband des Skagafjörður, der auch das Torfgehöft Glaumbær auf der anderen Fjordseite betreut, hier ein hochinteressantes Museum. In den alten liebevoll restaurierten Häusern am Hafen sind verschiedene Ausstellungen zu sehen. Im Pakkhúsið beispielsweise erfährt man vom Leben der Fischer vor Ort, vom traditionellen Vogelfang sowie vom Eiersammeln, das auf der Insel Drangey jahrhundertelang auch kommerziell betrieben wurde.

Neben den schwarzen Holzbauten steht ein kleiner Komplex aus hübschen, rot bedachten Häusern. Hier widmet sich das Auswanderermuseum Vesturfarasetrið einem wenig bekannten Kapitel der isländischen Geschichte: der Zeit der großen Auswanderung.

Liebevoll gepflegt wirken die Museumshäuser am kleinen Bootsanleger in Hofsós (unten). Auch die kleine Kirche von Gröf (rechte Seite oben) und das brandneue, wunderschöne Schwimmbad (rechte Seite unten) zeigen, dass man sich vom ersten wenig einladenden Eindruck des kleinen Ortes nicht täuschen lassen darf.

Die Flucht nach Westen

Im Jahr 1870 lebten auf Island etwa 70 000 Menschen. Die überwiegende Mehrheit der Bevölkerung waren einfache Bauern, die hauptsächlich von Schafzucht und in geringem Maße von Milchwirtschaft lebten. Nur zehn Prozent der Isländer verdienten ihren Lebensunterhalt mit der Fischerei, wogegen 15 Prozent als Handwerker oder in anderen Dienstleistungen arbeiteten. Die Dänen behielten die Handelsmonopole und verhinderten somit die wirtschaftliche Entwicklung der Isländer, die meist in kleinen, abgeschotteten Höfen in bitterer Armut lebten. Die Winter waren hart und lang, Heizmaterial war kaum vorhanden, und die Tiere verhungerten unter anderem in der Folge großer Vulkanausbrüche, wie etwa dem der Askja im Jahr 1875. In dieser Zeit emigrierten die ersten Isländer in der Hoffnung auf ein neues, besseres Leben nach Amerika. Als ihre Angehörigen schon nach wenigen Jahren enthusiastische Rückmeldungen erhielten, formierte sich eine regelrechte Auswanderungswelle. Schätzungsweise bis zu 20 000 Isländer emigrierten zwischen 1870 bis 1914 nach Nordamerika, rund 25 Prozent der damaligen Gesamtbevölkerung. Sie ließen sich in teilweise rein isländischen Siedlungen entlang der nordamerikanischen Küste nieder: So wird etwa in der Gemeinde Gimli, das in der Region »New Iceland« in Kanada liegt, noch heute ein ungewöhnlicher Dialekt des Isländischen gesprochen. Die hochinteressante Emigrationsgeschichte wird im Museum unter anderem anhand von einzelnen Familienschicksalen dargestellt, zusammen mit vielen Bildern und Gegenständen, die das harte Leben der damaligen Zeit verdeutlichen.

Torfkirche und Säulenbasalt

Einen besonderen Reiz besitzt die südlich an Hofsós anschließende Küste. Die Säulenbasaltklippen bei Staðarbjargavík wurden von der Brandung so abgeschliffen, dass sie in beeindruckender Formenvielfalt aus dem Meer aufragen. Hier, so wird gemunkelt, habe sich der Architekt von Reykjavíks Hallgrímskirkja zum Design der Kirche inspirieren lassen. Benannt wurde diese nach Hallgrímur Pétursson, einem evangelischen Pfarrer und bekannten isländischen Dichter aus dem 17. Jahrhundert. Hallgrímur wurde auf dem Großbauernhof Gröf geboren, der nur vier Kilometer südlich von Hofsós liegt. Dort steht heute die älteste und zugleich kleinste erhaltene Kirche des isländischen Festlandes. Das winzige schwarze Torfgebäude mit Grasdach aus der zweiten Hälfte des 17. Jahrhunderts wurde zeitweilig als Lagerraum zweckentfremdet und war fast ganz verfallen, bis es 1953 wieder aufgebaut wurde.

TOP ★ ERLEBNISSE

★ SCHWIMMEN MIT MEERBLICK

Das Freibad von Hofsós wurde im Frühjahr 2010 eröffnet und ist eigentlich nur ein typisch isländisches Schwimmbad. Hier laden ein beheiztes 25-Meter-Becken, ein warmes Planschbecken und ein heißer Pool ganzjährig zum Entspannen ein. Das Besondere an diesem modernen Schwimmbad sind jedoch seine Lage und seine Aussicht. Da es unmittelbar an die Küste gebaut wurde, versperrt hier nichts den Blick auf die See. Beim Schwimmen hat man deshalb den Eindruck, im Meer zu baden!

★ LANGHÚS PFERDE-FARM

Auf halber Strecke zwischen Hofsós und Siglufjörður liegt in wunderschöner Umgebung die kleine Familien-Farm Langhús. Hier werden persönliche Reittouren angeboten für jeden Kenntnisstand: absolute Anfänger sind hier genauso willkommen, wie versierte Reiter. Es gibt ein großes Angebot an verschiedenen Touren: so kann man z. B. an einem schwarzen Sandstrand reiten oder lernen, wie genau man ein Pferd zum »Tölten« bringt. www.icelandichorse.is

WEITERE INFORMATIONEN
www.visittrollaskagi.is

In den stillen Mittsommernächten kann das wilde Nordmeer seine sanfte Seite zeigen: so etwa an der Küste von Hofsós.

Pferde vor spektakulärer Landschaft: Das ist der Skagafjörður (oben). Etwas deplatziert wirkt der Turm der Kirche in Hólar, der tatsächlich mehrere Meter vom Gotteshaus entfernt steht (rechte Seite unten). Islandpferde gibt es in allen nur erdenklichen Farbvarianten (rechte Seite oben).

57 PFERDEFJORD SKAGAFJÖRÐUR

Der Bischofssitz Hólar

In einem Seitental des Skagafjörður steht die älteste Steinkirche Islands. Hólar im Hjaltadalur ist ein alter Bischofssitz, der heute eine auf Pferdezucht und Reitsport spezialisierte Hochschule beherbergt. Jeden Sommer findet ganz in der Nähe der größte Pferdeabtrieb des Landes statt.

Östlich des berühmten Skagafjörður liegt im Schutz von hohen Bergen das Tal Hjaltadalur. Die für Nordisland so typischen pyramidenförmigen Berge mit ihren Einschnitten und Seitentälern sind teilweise von einigen kleinen Gletschern bedeckt, schenken aber den Talbewohnern im Sommer manchmal Temperaturen von bis zu 30 Grad Celsius.

Auf der Nordseite des bezaubernden grünen Tales liegt das kleine Hochschuldorf Hólar, das das ganze Jahr über vor Leben sprüht. Der Ort war 700 Jahre lang das religiöse Zentrum Nordislands. 36 Bischöfe residierten hier zwischen 1106 und 1801. Die heute noch bestehende Domkirche mit dem hohen Turm wurde aus dem sandsteinartigen Vulkangestein der Umgebung errichtet und 1763 geweiht. An ihrem Bau sollen auch deutsche Steinmetze und Maurer beteiligt gewesen sein.

Universität und Bereiterschule

Von Anbeginn befanden sich an dem Bischofssitz auch schulische Einrichtungen. 1882 wurde das Anwesen von der Gemeinde aufgekauft und es wurde dort eine Landwirtschaftsschule eröffnet. Sie entwickelte sich im Lauf der Zeit zur Fachhochschule und bekam schließlich im Jahr 2007 den Universitäts-

status zugesprochen. Heute können hier Hochschulabschlüsse in den Fachbereichen Aquakultur, Wasserbiologie, Pferdekunde und Tourismus erworben werden.
Freunden des Islandpferde-Reitsports ist Hólar ein einschlägiger Begriff. Es ist der einzige Ort auf der Insel, an dem man eine offizielle Ausbildung zum Jungpferdebereiter abschließen kann. Dazu liegt es am Skagafjörður, der als Hochburg der Islandpferdezucht gilt und oft die »Wiege der Islandpferdereitkunst« genannt wird. Die bekanntesten Islandpferdezüchter und viele erstklassige Zuchtpferde entstammen dem Skagafjörður. Angeblich ist er die einzige Gemeinde Islands, in der es mehr Pferde gibt als Menschen.

Der Pferdeabtrieb Laufskálarétt

Am letzten Wochenende im September findet alljährlich im Hjaltadalur das Laufskálarétt statt, der größte Pferdeabtrieb des Landes. Die Pferde, die nicht für Reittouren oder die Zucht eingesetzt werden, verbringen den Sommer frei auf den Hochweiden der Region. Im Herbst werden sie von ihren Besitzern gemeinschaftlich zusammengetrieben und in das zentrale Sortiergatter im Hjaltadalur gebracht. Es ist ein überwältigender Anblick, wenn die mehrere Hundert Tiere starke Pferdeherde im Tal ankommt. Gruppenweise werden die Tiere von der Sammelweide in das Innere des Sortiergatters getrieben. Cowboyatmosphäre kommt auf, wenn die schnaubenden Tiere zielsicher von ihren Besitzern aussortiert werden. Dicht an dicht gedrängt stehen die Pferde anschließend in den äußeren Gattern des riesigen Kreises, ruhen sich mit dampfenden Leibern von der Aufregung der vorherigen Stunden aus und beobachten interessiert das Geschehen.
Mittlerweile hat sich das Laufskálarétt als Volksfest etabliert. Tausende von Menschen aus allen Landesteilen und dem Ausland schauen sich das Spektakel an und genießen die großartige Stimmung. Natürlich darf auch hier der reichhaltige Genuss von Alkohol nicht fehlen. Wie bei jeder echt isländischen Zusammenkunft wird auch zu diesem Anlass ununterbrochen gesungen, geschwatzt und viel getrunken.
Für viele Besucher startet der Spaß am Freitagabend bei der Pferdeshow in der Reithalle Svaðastaðir in Sauðárkrókur. Von dort aus bricht am Samstagmorgen eine große Reiterschaft auf, die die Pferde vom Tal Kolbeinsdalur zum Sortiergatter treibt, um dort den Nachmittag mit dem Aussortieren zu verbringen. Abends treffen sich bis zu 1500 Feierlustige auf dem berühmtesten Ball der Umgebung, der bis spät in die Nacht mit Musik und Tanz unterhält.

TOP ★ ERLEBNISSE

★ GESCHICHTE DES ISLANDPFERDES

In Hólar im Hjaltadal befindet sich in einem ehemaligen alten Pferdestall das kleine Museum »Sögusetur íslenska hestsins«, das »Islandpferde-Geschichtszentrum«. Die liebevolle, kleine Ausstellung ist ausschließlich in isländischer Sprache beschriftet, doch es gibt Broschüren in Deutsch und Englisch sowie alle Texte übersetzt auf der Webseite. Für Pferdeenthusiasten, die Hólar besuchen, ist dies ein sehr empfehlenswerter Stopp!
www.sogusetur.is

★ THE BATTLE OF ICELAND

Im August des Jahres 1238 kam es bei Örlygsstaðir im Skagafjörður zur größten Schlacht der Islandgeschichte: Zwei verfeindete Männer sammelten etwa 2700 Krieger mehrerer Clans um sich, und es kam zum Gefecht. Diese Geschichte wird in der hochmodernen Ausstellung »1238 – The Battle of Iceland« in Sauðárkrókur erlebbar gemacht, unter anderem mithilfe von VR-Technologie.
www.1238.is

WEITERE INFORMATIONEN
www.visitskagafjordur.is

DAS ISLANDPFERD

Klein, aber oho!

Neugierige Jungpferde auf weiten Weideflächen in Nordisland.

Pferde sind aus Island ebenso wenig wegzudenken wie Vulkane oder schnelle Wetterumschwünge: Schon seit der Landnahmezeit prägen sie die Seele von Land und Leuten. Von diesen Kleinpferden ist jeder spontan fasziniert, sobald er zum ersten Mal auf ihrem Rücken sitzt!

Als vor über 1000 Jahren die ersten Siedler nach Island kamen, brachten sie nebst ihrem gesamten Hausrat auch Nutztiere mit. Darunter befanden sich jene Pferde, die heute als Urahnen der Islandpferde bezeichnet werden. Sie gehörten germanischen und keltischen Ponyrassen an, die mit den mongolischen Pferden verwandt waren. Bereits im Jahr 982 wurde im Alþingi beschlossen, keine Kreuzungen mit anderen Pferderassen mehr zuzulassen. Damit handelt es sich bei den Islandpferden um die älteste existierende Reinzucht der Welt! Seit dem Jahr 1909 gilt zudem ein komplettes Pferde-Importverbot: Hat ein Islandpferd die Insel einmal verlassen, darf es nicht wieder zurückkehren. Auf diese Weise wird verhindert, dass Krankheiten und Seuchen vom Festland eingeschleppt werden.

Pferd, Pony – oder was?

Noch heute leben Islandpferde in Island meist halbwild in großen Herdenverbänden und verbringen auch die kalten Winter in freier Natur. So entwickelten sie sich zu anspruchslosen, robusten und selbstbewussten Tieren mit intaktem Sozialverhalten, auf die sich die Menschen seit jeher komplett verlassen konnten. Die Besiedlung Islands und der teils harte Überlebenskampf der Menschen wären ohne diese starken Pferde kaum möglich gewesen. Die Tiere dienten seit jeher auch als Nahrungsquelle: Noch heute

Bei längeren Reittouren werden frei laufende Ersatzpferde mitgenommen.

Ein ganz besonderes Erlebnis sind die Pferdeabtriebe im Herbst.

hat Pferdefleisch in Island einen ähnlichen Stellenwert wie hierzulande Rindfleisch.
Dass das Islandpferd auch heute noch ein hohes Ansehen genießt, zeigt sich darin, dass es für die Isländer das »einzig richtige Pferd« darstellt. International zählen die relativ kleinen Pferde zwar zu den Ponyrassen, aber sie können ähnlich schwere Lasten und Reiter tragen wie manche Großpferde. Diese starken Tiere »Pony« zu nennen, kommt in Island einer Majestätsbeleidigung gleich!

Zwei zusätzliche Gangarten

Seit dem Siegeszug der Autos werden Islandpferde nicht mehr als Lastenträger gebraucht, doch als Reittier sind sie weiterhin wegen ihres gutmütigen Charakters, ihrer Intelligenz, Zuverlässigkeit und körperlichen Stärke hochbegehrt – und das mittlerweile weit über die Landesgrenze hinaus. Zudem begeistern sie mit zwei zusätzlichen Gangarten. Neben Schritt, Trab und Galopp beherrschen sie den butterweichen Tölt und den pfeilschnellen Rennpass. Letzterer ist schwierig zu reiten und daher meist nur geübten Reitern vorbehalten. Tölt dagegen ist ein schneller, aber sanfter Laufschritt, der auch Anfängern viel Vergnügen bereitet.
Ursprünglich besaßen vermutlich alle europäischen Pferderassen eine genetische Veranlagung für den Tölt. Diese sogenannten Zelter waren im Europa des Mittelalters wegen dieser komfortablen Gangart besonders als Damenreitpferde geschätzt. Mit dem Aufkommen der Kutschfahrerei wurden bequeme Reitpferde unwichtig und vermehrt Traber gezüchtet.

Farben und Freigänger

Islandpferde gibt es in allen nur erdenklichen Farben. Die isländische Sprache kennt über 100 Wörter, um das Aussehen eines Pferdes zu beschreiben! Neben Rappen, Füchsen, Braunen, Schimmeln und Schecken gibt es ganz spezielle Varianten, wie Isabell, Erdfarben, Mausfalben oder Windfarben. Eine Besonderheit sind sogenannte Farbwechsler, deren Winterfell eine andere Farbe als ihr Sommerfell zeigt.

Während die vielen Schafe den Sommer frei streunend auf nicht umzäunten Hochweiden verbringen, stehen die allermeisten Pferde heute ganzjährig auf Privatland. In Nordisland ist es Sitte, einige Tausend Pferde während des Sommers frei laufen zu lassen. Sie werden dann im Herbst in gemeinschaftlichen Pferdeabtrieben wieder in die Täler hinabgetrieben. Für viele Reiter ist es der Hohepunkt des Jahres!

Mit ihren zotteligen Mähnen und dichtem Fell können Islandpferde problemlos die kalten Winter im Freien verbringen.

Die gelb-weißen Giebelhäuschen des Museums Glaumbær sind wirklich nett anzuschauen (unten). Direkt nebenan befindet sich eine kleine fotogene Holzkirche mit einem Gedenkstein für Guðríður Þorbjarnardóttir (rechte Seite oben). Lohnenswert ist ein Besuch des alten Pferdestalls in Lýtingsstaðir (rechte Seite unten).

58 KULTURGESCHICHTE IM SKAGAFJÖRÐUR

Vom Leben unter Grasdächern

Glaumbær ist der beliebteste Museumshof des Landes. Nur acht Kilometer nördlich des winzigen Durchgangsstädtchens Varmahlíð bilden ein großer Torfhof, zwei alte Holzgebäude und eine kleine fotogene Kirche das sehenswerte Freilichtmuseum. Auch ein kleines Café und eine Ausstellung sind dort zu finden.

Bei der Ankunft in Glaumbær sieht man schon die kleine Holzkirche mit dem roten Giebeldach vor der malerischen Kulisse des Skagafjörður stehen. Daneben ragt unscheinbar ein seltsam geformter, von leuchtend grünem Gras überwucherter Erdhügel in die Höhe. In die kunstvoll aufgeschichteten Lagen aus Torf sind kleine weiße Fenster eingelassen. Umrundet man dieses auf ganz Island berühmte Torfgehöft, steht man vor einer holzverkleideten Fassade und sieht sechs unterschiedlich große, weiß-gelbe Giebelhäuschen, die eine malerische Reihe bilden.

Museumshof Glaumbær

Die ältesten Teile des gut erhaltenen Pfarr- und Bauernhofes stammen aus dem beginnenden 19. Jahrhundert. Bereits damals galt das Anwesen aufgrund seiner Größe als etwas Besonderes und seine wohlhabenden Bewohner wurden im ganzen Land geachtet.

Der Baustil entspricht der typischen ländlichen Hausform, die ab der Besiedlung Islands bis Mitte des 20. Jahrhunderts üblich war. Als Baustoff nutzte man Torf, da Holz nur in sehr begrenzter Menge zur Verfügung stand. Treibholz diente als innere tragende Konstruktion, die Außenwände bestanden aus dicken, geschickt gegeneinander aufgebauten Torfschichten. Das von Holzpfosten und den starken Wänden getragene Grasdach musste einen bestimmten Winkel einhalten, um den Regen nach außen abzulenken und dennoch nicht zu schnell auszutrocknen.

Da es auf diese Art schwierig war, große

Räume zu bauen, setzte man einfach viele kleine Häuser nebeneinander und vereinte sie durch Gänge. In Glaumbær verbindet ein 20 Meter langer Gang zehn der insgesamt 13 Räume – die Bewohner mussten das Haus im Winter kaum verlassen. Zur Ausstattung gehörten mehrere Gästezimmer, Arbeits- und Lagerräume, darunter eine Küche sowie ein Raum zum Verarbeiten von Milchprodukten. Eine Schmiede schloss sich nach außen hin an. Die Tiere waren in separaten Ställen untergebracht, die heute aber nicht mehr erhalten sind.

Der größte Raum war der Schlaf- und Arbeitsbereich der Hausbewohner, das Herz des Hofes. Elf Betten für jeweils zwei Personen stehen in dem mit Holz verkleideten Raum, der durch Zwischenwände in drei Bereiche aufgeteilt ist. Die Frauen saßen spinnend und strickend auf ihren Betten auf der Fensterseite, während die Männer Wolle kämmten und Seile aus Rosshaar anfertigten. Ein Esszimmer war nicht vorhanden. Jeder auf seinem Bett sitzend, speiste man gemeinsam im Schlafraum.

Die erste weiße Mutter in Amerika

Glaubt man der Grönland-Saga, einer bedeutenden schriftlichen Quelle aus dem 13. Jahrhundert, wurde der Hof von einem Wikinger namens Þorfinnur Karlsefni Þórðarson gegründet, der durch den Grönlandhandel großen Reichtum erlangt hatte. Zu Þórðarsons Lebzeiten entdeckte Leifur Eriksson das sogenannte Vinland, eine heute nicht genau bestimmbare Region an der Nordküste Amerikas. Dass die Wikinger tatsächlich lange vor Christoph Kolumbus in Amerika gewesen waren, beweisen die Überreste alter Wikingersiedlungen, die man auf der Insel L'Anse aux Meadows in Neufundland gefunden hat.

Auch Þorfinnur wollte das vielversprechende Vinland besuchen und organisierte eine große Expedition, die aus zwei Schiffen mit insgesamt 160 Personen an Bord bestand. Mit dabei war seine Frau Guðríður, die in Vinland ihren Sohn Snorri Þorfinnsson gebar. Dieser gilt heute als der erste in Amerika geborene Europäer. Nach drei Jahren wurde die Siedlung in Neufundland wegen kriegerischer Streitigkeiten der indigenen Bevölkerung aufgegeben. Þorfinnur beschloss, in Island zu siedeln, und so ließ sich seine Familie in Glaumbær nieder. Später unternahm Guðríður eine Pilgerreise nach Rom, eine für eine Frau des 11. Jahrhunderts überaus bemerkenswerte Unternehmung. Nach ihrer Rückkehr aus der Heiligen Stadt wurde sie Nonne und verbrachte ihren Lebensabend in Glaumbær.

TOP ★ ERLEBNISSE

★ DER ALTE PFERDESTALL IN LÝTINGSSTAÐIR

Eine perfekte Ergänzung zum Besuch in Glaumbær ist die Besichtigung des »alten Stalls« auf dem Pferdehof Lýtingsstaðir, 20 Kilometer südlich von Varmahlíð. Ein informativer, 30-minütiger Audioguide (u. a. auf Deutsch) führt durch das Torfgebäude und erklärt die Baugeschichte und Wohnsituation im alten Island. Auch Fans von Islandpferden kommen hier auf ihre Kosten!
www.turf.is

★ WILDWASSER-RAFTING

15 Kilometer südlich von Varmahlíð, im inneren Skagafjörður gelegen, befindet sich in Hafgrímsstaðir der Treffpunkt von »Viking Rafting«. Ein hochqualifiziertes, internationales Team von Wildwasser-Rafting-Spezialisten bietet hier Touren auf dem Gletscherfluss Austari-Jökulsá an. Die Teilnehmenden werden komplett ausgestattet mit wasserdichten Anzügen, um dann in Begleitung eines Guides in einem kleinen Gummiboot über die Stromschnellen zu gleiten. Bei jedem Wetter ein abenteuerliches Erlebnis!
www.vikingrafting.is

WEITERE INFORMATIONEN
www.visitskagafjordur.is

Die Steilküste des östlichen Skagi mit Blick auf den Skagafjörður und die Insel Drangey (oben). In Kálfshamarsvík befinden sich mit die spektakulärsten Basaltsäulen in ganz Island (rechte Seite unten). Die Insel Drangey ist selbst aus der Ferne ein beeindruckender Anblick (rechte Seite oben).

59 NATUR PUR – DIE HALBINSEL SKAGI

Versteckte Schönheiten im kargen Norden

Nördlich von Blönduós und Sauðárkrókur erstreckt sich in Richtung des Polarkreises eine Halbinsel, die von Reisenden oft links liegen gelassen wird. Tatsächlich beeindruckt dieses einsame Fleckchen Island nicht durch weltbekannte Sehenswürdigkeiten, sondern genau wegen seiner Leere, Weite und jener Naturschönheiten, die man manchmal erst auf den zweiten Blick entdeckt.

Skagi bedeutet schlicht »Halbinsel«. Sie ist 50 Kilometer lang und 30 Kilometer breit, im Süden ist sie noch bergig, im Norden läuft sie aber in einer flachen Moorlandschaft aus. Die Witterung ist hier so kalt und windig, so dominiert vom nahen Polarkreis, dass hier gar keine Bäume wachsen können. Die einzige Siedlung, Skagaströnd auf der Westseite der Halbinsel, ist ein kleines Fischerdorf mit etwas über 400 Einwohnern. Der Rest der Gegend ist sehr spärlich besiedelt und von Landflucht geprägt. Der äußerste, flache Norden Skagis zeichnet sich durch wilde Steinküsten voller Treibholz, Lagunen und Seen aus, die zur Vogelbeobachtung einladen. Auf der Ostseite der Halbinsel dominieren die mittig im Skagafjörður gelegene Insel Drangey sowie die Steilküste bei Ketubjörg, hinter der die hohen Berge von Tröllaskagi aufragen. Die bekannteste Attraktion der Halbinsel ist die nördlich von Skagaströnd gelegene Basaltküste von Kálfshamarsvík. In direkter Nähe zu einem weißen Leuchtturm zeugen Tausende filigraner Basaltsäulen von der vulkanischen Vergangenheit der Gegend. Äußerst fotogen liegen sie direkt am Meer und präsentieren sich in unterschiedlichster Form: Mal kerzengerade, mal windschief liegen sie wie Fliesen am Boden oder stehen wie Orgelpfeifen senkrecht empor.

Eisbären aus Grönland

Ab und zu kommt es vor, dass Treibeis aus Ostgrönland ungebetene Besucher mitbringt, die dann oft auf Skagi an Land gehen. Nicht umsonst heißt die Meeresbucht zwischen Strandir und Skagi »Húnaflói«, was »Bucht des Eisbärenjungen« bedeutet. Im Juni 2008 wurden hier gleich zwei Eisbären gesichtet, die leider beide geschossen wurden. Die großen Raubtiere sind nicht per se aggressiv, können aber eine Gefahr für Menschen darstellen. Einen Eisbären zu betäuben und zurück nach Grönland zu fliegen, ist sehr kostspielig, und die Wahrscheinlichkeit ist groß, dass die ausgemergelten Bären die Prozedur nicht überleben. So kommt es, dass ein weiterer Eisbär im Juli 2016 sofort erschossen wurde, als man ihn im Osten von Skagi entdeckte. Es handelt sich bei den majestätischen Bären zwar um eine vom Aussterben bedrohte Tierart, aber wenn das Wohl von Menschenleben auf dem Spiel steht, bleibt wenig Raum für Toleranz.

Uralte Tradition im Verborgenen

An vielen entlegenen Küstenabschnitten im Norden und Westen Islands wird eine alte Tradition am Leben erhalten: das Sammeln von Eiderdaunen. Eiderenten sind arktische Wildvögel, von denen die Weibchen den europäischen Stockenten ähneln, die Erpel jedoch haben zur Balzzeit ein auffälliges schwarz-weißes Federkleid. Die Farmer bewachen die Brutgebiete auf ihren Ländereien, stellen den Enten teils kleine Schutzhäuschen auf und kümmern sich darum, dass ihre Fressfeinde (Polarfüchse, Nerze und große Möwen) nicht in zu großer Anzahl vorkommen. Als Gegenleistung sammeln sie gegen Ende der Brutsaison das Nistmaterial der Enten ein. Eiderentennester bestehen aus Gras und Daunenfedern, welche die Entenweibchen sich selbst ausgezupft haben, um den Eiern einen warmen Untergrund zu schaffen. Nachdem die Daunen aufwendig gesäubert worden sind, werden sie als Luxusware in die ganze Welt verkauft. Eiderdaunen gelten als die wärmsten Federn überhaupt und als äußerst tierfreundlich, schließlich musste kein Vogel dafür sterben oder leiden. Und so kommt es, das 80 Prozent des weltweiten Eiderdaunenangebots aus Island stammen: aus einer Kooperation von Mensch und Tier, von der beide Seiten als Gewinner hervorgehen.

TOP ★ ERLEBNISSE

★ AUSFLUG AUF DIE INSEL DRANGEY

Drangey ist eine unbewohnte Insel in der Mitte des Skagafjörður. Sie ist etwa 20 Hektar groß und Brutplatz unzähliger Meeresvögel. Im Sommer werden täglich geführte Touren hierhin angeboten. Da der 180 Meter hohe Aufstieg steil und anstrengend ist, sind Trittsicherheit und Schwindelfreiheit Voraussetzung! Startpunkt der Touren ist die Stadt Sauðárkrókur im Skagafjörður.
www.drangey.net

★ GRETTISLAUG

15 Kilometer nördlich von Sauðárkrókur, ganz am Ende der Schotterstraße 748, befindet sich auf dem Gelände der Farm Reykir ein von Steinen umfasster warmer Pool namens Grettislaug. Da sich die heiße Quelle auf Privatland befindet, wird eine Eintrittsgebühr erhoben.

★ SPÁKONUHOF – MUSEUM OF PROPHECIES

In Skagaströnd gibt es ein kleines Museum, das sich mit der Wahrsagerin Þórdís beschäftigt, die hier im späten 10. Jahrhundert lebte. Die Ausstellung beinhaltet auch viele interessante Informationen über Wahrsagerei und Kartenlegen.
www.sagatrail.is

WEITERE INFORMATIONEN
www.arcticcoastway.is

Der Leuchtturm bei Kálfshamarsvík liegt im Osten der Halbinsel Skagi.

60 DIE HALBINSEL VATNSNES

Entlang der Seehund-Küste

Die Halbinsel Vatnsnes mag auf den ersten Blick unspektakulär erscheinen, steckt jedoch voller Überraschungen. Auf der 87 Kilometer langen Rundfahrt auf der Schotterstraße 711 sieht man eine Burgruine und unzählige Robben. Übernachtungsmöglichkeit bietet neben einem abenteuerlich geformten Vogelfelsen eine Herberge mit Ausblick auf den Húnaflói.

Rund die Hälfte der 1100 Einwohner der Region Húnaþing Vestra lebt in Hvammstangi, einem kleinen, zweckmäßig gebauten Dorf an der Westseite der bergigen Halbinsel Vatnsnes. Es ist das Dienstleistungszentrum der umliegenden Gebiete und lebt vor allem vom Tourismus sowie einer überraschend hohen Anzahl spezialisierter Kleinbetriebe. So findet man hier etwa Islands größte Wollwarenfabrik, aber auch eine Kunstgewerbegalerie, ein Goldschmiedeatelier und eine Plastiktütenfabrik. Kulturell wartet Hvammstangi mit dem Handelsmuseum Verslunarminjarsafnið sowie dem Seehundzentrum »Selasetrið – Seals and Sagas« auf, das gleichzeitig als Touristeninformation fungiert.

Tierische Attraktionen

In Richtung der Grönlandsee gelegen, kommen im Húnaflói, der »Bucht der Eisbärenjungen«, immer wieder Eisbären auf Eisschollen an Land. Seit der ersten Sichtung im Jahr 890 weiß man von über 500 Eisbären, die Island erreichten. Der vorerst letzte Vertreter seiner Art wurde im Juli 2016 tatsächlich hier bei Skaga im Húnaflói erlegt!
Die eigentlichen und wesentlich ungefährlicheren Wahrzeichen des Húnaflói sind jedoch die Robben, die sich bei Ebbe an den Stränden und auf den Sandbänken unmittelbar vor der Küste tummeln. Es handelt sich hierbei um Kegelrobben und Seehunde, deren Bestand in den letzten Jahrzehnten

Schon allein die grandiose Aussicht lohnt den Aufstieg nach Borgarvirki (unten). Wie ein gehörnter Elefant steht der Felsen Hvítserkur unmittelbar vor der Küste (rechte Seite oben). Die Erdhügel Vatnsdalshólar sind ein sonderbarer Anblick direkt an der Ringstraße gelegen (rechte Seite unten).

leider rückläufig ist. Die Tiere sind scheu und reagieren negativ auf laute Rufe und schnelle Bewegungen: weshalb man sich als Besucher ruhig verhalten und sie nur aus der Ferne beobachten sollte. In der Nähe von Robben gilt Drohnenflugverbot: die scheuen Raubtiere flüchten auch bei Annäherung aus der Luft schnell ins Wasser!

Zur rücksichtsvollen Beobachtung eignen sich am besten die Orte Illugastaðir (im Westen von Vatnsnes), und Hvítserkur / Ósar. Weitere und jederzeit aktuelle Informationen liefert das Seehundzentrum »Selasetrið« in Hvammstangi.

Im Nordosten der kleinen Halbinsel Vatnsnes preist das hiesige Hostel Ósar völlig zu Recht seine fantastische Aussicht an. An kaum einem anderen Ort auf Island hat man direkt aus seinem Schlafzimmer einen solch unverstellten Blick auf die Mittsommersonne, die zu Sonnenaufgang tiefrot über dem stillen Fjord steht und das Meer in warme Farben taucht.

Vogelfelsen und Burgen

An der Ostseite von Vatnsnes ragt der 15 Meter hohe Vogelfelsen Hvítserkur vor der Kulisse der entfernten Berge von Skagaströnd aus dem Meer. Der seltsam geformte Basaltfelsen steht unweit der Steilküste und wurde von der Brandung an zwei Stellen ausgehöhlt. Seine Form erinnert an einen Elefanten oder einen Dinosaurier und ist eines der beliebtesten Fotomotive der Region.

Entlang der Straße 711 zeugen immer wieder verlassene, oft völlig verfallene Bauernhöfe von der Landflucht aus der Region. Seit dem industriellen Aufschwung Islands, der nach dem Zweiten Weltkrieg begann, zieht es besonders die junge Generation vermehrt in den Großraum Reykjavík. Deshalb gehören Hausruinen in vielen Landesteilen mittlerweile zum normalen Bild.

Im Osten der Halbinsel führt die Piste 717 zu einer der wenigen Festungsanlagen Islands. Um diese als solche zu erkennen, bedarf es allerdings einiger Fantasie. Borgarvirki ist ein 177 Meter hohes natürliches Bollwerk aus Basalt, das von 10 Meter hohen, steil aufragenden Basaltsäulen gekrönt wird. Innen weist es eine sechs Meter tiefe Senke auf. Hier befinden sich die Überreste zweier Häuser und eines Brunnens aus der Besiedlungszeit. Unmittelbar nach dem Zweiten Weltkrieg wurden die fast völlig zerfallenen Mauern rekonstruiert. Heute kann man nach einem kurzen Spaziergang die bis zu zwei Meter hohe Befestigungsmauer besichtigen und durch ein Tor in den Innenbereich der Anlage gelangen.

TOP ★ ERLEBNISSE

★ ERDKEGEL VATNSDALSHÓLAR

Südlich der Kirche von Þingeyri fällt direkt an der Ringstraße eine Ansammlung von Erdhügeln auf. Fünf Quadratkilometer bedecken diese merkwürdigen, Vatnsdalshólar genannten Kegel aus Erde und Geröll. Man vermutet, dass sie mehreren Erdrutschen aus dem Berg Vatnsdalsfjall entstammen, die sich über die Reste der Eiszeitgletscher ausbreiteten. Als das Eis unregelmäßig schmolz, sank die darüber liegende Erd- und Geröllschicht trichterförmig ab und blieben später kegelförmige Erdhügel zurück.

★ KOLUGLJÚFUR CANYON

Auf der südlichen Seite der Ringstraße erreicht man nach etwa 10 Minuten Autofahrt einen unscheinbaren kleinen Parkplatz. Von dort aus erhält man über kleine Brücke Einsicht in einen versteckten Canyon, in welchem sich unzählige Wasserfälle befinden, die Kolufossar. Diese können über einen Wanderweg entlang der kleinen Schlucht erkundet werden.

WEITERE INFORMATIONEN
www.visithunathing.is

DER WESTEN

Im Reich der grünen Fjorde

Typisch für die Westfjorde sind hohe Tafelberge, die steil ins Meer abfallen: so etwa bei Drífandisbjarg auf Hornstrandir (links). Die bunte Stadt Stykkishólmur ist ein weiteres attraktives Ziel (oben). In den größten Seevogelkolonien der Insel sieht man auch Dreizehenmöven (unten).

In der alten Heringsfabrik in Djúpavík befindet sich heute eine Ausstellung über die Geschichte des kleinen Ortes (oben). Treibholz findet sich an Strandirs Küsten überall: im Süden des Bjarnarfjörður gar in Form von Skulpturen (rechte Seite unten). Den allgegenwärtigen Schafen ist im Sauðfjársetur bei Hólmavík ein eigenes Museum gewidmet (rechte Seite oben).

61 ISLANDS EINSAME KÜSTE – STRANDIR

Hexen, heiße Pools und eine Heringsfabrik

Strandir gehört zu den abgelegensten Gegenden Islands. Das Fahren auf den schmalen Schotterstraßen ist gewöhnungsbedürftig und das Wetter oft schlecht – und doch lohnt es sich, die im 17. Jahrhundert durch Hexenverfolgungen in Verruf geratene Region zu erkunden. An der einsamen Küste finden sich Strände voller Treibholz, ein Schwimmbad mit Meerblick und die Ruine einer alten Heringsfabrik, die heute viel Platz für Kunstausstellungen bietet.

Gerade einmal 800 Menschen leben in Strandir, dieser östlichen Küstenregion der Westfjorde. Sie bewohnen eine Fläche viermal so groß wie Berlin. Wer die Einsamkeit sucht, wird hier knapp unterhalb des Polarkreises fündig! Dem Besucher weht oft ein kräftiger Wind entgegen, und die Autotür zu öffnen oder alternativ nicht zu verlieren, kann zu einer Herausforderung werden. Strandir heißt übersetzt schlicht und ergreifend »Strände«, und tatsächlich reiht sich hier Bucht an Bucht. Unmengen von Treibholz, ausgebleicht durch die jahrelange Reise mit dem Grönlandstrom von Sibirien nach Island, stapeln sich an den Stränden. Früher war dieser kostenlose Rohstoff heiß begehrt, denn selbst vor dem Kahlschlag der ersten Siedler waren die in Island wachsenden Bäume niemals so groß wie die Stämme des weit gereisten Treibholzes.

Laubwald am Polarkreis

Der Bezirk Strandir erstreckt sich von der Ringstraße im südlichen Hrútafjörður bis zum Reykjafjörður nördlich des Gletschers Drangajökull. Der südliche Teil ist über eine Teerstraße erreichbar, bald aber geht es nur noch auf einer Schotterstraße weiter, die auf der Halbinsel Munaðarnes endet. Für den von Süden aus kommenden Reisenden beginnt die Strandir-Entdeckungsreise kurz vor Hólmavík in der Schlucht Húsavíkurkleif. Dort fand der Deutsche Mineraloge Gustav Winkler im Jahr 1863 Pflanzenversteinerungen: Vor rund zehn Millionen Jahren wuchs hier ein Laubwald! Die Ablagerung von Kohle belegt ein deutlich wärmeres Klima als heute, denn Island befand sich damals in weit südlicheren Gefilden. In Hólmavík angekommen lohnt es sich, den Autotank zu füllen, die Vorräte aufzustocken und vielleicht noch eine sündhaft teure Pizza im Café Riis zu genießen. Dann beginnt die Fahrt nach Norden, entlang Islands einsamer Küste.

Ein Freibad am Ende der Welt

Am Steingrimsfjörður entlang führt die Straße nach Drangsnes. Im Sommer halten sich Buckelwale im Fjord auf, und mit ein bisschen Glück wird man Zeuge, wie sich einer der grauen Riesen wie ein übergewichtiger Zirkusakrobat aus der Tiefe des Fjords in den Himmel schraubt. In Drangsnes lohnt ein kurzer Stopp, denn an der Durchgangsstraße befinden sich heiße Pools direkt am Meer. Weiter führt die Straße an der Kaldrananeskirkja vorbei und trifft schließlich auf die Straße 643, eine der schönsten Sackgassen Islands. Gut 80 Kilometer schlängelt sich der Strandavegur Richtung Norden. Nach kurzer Fahrt erreicht man die Bucht Kaldbaksvík. Das Landnámabók berichtet, dass der Siedler Önundur Ófeigsson hier seinen Hof gegründet hat. Imposant ragt das 525 Meter hohe Kaldbakshorn über der Bucht auf. In Djúpavik lohnt ein längerer Stopp. Unterhalb eines Wasserfalls liegt eine alte Heringsfabrik, die bereits 1954 ihre Produktion einstellte, weil die Heringsschwärme ausblieben. 1985 wurde »die tiefe Bucht« Djúpavík wiederentdeckt, und ein Arbeiterinnenhaus der Fabrik wurde zum Hotel umgebaut. Die Fabrik selbst wird heute für wechselnde internationale Kunstausstellungen genutzt. 2007 gab die isländische Kultband Sigur Rós ein Konzert in einem der verfallenen Wassertanks, verewigt im empfehlenswerten Dokumentarfilm »Heima«, »Heimat«. Von Djúpavik windet sich die Straße um den Reykjarfjörður, vorbei an einsamen Höfen bis nach Krossnes. Hier, quasi am Ende der Welt, liegt das Freibad Krossneslaug. Mit Blick über das Meer können die Badegäste hier wunderbar entspannen – besonders im chronisch schlechten Wetter des kargen Nordwestens!

TOP ★ ERLEBNISSE

★ MAGIE UND HEXEREI

In Hólmavík veranschaulicht ein kleines Museum die Geschichte der Hexenverfolgung im 17. Jahrhundert und widmet sich auch Aspekten der Magie. Eine ungewöhnliche Ausstellung, die allerdings sehr passend ist für diese Gegend mit dem zweifelhaften Ruf, »Heimat der List« zu sein. www.galdrasyning.is

★ MUSEUM FÜR SCHAFZUCHT

In Island leben mehr Schafe als Menschen. Was liegt also näher, als dem robusten, kältetoleranten Islandschaf ein Museum zu widmen? Im »Sauðfjársetur« oder auf Englisch »Sheep Farming Museum« erfährt der Besucher alles über die isländischen Schafe. Die Ausstellung ist komplett auf Isländisch, aber vor Ort wird einem gerne mit einer Broschüre und sogar einer Führung in englischer Sprache geholfen.

★ TREIBHOLZ

Ganz im Süden des Bjarnarfjörður, kurz nachdem die Straße 645 von Drangsnes Richtung Kaldrananes nach Nordwesten abknickt, befindet sich eine kleine Bucht mit Treibholzskulpturen. Sehenswert!

WEITERE INFORMATIONEN
www.westfjords.is

62 GRÜNE LANDSCHAFTEN – DIE WESTFJORDE

Unterwegs auf einsamen Küstenstraßen

Die Westfjorde gehören zu den ältesten und einsamsten Gegenden Islands. Auch wenn sich hier deutlich weniger Besucher einfinden als in anderen Landesteilen, ist der Tourismus doch auch hier eine wichtige Haupteinnahmequelle geworden. Wer hierherkommt, sollte mindestens drei bis vier Tage Zeit mitbringen.

Die Natur der Westfjorde ist wild, unwirtlich – und atemberaubend schön! Wechselhaftes Wetter prägt die grünen Fjorde, deren Straßen im Winter tagelang gesperrt sein können. Die Lebensader der Region ist dann der einzige größere Flughafen in Ísafjörður, der Hauptstadt der Westfjorde. Dort landen ganzjährig kleine Propellermaschinen aus anderen Landesteilen. Im Sommer werden einige Strecken entlang der Westfjorde dreimal in der Woche von Bussen angesteuert. Die sich an Ufern und über Bergpässe hinweg schlängelnden Teer- und Schotterstraßen sind im Sommer mit einem normalen PKW gut zu befahren; man muss allerdings Zeit mitbringen.

In Sichtweite zu Bólungarvík liegt das kleine Freilichtmuseum Ósvör.

Wer mit einem Mietwagen unterwegs ist, sollte vorher sicherstellen, dass die Straßen alle geöffnet sind, eine Steinschlagversicherung vorliegt und bis zur nächsten Tankstelle immer genug Benzin im Tank ist!

Scharfe Kurven, schroffe Felsen

Aus Nordisland kommend, verlässt man die Ringstraße südlich von Laugarbakki und folgt der Straße 68 in Richtung Ísafjörður. Die Route windet sich entlang der südlichen Strandir (siehe Kapitel 61) und vieler tief eingeschnittener Fjorde, weshalb die reine Fahrzeit von der Ringstraße bis Ísafjörður etwa viereinhalb Stunden beträgt. Die größte Stadt der Westfjorde ist Ausgangspunkt für Boots- und Wandertouren in das Naturreservat Hornstrandir (siehe Kapitel 63). Wer Ísafjörður auf der Straße 60 Richtung Süden verlässt, erreicht nach 80 Kilometern den Dynjandi-Wasserfall. Will

Typisch Westfjorde: einsame Bauernhöfe vor steil abfallenden Tafelbergen

man von dort aus weiter zum westlichsten Punkt Europas, nach Látrabjarg, folgt man den Straßen 63 und 612. Sie führen im für die Westfjorde typischen Zickzack in drei Stunden Fahrzeit zum inzwischen unter Naturschutz stehenden Vogelfelsen. Lohnenswert ist ein Ausflug zum »Roten Strand« Rauðisandur (Kapitel 65). Die Stichstraßen nach Látrabjarg (612) und Rauðisandur (614) sind wahre Holperstrecken, für normale PKWs aber vorsichtig befahrbar.

Island im Kleinformat

Von Brjánslækur aus setzt die Auto- und Personenfähre »Baldur« im Hochsommer zweimal täglich nach Stykkishólmur auf Snæfellsnes über. Mit der Überfahrt spart man sich 370 Straßenkilometer und hat die Gelegenheit, die Schärenlandschaft des Breiðafjörður zu erleben. Der Zwischenstopp auf der Insel Flatey ist aber nur jenen möglich, die kein Auto dabeihaben, denn diese kleine Insel ist straßen- und autofrei! Von Stykkishólmur aus folgt man den Straßen 54 und später 574 um die Halbinsel Snæfellsnes zu ihren vielen malerischen Orten und Attraktionen. Die Halbinsel gilt als »Island im Kleinformat« und kann wunderbar im Rahmen eines ein- bis zweitägigen Ausflugs erkundet werden (siehe Kapitel 71 bis 74).

Entfernungen: Ringstraße bei Laugarbakki–Brjánslækur: ca. 650 Kilometer
Info: www.westfjords.is

Im warmen Abendlicht lässt sich in den Kaskaden des Dynjandi ein Regenbogen erahnen.

TOP ★ ERLEBNISSE

★ SEEFAHRTSMUSEUM ÓSVÖR

Beim »Maritime Museum Ósvör« bei Bolungarvík handelt es sich um liebevoll restaurierte Torf-Fischerhütten aus den Tagen der Ruderboot-Küstenfischerei. Ein Besuch ist höchst interessant und bietet tolle Fotomotive! www.osvor.is

★ DYNANDI – KUNSTWERK DER NATUR

Der schönste und mächtigste Wasserfall der Westfjorde bietet auf einer etwa eineinhalbstündigen, einfachen Wanderung schier endlose Fotomotive! Weitere Infos: siehe Kapitel 66.

★ EINSPURIGE TUNNEL

Es mag eine seltsame Attraktion sein, doch die Tunnel in den Westfjorden haben es in sich! Die älteren Tunnel sind oft nur einspurig gebaut, mit regelmäßig angelegten Haltebuchten, um dem Gegenverkehr auszuweichen. Da wird das Autofahren plötzlich zum Abenteuer!

★ FLATEY – FLACHE INSEL MIT GESCHICHTE

Auf der Fährpassage von Brjánslækur nach Stykkishólmur legt die Fähre Baldur auch auf der Insel Flatey an. Diese größte Insel im Breiðafjörður ist nicht nur berühmt für ihr Vogelleben und ihre mittelalterlichen Handschriften, sondern diente auch als Kulisse für die Fernsehserie »Nonni und Manni«.

★ LANDNAHMEZENTRUM IN BORGARNES

Auf der Rückreise nach Reykjavík passiert man die Stadt Borgarnes. In einem der ältesten Häuser befindet sich das preisgekrönte »Settlement Center«. Hier kann man in die Zeit der Besiedlung Islands eintauchen und die berühmte Egilssaga nacherleben, die ihren Schauplatz im Borgarfjörður hatte. Unbedingt den deutschsprachigen Audioguide buchen! www.landnam.is

63 DAS NATURRESERVAT HORNSTRANDIR

Überlebenskampf im Paradies

Die Halbinsel Hornstrandir liegt weit abgelegen im äußersten Nordwesten Islands. 455 Straßenkilometer oder ein ökologisch fragwürdiger Inlandsflug liegen zwischen Reykjavík und der nächstgelegenen Stadt Ísafjörður, der Bezirkshauptstadt der Westfjorde. Von dort fährt ein kleines Familienunternehmen eine stetig wachsende Anzahl Wildnishungriger per Boot nach Hornstrandir, das sich in den letzten Jahren vom Geheimtipp zum beliebten Wanderparadies entwickelt hat.

Unmittelbar unterhalb des Polarkreises liegen 580 Quadratkilometer unbewohntes Land mit tiefen Fjorden, deren bis zu 530 Meter hohe Steilklippen senkrecht ins Meer abfallen. Entlang der Buchten blühen unzählige Wildblumen und auf den Stränden stapelt sich angeschwemmtes Treibholz. Vegetationsarme Hochebenen überragen die saftig-grünen Täler, an deren Flanken sich selbst im Spätsommer noch Altschneefelder klammern. Statt Zivilisationslärm erfüllen das Rauschen der Brandung und die Schreie unzähliger Seevögel die Luft, während struppige Polarfüchse die Reisenden wachsam beobachten. Wer hier hochkommt, muss Zeit mitbringen. Und wenn das Wetter mitspielt, ist Hornstrandir ein romantischer Trekkingtraum.

Pflanzen- und Tierparadies

Seit das Gebiet 1975 unter Schutz gestellt wurde, kann sich die Natur hier fast ohne menschlichen Einfluss entwickeln. Der fehlenden Beweidung ist es zu verdanken, dass die Flora wesentlich vielfältiger ausgeprägt ist als in anderen Landesteilen. Ungewöhnlicherweise durchmischen sich hier Pflanzengesellschaften aus dem Hoch- und Mittelgebirge

Tiefe Wolken kündigen bei Furufjörður Regen an (unten). Saftige Wiesen und Hochmoore, wie hier bei Hornbjarg, werden vom wechselhaften Wetter in immer neues Licht getaucht (rechte Seite).

Auch dies ist Hornstrandir: Wanderungen entlang einsamer Strände (oben). Polarfüchse können hier sehr zutraulich sein (unten). Die Steilküsten des Naturschutzgebietes sind spektakulär (rechte Seite oben). Im Ärztehaus in Hesteyri befindet sich heutzutage ein kleines Café mit Übernachtungsmöglichkeit (rechte Seite unten).

sowie aus dem Flachland. Trotz der kurzen Wachstumsperiode und der langen, schneereichen Winter findet der aufmerksame Pflanzenfreund hier auf kleinstem Raum und Seite an Seite Rosenwurz, Wald-Storchschnabel, Arktisches Weidenröschen, Westliche Kuckucksblume (eine Orchideenart), Weiße Silberwurz, Thymian und Arktischen Mohn. Nicht minder beeindruckend ist die Tierwelt der Region. Polarfüchse siedeln in jedem Fjord und sind dank der fehlenden Bejagung sehr zutraulich. An den steilen Felsen nisten Abertausende von Seevögeln, und auch die Moore, Täler und Buchten beheimaten Dutzende von Zugvogel- und Insektenarten.

Überlebenskampf am Polarkreis

Außerhalb der kurzen Sommermonate ist Hornstrandir jedoch alles andere als paradiesisch. Ungebremst weht der stetig kalte Wind durch die waldlosen Fjorde, die Gipfel der schroffen Berge sind wahre Wolkenfänger. Hier oben am Polarkreis ist man den Elementen schutzlos ausgeliefert. Umso erstaunlicher scheint es, dass das Gebiet mehrere Jahrhunderte lang besiedelt war. In den Zeiten der großen Heringsfischerei im 19. Jahrhundert zählten Orte wie Hesteyri zeitweise über hundert Bewohner. Auch in der Bucht Aðalvík lebten über 200 Menschen von der Fischerei und der Landwirtschaft. Als Mitte des 20. Jahrhunderts jedoch der Hering ausblieb, wurde Hornstrandir verlassen. Die Menschen hatten ihre Arbeit verloren, und die Lebensumstände waren einfach zu widrig, um weiter hier oben auszuharren. Das mussten auch die Siedler anderer Nationen einsehen, die sich kurzzeitig in dem Gebiet niederließen. Norweger betrieben bei Hesteyri von 1894 bis 1915 eine Walfangstation, und Briten bauten dort 1942 einen Geschützturm, der sofort nach Ende des Krieges aufgegeben wurde. Auf dem Straumsnesfjall bei Aðalvík begannen die Amerikaner im Jahr 1953 mit dem Bau einer Radarstation. Mühevoll erschlossen sie den Berg mit einer gut befestigten Straße und bauten sogar einen Flugplatz. Jedoch gaben sie die Anlage kurz nach ihrer Fertigstellung auf.

Abenteuer Wandern

Heute jagt der Wind ungestört durch die Ruinen; die Natur holt sich allmählich zurück, was der Mensch ihr mühsam abgetrotzt hat. Einige Gebäude wurden jedoch erhalten und zu Sommerhäusern umfunktioniert. Mit entsprechender Planung kann man nun von Fjord zu Fjord wandern, in den historischen Häusern übernachten und sich sein Gepäck mit dem Boot nachbringen lassen. Diese Luxusvariante des Wanderns ist insbesondere unter Isländern beliebt, die etwa die Hälfte der Besucher ausmachen.

Die meisten Touristen aber ziehen es vor, die Wildnis Hornstrandirs auch »wild« zu erleben, mit schwerem Gepäck auf dem Rücken und in Zelten. Nirgendwo sonst kann man in Island in Küstennähe tagelang wandern, ohne auf Zivilisation zu treffen! Doch der Traum der Abgeschiedenheit hat sich schon für so manchen Abenteuerlustigen zum Albtraum entwickelt, zu unvorhersehbar ist das Wetter, zu schnell überschätzen Ortsunkundige ihre Fähigkeiten. Jón Björnsson, der seit Jahren als Ranger im Park arbeitet und in Ísafjörður aufwuchs, hat hier schon einige Menschenleben gerettet und völlig verzweifelte Wanderer aufgefunden, die sich im Nebel verirrt, an steilen Berghängen überschätzt oder schlicht die letzte Fähre der Saison verpasst hatten.
Auch wenn Hornstrandir sich wachsender Beliebtheit erfreut, so ist man hier immer noch wirklich auf sich allein gestellt und kann sich nicht darauf verlassen, unterwegs Menschen zu treffen. Zu den Mindestvoraussetzungen zählt deshalb, dass man seine Reisepläne bei den Bootsunternehmen und der Internetpräsenz www.safetravel.is hinterlässt, Karten lesen kann und seine Wanderplanung dem Wetter anpasst. Auch ist es dringend zu empfehlen, Ruhetage einzuplanen. Blitzschnell kann hier so dichter Nebel aufziehen, dass man ohne eine genaue GPS-Route zum tagelangen Warten im Zelt verdammt ist. Schlechtes Wetter ist in Hornstrandir an der Tagesordnung, dessen muss jeder Besucher sich bewusst sein!

Ehrensache Naturschutz

Generell gelten auf Hornstrandir, wie eigentlich in allen Gegenden Islands, die ungeschriebenen Regeln des sanften Tourismus. Aller Müll muss mitgenommen und es sollten möglichst keinerlei Spuren hinterlassen werden, auch und besonders nicht auf den Zeltplätzen. Lagerfeuer sind überall untersagt, auch die beliebten Treibholzfeuer an den Stränden. Zwei Ranger wandern durch den Park, suchen das Gespräch mit den Wanderern und achten darauf, dass die Umwelt pfleglich behandelt wird. Dies ist notwendig, weil die Besucherzahlen und damit auch die Belastung der sensiblen arktischen Natur ständig wachsen. Inzwischen besuchen mehr als 8000 Menschen jährlich die Halbinsel. Aber auch, wenn man sich eine Bucht mit anderen Campern teilen muss, wähnt man sich oft noch gänzlich allein. Da es keine standardisierten Wege gibt, trifft man andere Wanderer meist nur einmal. Die vielen Fjorde und Pässe bieten genügend Möglichkeiten für individuelle Touren fast beliebiger Länge.

TOP ★ ERLEBNISSE

★ ANREISE NACH HORNSTRANDIR

Die beiden kleinen Fährunternehmen Sjóferðir und Borea Adventures bieten im Sommer Shuttle-Services von Ísafjörður nach Hornstrandir an. Einige Buchten werden täglich angefahren, andere nur wenige Male die Woche. Auch geführte Touren sind möglich, für all jene, die auf einer Tages- oder Mehrtagestour durch die arktische Wildnis doch lieber auf einen Guide zurückgreifen möchten.
www.westtours.is

★ DAS ÄRZTEHAUS IN HESTEYRI

Die einzige Dienstleistung in Hornstrandir befindet sich im alten Ärztehaus in Hesteyri. Die Besitzer des heutigen Sommerhauses haben für Wanderer geöffnet und bieten jederzeit Pfannkuchen, leichtes Essen und warme Getränke an. Außerdem ist es möglich, hier in einer Schlafsackunterkunft zu übernachten, dies sollte aber lange im Voraus organisiert werden. Hesteyri ist die am meisten frequentierte Fähr-Haltestelle; die meisten Wanderer kommen hier zu Beginn oder am Ende ihrer Reise vorbei.
www.hesteyri.net

WEITERE INFORMATIONEN
www.westfjords.is

Die kindlich-naiv anmutenden Skulpturen Samúel Jónssons sind liebevoll restauriert worden (oben). Auch die angrenzende kleine Kirche ist eigenhändig von dem dann sehr betagten Künstler geschaffen worden (rechte Seite unten). Das Monstermuseum in Bildudalur sticht ebenfalls durch künstlerische Interpretationen hervor (rechte Seite oben).

64 SELÁRDALUR AM ARNARFJÖRÐUR

Vom Künstler mit dem Kinderherzen

Selárdalur, das »Tal der Seehunde«, liegt abseits aller Touristenrouten. Wer sich die Zeit nimmt und die 26 Kilometer Schotterpiste 619 von Bíldudalur bis fast ans Ende des Arnarfjörður nicht scheut, wird mit einem besonderen Kunsterlebnis belohnt. Der Bauer Samúel Jónsson schuf auf dem Hof Brautarholt in seinen letzten Lebensjahren eigenwillige, naiv anmutende Skulpturen und architektonische Absonderlichkeiten.

Samúel Jónsson war ein armer Bauer aus den Westfjorden, die er zeit seines Lebens nie verließ. Nur wenige Jahre war es ihm vergönnt, eine Schule zu besuchen. Als seine Mutter starb, musste er für einen Priester arbeiten, der ihn sehr schlecht behandelte. 20 Jahre lebte und arbeitete er mit seiner Frau Salóme als Fjordbauer im Krossadalur. Die drei Kinder starben früh. Nach einem entbehrungsreichen Leben kam Jónsson 1948 auf den Hof Brautarholt im Selárdalur. Damals war er schon 65 Jahre alt. Seine Frau war gestorben, und so verschrieb er sich bis zu seinem Tod im Jahr 1969 allein der Kunst.

Kunst als Lebenselixier

Wie aus einem inneren Zwang heraus und mit großer Hingabe erfüllte er sich seinen ganz persönlichen Lebenstraum. Er arbeitete vor allem als Bildhauer und Architekt. Ein Autodidakt, der von Zeitgenossen oft genug belächelt wurde. Als alter Mann baute er in mühseliger Handarbeit ohne Maschinen, Strom, Arbeitstiere oder fließendes Wasser nicht nur den Brunnen der Alhambra nach, sondern schuf einen ganzen Skulpturengarten. Motive für seine Betonplastiken lieferte ihm die Natur, die ihn umgab. Vor seinem einstigen Wohnhaus finden sich steinerne

Seehunde, ein Seepferdchen, ein Walross und eine Schwanenfamilie. Auch dem isländischen Amerika-Entdecker Leifur Eiríksson widmete er eine Statue. Ohne großen Erfolg versuchte sich Samúel Jónsson als Maler. Als die Kirche von Selárdalur ein Altarbild von ihm ablehnte, das er ihr zum 100-jährigen Jubiläum schenken wollte, entschied er sich, im Alleingang seine eigene Kirche zu errichten. Damals war er bereits 81 Jahre alt. Da er in seinen letzten Lebensjahren langsam erblindete, legte er sich einen Pfad aus weiß leuchtenden Muscheln zum Strand, um weiterhin Sand für seine Betonbauten holen zu können. Lebensmittel besorgte er zu Fuß im 30 Kilometer entfernten Tálknafjörður. Samúel Jónsson starb in einem Altersheim in Patreksfjörður.

Samúels Vermächtnis

Lange Jahre waren Jónssons Kunstwerke und Gebäude dem Verfall preisgegeben, denn wie überall in den Westfjorden sahen die Menschen auch im Tal von Selárdalur keine Perspektive mehr. Die meisten Landflüchtigen gingen nach Reykjavík, und das Werk des Kunst schaffenden Bauern geriet in Vergessenheit. Der Wind und die erbarmungslosen arktischen Winter setzten Samúel Jónssons künstlerischem Erbe zu. Erst mit dem deutschen Bildhauer und Waldorfschullehrer Gerhard König aus Schopfheim kam die Wende. König beschreibt, dass er 1996 in Brautarholt nur noch ein »Schlachtfeld« vorfand. Zudem waren die meisten kleineren Kunstwerke entwendet worden. Zusammen mit vielen Helfern widmete sich der Deutsche in den Folgejahren mit großem Einsatz dem Wiederaufbau und der Restaurierung Brautarholts. Jónssons Hof steht inzwischen für Erlebnispädagogik am Ende der Welt. Seit Jahren organisiert Gerhard König im Sommer Workcamps für Jugendliche und begeistert sie für Samúels Vermächtnis. Ein ganz besonderer Ort der Begegnung ist entstanden. Konzerte und Ausstellungen werden organisiert, und am Wochenende pilgern Isländer in den Arnarfjörður, um sich Samúels Werk erklären zu lassen. Islands bekannteste Band, Sigur Rós, nahm hier einen Titel für den Film »Heima« auf.
Gerhard König freut sich über die wachsende Aufmerksamkeit. Er hat dafür gesorgt, dass Samúel Jónsson, der »Künstler mit dem Herz eines Kindes«, wie er genannt wurde, nicht in Vergessenheit geraten wird.

TOP ★ ERLEBNISSE

★ ZUM GRUSELN: DAS MEERMONSTERMUSEUM

Auf alten Islandkarten treiben sie ihr Unwesen; in Bíldudalur hat man ihnen ein Museum gewidmet: den Meermonstern und Seeungeheuern. Und das zu Recht, denn wenn es eine Gegend in Island gibt, in der sie sich heimisch fühlen, dann ist es, wenn man den Augenzeugenberichten Glauben schenken darf, der Arnarfjörður. Das mit teils gruseligen Artefakten bestückte Museum besitzt auch ein garantiert monsterfreies Café. www.skrimsli.is

★ AUSGRABUNGSSTÄTTE AM FJORD

In Hringsdalkumlið, an der Straße von Bíldudalur nach Selárdalur direkt am Fjordufer gelegen, wurden zwischen 2006 und 2008 fünf heidnische Gräber mit Grabbeigaben und die Überreste eines Bootes aus dem 10. Jahrhundert gefunden. Informationstafeln und Steine markieren den Ort.

★ SCHWIMMBAD MIT FJORDBLICK

An der Straße 63 Richtung Reykjarfjörður befindet sich 14 Kilometer hinter Bíldudalur der kleine, aber feine Wasserfall Fossá. Weiter auf dem Bíldudalsvegur lockt kurz vor Reykjarfjörður das Schwimmbad Reykjafjarðarlaug.

65 LÁTRABJARG UND RAUÐISANDUR

Die Westspitze Europas

Die südlichste Landzunge der Westfjorde bietet zahlreiche Attraktionen. Charakteristisch für die Region sind lange leuchtend rot-gelbe Sandstrände, von denen der malerische Rauðisandur der bekannteste ist. Die unumstrittenen Stars der Steilklippen von Látrabjarg sind die Papageitaucher. Sie brüten dort zu Tausenden und lassen neugierige Besucher nah an sich herankommen.

Zu den südlichen Westfjorden führt eine lange Anreise. Spätestens am Endpunkt der Autofähre von Stykkishólmur nach Brjánslækur beginnt das unausweichliche Umkurven der vielen tief eingeschnittenen Täler und Buchten. Vor dem kleinen Ort Patreksfjörður biegt die Stichstraße 612 nach Westen ab. Über mehrere Seitenpisten erschließt sie kleine abgeschiedene Buchten. Eine davon kann über die Schotterstraße 614 erreicht werden. In abenteuerlich steilen Serpentinen windet sich der Pfad zur südlichen Küste hinab. Schon von oben sieht man die Landmarke, die dem Ort seinen Namen gab: Rauðisandur bedeutet übersetzt »Roter Strand«. Der für Island ungewöhnlich helle Sandstrand erstreckt sich über die ganze Länge der Bucht und wäre ideal zum Baden, wenn das Meer hier nur ein paar Grad wärmer wäre. Die meisten Besucher begnügen sich jedoch damit, am Meer entlangzuwandern und die besondere Atmosphäre der traumhaften Landschaft zu genießen. Ihre für die Vulkaninsel ungewöhnliche rot-gelbe Färbung verdanken die Strände des Westens übrigens vorgelagerten Muschelkolonien.

Am westlichsten Kap von Island

Nach mehreren Kilometern Fahrt erreicht man Kap Bjargtangar. Es ist der westlichste Punkt Islands und damit – abgesehen von einigen kleineren Inseln – auch der westlichste Punkt Europas. Klar, dass der im Jahr

An den Klippen von Látrabjarg brüten Papageitaucher direkt am Abgrund (unten). Einsam steht bei Rauðisandur eine kleine hübsche Kirche (rechte Seite oben). Das Schiff »Garðar« wurde im Patreksfjörður absichtlich auf Grund gelaufen und ist heute ein beliebtes Fotomotiv (rechte Seite unten).

1948 erbaute zweigeschossige Leuchtturm Bargtangarviti dann auch den Titel »Westlichstes Gebäude Europas« tragen muss! Ein Schild informiert über die Gegend, und etwas außerhalb gibt es einen einfachen Campingplatz. Vom Kap aus erstreckt sich der Küstenabschnitt Látrabjarg 14 Kilometer gen Osten. Ideale Nistbedingungen machen das Kliff zu einem der größten Vogelfelsen der Welt. Beim genauen Blick auf die bis zu 450 Meter hohe Steilküste erkennt man, dass sich die Felsen aus unzähligen Schichten zusammensetzen. Sie bestehen aus 13 bis 14 Millionen Jahre alten Lavaströmen und verbrannten Erdschichten, die sich im Lauf der Zeit aufeinanderlegten. Es sind die ältesten Gesteinsschichten Islands!

Dieses Wechselspiel aus harten Laven und weicheren Zwischenschichten bietet den Seevögeln unzählige Lande- und Brutplätze, schützende Überhänge und weniger steile Geröllhänge. Zahlreiche Vogelarten brüten hier Seite an Seite, unter anderem lebt hier die größte Tordalkenkolonie der Welt. Auch Papageitaucher gibt es zu Tausenden, im Gegensatz zu den Populationen im Süden und Osten Islands ist deren Bestand hier weiterhin stabil. Die drolligen Vögel sind die Lieblinge der Besucher. Neugierig beobachten sie das Treiben der Menschen am grasbewachsenen Kliff, bevor sie ihre kleinen Stummelflügel ausbreiten und sich den Winden anvertrauen.

Leben am Abgrund

Die reiche Vogelwelt an der Westküste Islands war schon früher das wichtigste Standbein der umliegenden Farmen. Mehrmals im Jahr seilten sich die Anwohner an den Klippen ab, um Seevogeleier zu sammeln und Vögel zu fangen. Die äußerst gefährliche Unternehmung forderte immer wieder Todesopfer. Seit 1960 gehören die großen Eiersammelaktionen der Vergangenheit an. Heute haben nur noch die umliegenden Bauern das Recht, Vögel zu jagen und deren Eier zu sammeln. Von diesem Privileg wird aber nur noch sehr selten Gebrauch gemacht. Schlimme Unfälle ereignen sich aber immer noch. So fiel etwa im Juni 2010 ein deutscher Tourist die Klippe hinab und konnte 160 Meter tiefer nur noch tot geborgen werden. Um die Papageitaucher und die Küste möglichst gut zu sehen, wagen sich viele Besucher gefährlich nah an den Abgrund heran. Viele sind sich dabei nicht bewusst, dass die vermeintlich stabile Grasnarbe, auf der sie stehen, von den Nisthöhlen der Papageitaucher regelrecht durchlöchert ist und jederzeit ins Meer abbrechen kann. Wie bei allen anderen Vogelkolonien und Steilklippen ist daher besondere Vorsicht angeraten.

TOP ★ ERLEBNISSE

★ SCHIFFSWRACK ALS FOTOMOTIV

Ganz im Süden des Patreksfjörður, nach den ersten Kilometern auf der Straße 612 Richtung Látrabjarg, steht ein Schiffswrack in szenischer Umgebung. Die »Garðar BA 64« lief 1912 in Norwegen vom Stapel und wurde jahrelang weltweit als Walfänger genutzt, bevor sie in Island zum Heringsfang eingesetzt wurde. Als das Schiff 1981 seeuntüchtig wurde, weigerte sich der Besitzer, es verschrotten zu lassen, und ließ es hier auf den Strand laufen, wo es seitdem vor sich hin rostet – und Touristen als Fotomotiv dient.

★ GÄSTEHAUS UND MUSEUM HNJÓTUR

Auf der Stichstraße 612 nach Látrabjarg liegt das Gästehaus Hnjótur, und in dessen unmittelbarer Nähe ein verschrobenes Museum gleichen Namens. Der ehemalige Farmer sammelte alles Mögliche, was heute in diesem kleinen Museum zu finden ist: von Flugzeugteilen über ein Wikingerschiff, Alltagsgegenstände des alten Islands und gestrandeter Schiffe.
www.hnjoturtravel.is

WEITERE INFORMATIONEN
www.westfjords.is

Wer Wasser liebt, der ist hier genau richtig: Dynjandisá ist überall faszinierend: vom großen Dynjandi, der die Besucher winzig erscheinen lässt, bis zur Mündung in den malerischen Fjord Arnarfjörður.

66 DIE KASKADEN DER DYNJANDISÁ

Sechs auf einen Streich

Umringt von hohen Plateaubergen rauscht im Arnarfjörður einer der schönsten Wasserfälle Islands in den bildhübschen Fjord hinab. Der Dynjandi, immer wieder auch Fjallfoss genannt, ist der mächtigste Wasserfall der Westfjorde. Allerdings ist er nur ein Glied einer faszinierenden Kette von Kaskaden, die der Fluss Dynjandisá auf seinem Weg zum Meer bildet.

Die Westfjorde sind nicht unbedingt bekannt für ihre Wasserfälle. Steile grüne Berge und tief eingeschnittene Fjorde prägen die Landschaft, in den Talenden mäandern kleine Bäche, die manchmal in kleinen Stufen die entfernten Berghänge herabrauschen. Die Hochebene oberhalb des Arnarfjörður besteht aus einem ausgedehnten Seengebiet, das im Fjordinneren in einem normalen Fluss mündet. Hier fällt der Fluss Dynjandisá über die ehemalige Steilküste und bildet auf den letzten 200 Höhenmetern unzählige Wasserfälle. Der oberste ist der größte und berühmteste: 100 Meter hoch und oben 30 Meter breit fällt er in vielen Kaskaden den Abhang hinab. Schon von weitem sieht und hört man dieses einzigarte Wasserkunstwerk: Nicht umsonst bedeutet »Dynjandi« auf Isländisch so viel wie »tosend« oder »donnernd«.

Wasserfallwanderung

Dem Dynjandi schließen sich noch viele Wasserfälle an, von denen die größten auch Namen erhalten haben: Hæstahjallafoss, Strompgljúfrafoss, Göngumannafoss (hinter dem ein Durchgang existiert), Hrísvaðsfoss, Hundafoss und Bæjarfoss unterscheiden sich stark voneinander. Die Wanderung vom Parkplatz auf Meereshöhe bis zum Fuß des Dynjandi (insgesamt etwa 100 Höhenmeter) lohnt sich unbedingt! Nach dem letzten, steilen Aufstieg kann man dort oben unmittelbar am unteren Ende der dort 60 Meter breiten Kaskade den Blick zurück über den Fjord genießen. Etwa eineinhalb Stunden sollte man für Hin- und Rückweg veranschlagen. Wer mag, der kann auf dem sehr einfachen Campingplatz nächtigen, der sich in der Nähe der Bachmündung befindet.

INFO: www.icelandfalls.com/dynjandi

67 WO DIE STERNTAUCHER SINGEN – REYKHÓLAR

Vogelbeobachtung in den südlichen Westfjorden

Die Teerstraße 60 führt an der Südküste der Westfjorde entlang. Rund 15 Kilometer westlich der aus nur wenigen Häusern bestehenden Siedlung Króksfjarðarnes führt eine geteerte Stichstraße nach Reykhólar auf die »rauchende Halbinsel« Reykjanes. Hunderte kleiner Schären und Inseln säumen hier die Küste des Fjords, der vom Rauschen des Meeres und den Rufen unzähliger Vogelarten erfüllt ist.

Die kleine Ortschaft Reykhólar wird von vielen Reisenden der Westfjorde links liegen gelassen, dabei laden der kleine Campingplatz, eine Jugendherberge, ein Museum und ein beheiztes Schwimmbad zum Verweilen ein. Es gibt hier außerdem eine Tangfabrik, eine der ältesten Kirchen Islands und die Möglichkeit, auf kurzen Wanderungen Islands Vogelwelt zu erkunden. Ein Netz aus einfachen Wanderwegen führt durch sumpfiges Gelände an einer heißen Quelle vorbei, an der geschützte Wasserminze wächst. Auf dem Weg zum Lomatjörn, dem »Teich der Sterntaucher«, versuchen Regenbrachvögel, die Wanderer mit lautem Geschrei von ihren Nestern wegzulocken. Goldregenpfeifer, Bekassinen und sogar Seeadler lassen das Herz von Ornithologen höher schlagen. Schon im Mittelalter machten sich die Besitzer des damals wohlhabenden Hofes Reykhólar den Reichtum der Natur zunutze, sammelten Eiderdaunen, jagten Seehunde und gingen auf Fischfang. Der berühmte Sagaheld Grettír soll dort überwintert und Heldentaten vollbracht haben. Ein Felsblock, der Grettistak, und das Schwimmbad tragen den Namen des rauflustigen Wikingers.
INFO: www.westfjords.is

Sterntaucher sind große, scheue Vögel, die man hier, nebst vielen anderen Vogelarten, mit etwas Glück und Geduld beobachten kann.

Die Westfjorde, wie sie schöner kaum sein könnten: Nordlichter tanzen über den rauschenden Kaskaden des Dynjandi.

68 AUF DEN SPUREN DER WIKINGER – EIRÍKSSTAÐIR

Heimathafen isländischer Entdecker

Island ist ein beliebtes Reiseziel für Wikinger-Fans aus aller Welt. Wer schon immer wissen wollte, wie es sich anfühlt, in einem Wikinger-Langhaus am Feuer zu sitzen und spannenden Geschichten zu lauschen, sollte Eiríksstaðir besuchen. Hier lebte einst Erik der Rote, auf isländisch Eiríkur rauði Þorvaldsson, der erfolgreich Siedlungen in Grönland gründete.

Wenn man von der Straße 60 kurz vor Búðardalur rechts auf die Schotterpiste 586 abbiegt, erreicht man nach etwa acht Kilometern das Freilichtmuseum Eiríksstaðir. Ausgrabungen brachten hier die Reste eines typischen Langhauses aus dem 10. Jahrhundert zum Vorschein. Aus den Isländersagas wissen wir, dass hier Erik der Rote lebte, bevor er als Mörder verurteilt und aus Island verstoßen wurde. Er besiedelte daraufhin Grönland, von wo aus sein Sohn Leifur um das Jahr 1000 Gebiete im heutigen Neufundland entdeckte. Damit war Leifur Eiríksson der erste Europäer, der den amerikanischen Kontinent betrat – um anschließend, so ist zu lesen, »mit Trauben und Holz beladen« nach Grönland zurückzukehren. Zur Feier des 1000-jährigen Jubiläums dieser erstaunlichen Fahrt wurde der Torfhof in Eiríksstaðir im Jahr 2000 rekonstruiert und als »Museum zum Anfassen« der Öffentlichkeit zugänglich gemacht. Das Besondere: Schauspieler in historischer Kleidung führen durch die Räume, ausgestattet mit handgefertigten Nachbildungen von Rüstzeug, Alltagsgegenständen und Werkzeugen, und bringen den Besuchern das Leben der Wikinger anschaulich näher.

INFO: www.eiriksstadir.is

Im Freilichtmuseum Eiríksstaðir lassen sich die Erdwälle eines Langhauses und einer Schmiede besichtigen, sowie die Rekonstruktion des frühmittelalterlichen Hofes.

69 DER SEE HÍTARVATN

Im stillen Tal Hítardalur

Der See Hítarvatn liegt inmitten einer grünen Hügellandschaft aus moosgesäumten Bergspitzen und gekippten Lavaschichten.

Auf der Halbinsel Snæfellsnes liegt im Schutz hoher Berge der See Hítarvatn. Er ist nur über eine kleine Stichstraße zu erreichen, die durch das lange, von Lavafeldern geprägte Tal Hítardalur führt. Hierher verirren sich nur diejenigen, die fern der großen Touristenattraktionen nach Ruhe und Natur suchen – und sie hier auch finden.

Abseits der großen touristischen Highlights ist es scheinbar nur ein stilles, grünes Tal, doch an seinem Ende liegt ein wunderschöner, lang gestreckter See. Isländer schätzen ihn für seine Seesaibling-Population. Wer in Island angeln möchte, der muss sich allerdings um eine entsprechende Erlaubnis bemühen und strenge Einreisevorschriften beachten. Doch auch für Nicht-Angler ist der tiefe See ein lohnendes Ausflugsziel in dieser typisch isländischen sanft-rauen Landschaft. Um dorthin zu gelangen, folgt man der schlechten Piste durch raue Lavafelder und Krater unterhalb von bis zu 900 Meter hohen Gipfeln, die zum Vulkansystem der Ljósufjöll gehören. Im Lavafeld der Umgebung verstecken sich einige Höhlen, die bekanntesten heißen Fjárhellir und Sönghellir. Etwa fünf Kilometer vor dem See liegt die Farm Hítardalur.

Der Hof Hítardalur, der sich auf etwa halber Strecke zum See in die Hügel schmiegt, ist leider wegen eines großen Unglücks berühmt geworden: der bis heute schlimmsten Feuersbrunst der Islandgeschichte. Hier kamen am 30. September 1148 mindestens 70 Menschen ums Leben, die vom Großbauern zu einem Fest geladen worden waren. Vermutlich brach das Gebäude in sich zusammen: Es war eine der größten Tragödien der Zeit. Da sich unter den Toten auch der damalige Bischof von Skálholt befand, wurde an dieser Stelle ein Benediktinerkloster errichtet, das bis zum Beginn des 13. Jahrhunderts bestand. Die Namen des Tales und des Sees leiten sich von dem der Trollfrau Hít ab, die der Sage nach in einem Berg am Talausgang gelebt haben soll.

INFO: www.west.is

SAGAS UND LEGENDEN

Geschichten erzählen als Leidenschaft

Isländer lieben Bücher und gute Geschichten. Rund 1500 Neuerscheinungen pro Jahr bei 370000 Bewohnern: In keinem anderen Land wird, auf die Einwohnerzahl umgerechnet, mehr geschrieben und gelesen als auf dieser kleinen Insel am Polarkreis. Und dies ist nicht nur ein Phänomen der Moderne!

Die isländische Leidenschaft für Geschriebenes reicht Jahrhunderte zurück. In keinem anderen europäischen Land entstand im Mittelalter eine solch spannende, in der Landessprache abgefasste Erzählliteratur wie hier, auf dieser abgeschiedenen Insel. Aber wie kam es dazu?

Die ersten Siedler Islands brachten neben ihrem materiellen Besitz natürlich auch ihre Traditionen, Werte und Überlieferungen mit, mit denen sie in der alten Heimat aufgewachsen waren. Die Mehrzahl der norwegischen Einwanderer waren keine Christen. Sie kannten und schätzten die uralten mündlich überlieferten Erzählungen, wie die »Lieder-Edda«, die ihren Ursprung in germanischen Götter- und Heldensagen hat. Im Mittelalter, als Island bereits christianisiert war, wurden diese Geschichten schriftlich aufgezeichnet und bilden nun jene wertvollen historischen Manuskripte, welche pauschal »Sagas« genannt werden.

Die historischen Geschichten Islands

Saga bedeutet im Isländischen schlicht »Geschichte« oder »Gesagtes«. Die Sagaliteratur ist eine Gattung altnordischer Erzählungen aus dem 11. bis 13. Jahrhundert, die vielfältigste Themen behandeln. Die Bandbreite reicht von akkuraten Chroniken einzelner Familien und Personen bis zu Gedichten und Prosaerzählungen über Figuren der germanisch-skandinavischen Helden- und Märchenwelt. Oft stellt eine

Denkmal für Snorri Sturlusson

Das kleine Badebecken Snorralaug in Reykholt wurde bereits in der Sturlunga saga erwähnt. Das Wasser ist auch heute noch warm.

Ein sagenträchtiger Ort ist das heutige Freilichtmuseum Glaumbær im Skagafjörður.

Saga eine komplexe Mischung aus historischen Fakten und Fiktion dar, zahlreiche Schauplätze der alten Manuskripte existieren aber heute noch. Einer der bekanntesten erhaltenen Saga-Schauplätze ist die mit Steinen eingefasste warme Quelle Snorralaug, in der der Dichter und Historiker Snorri Sturluson zu baden pflegte. Die Sagas handeln von Leidenschaft, Macht und Versöhnung, von Unheil bringenden Bösewichten und eigenwilligen Charakteren. Ihre Autoren nutzten starke Dialoge, lebendig und ohne Angst vor Kraftausdrücken. Sie gehören zur besten Lyrik der damaligen Weltliteratur, und ganz zu Recht werden die Sagas von den Isländern als ihr wichtigstes Kulturgut betrachtet. Sie sind Pflichtprogramm in den Schulen und haben bis heute Einfluss auf die Autoren- und Künstlerszene des kleinen Landes.

Die bekanntesten Sagas

Spricht man von »den Sagas«, so sind damit die sogenannten Isländersagas gemeint. Sie umfassen eine große Anzahl anonym verfasster Texte, die das Leben der ersten Isländer beschreiben und meist vom harten Überlebenskampf in einer unerbittlichen Natur handeln. Bekannte Beispiele sind unter anderem die Saga von Egill Skallagrímsson oder die Saga von Grettir dem Starken. Unter den Gattungsbegriff der Sagaliteratur fallen aber noch viele weitere Schriften, die unterschiedlicher kaum sein könnten. So erzählen zum Beispiel die Bischofs- und Königssagas die Lebensgeschichten wichtiger Personen des nordischen Kulturraumes. Die bekannteste Königssaga ist Snorri Sturlusons Heimskringla (»Weltkreis«), eine Geschichte der norwegischen Könige vom Altertum bis ins 12. Jahrhundert. Die in Helden-, Wikinger- und Abenteuersagas unterteilten Vorzeitsagas spielen größtenteils vor Beginn der Besiedlung Islands und sind geprägt von Mythen und Legenden. Die bekannteste Heldensaga ist wohl die Völsunga saga (»Geschichte der Völsungen«), die von den Nibelungen und Siegfried dem Drachentöter handelt. Snorri Sturlusons Snorra Edda ist eine Sammlung altnordischer Mythen, die die altnordischen Formen von Lyrik und Dichtung dokumentiert. Im Landnámabók, dem »Buch der Landnahme«, wird systematisch die Entdeckung und Besiedlung Islands in der Wikingerzeit beschrieben und das Íslendingabók gibt einen kurzen Überblick über die Geschichte der Insel bis zum Jahr 1118. Dieses »Buch der Isländer« ist der älteste überlieferte altnordische Prosatext und wurde von Ari Þorgilsson verfasst, dem ersten Historiker Islands.

Eine historische Schnitzerei mit Sagen-Motiv aus dem Nationalmuseum Reykjavík.

In Stykkishólmur lohnt sich ein Spaziergang entlang des kleinen Hafens zum Leuchtturm auf Súgandisey (oben). Beim »Shark Museum« Bjarnarhöfn kann man bei der Produktion von Gammelhai zuschauen (rechte Seite unten). Nur wenige Menschen leben auf der Insel Flatey im Breiðafjörður (rechte Seite oben).

70 DIE SCHÄRENLANDSCHAFT DES BREIÐAFJÖRÐUR

Stykkishólmur und der Gammelhai

Die wichtigste Stadt auf der Halbinsel Snæfellsnes ist Stykkishólmur. Schon Mitte des 16. Jahrhunderts war die heute 1100 Einwohner zählende Ortschaft ein Handelsplatz der deutschen Hanse. Heute prägen Fischerei und Tourismus die Region. Typisch ist aber auch die Produktion der berühmten isländischen Delikatesse Gammelhai.

Es war der Hafen im Schutze der Insel Súganesey, die heute durch einen Damm mit der Stadt verbunden ist, der Stykkishólmur schon früh zu einem wichtigen Handelsplatz machte. Das älteste Gebäude der Stadt ist das »Norwegische Haus« Norska Húsið. Wie der Name schon vermuten lässt, wurde es aus Norwegen importiert und 1832 aufgebaut. Zusammen mit anderen liebevoll renovierten Häusern aus dem 19. Jahrhundert und einer alten Holzkirche von 1878 ziert es das hübsche historische Stadtzentrum.

Seit 1980 thront eine futuristisch anmutende Kirche über der Stadt. Sie wirkt wie eine Mischung aus Skischanze und Atomkraftwerk, unterstreicht aber auch Lebendigkeit und Offenheit der kleinen Küstenstadt.

Drei Wünsche

Vier Kilometer südlich von Stykkishólmur entdeckt man am Fuß des »Heiligen Berges« Helgafell eine kleine Kirche mit Friedhof und daneben einen Gedenkstein für Guðrún Ósvífursdóttir. Die 974 geborene Isländerin ist eine der Hauptpersonen der mittelalterlichen Laxdæla-Saga und wohl die berühmteste Frau der Isländersagas. Nach einem aufregenden Leben mit vier Ehen, vielen Intrigen und Morden wurde Guðrún im hohen Alter Islands erste Nonne. Sie baute eine Klosterkapelle auf dem Hügel Helgafell, die später zu einem großen Augustinerkloster erweitert wurde. Heute zeugen davon nur noch Ruinen.

Dem 73 Meter hohen Helgafell wurden bereits zu Siedlungszeiten magische Kräfte zugesprochen. Bis heute hat sich der Glaube gehalten, dass jedem, der zum ersten Mal den Hügel erklimmt, drei Wünsche erfüllt werden, so er sich an einfache Regeln halte. Die Besteigung des Hügels soll man vom Gedenkstein am Grab Guðrún Ósvífursdóttirs beginnen. Weder darf man sich auf der kurzen Wanderung umschauen oder gar zurückblicken, noch darf gesprochen werden. Hat man den Gipfel erreicht, soll man die Klosterruine betreten und sich nach Osten wenden. Nun kann man im Stillen seine drei Wünsche aufsagen, die man aber erst dann anderen mitteilen darf, wenn sie sich erfüllt haben. Anschließend steht es einem offen, die wunderschöne Aussicht über das verwinkelte Stykkishólmur mit seinen Inseln und Schären zu genießen.

Heiß begehrter Gammelhai

Ein Schild in der Form eines Haifisches steht unweit von Stykkishólmur an der Straße, die durch das Lavafeld Berserkjahraun führt. Folgt man nun dem Schotterweg, so gelangt man zum Hof Bjarnarhöfn mit seiner kleinen historischen Holzkirche, deren Altar aus dem 17. Jahrhundert stammt. Die Geschichte des Hofes kann bis in die Zeit der Landnahme zurückverfolgt werden. Der jetzige Besitzer, Hildibrandur Bjarnason, hat hier ein Museum über den Grönlandhai (Eishai) aufgebaut. Zusammen mit seinen Söhnen verarbeitet er die Raubfische und hat dadurch internationale Bekanntheit erlangt.

Grönlandhaie werden auf Island nicht mehr aktiv bejagt, sterben jedoch oft in den Netzen der Fischkutter. Die riesigen Knorpelfische haben wesentlich mehr Harnstoff im Blut, als wir Säugetiere, was ihr Fleisch ungenießbar macht. In Grönland wird getrocknetes Eishaifleisch als Hundefutter benutzt, in Island jedoch gilt es fermentiert als Delikatesse und heißt hákarl. Die Zubereitung ist allerdings nichts für schwache Nerven. Man lässt die Fischleichen sechs Wochen bis drei Monate lang im Boden eingegraben vergammeln, damit der Harnstoff zu Ammoniak abgebaut werden kann. Wenn die Haifischschinken danach einige Wochen an der frischen Seeluft gehangen haben, sind sie genießbar. Das zumindest behauptet Hildibrandur, dem das gräuliche Fleisch zusammen mit einem Schluck brennivín, dem isländischen Branntwein, mundet. Die meisten Nichtisländer wird der stinkende Schinken eher zum Weglaufen animieren. Tatsächlich schmeckt er nämlich in etwa so streng, wie man es sich vorstellt.

TOP ★ ERLEBNISSE

★ BOOTSFAHRT NACH FLATEY

Von Stykkishólmur aus fährt die Auto- und Personenfähre »Baldur« nach Brjánslækur in den Westfjorden. Auf halber Strecke liegt die autofreie Insel Flatey, auf der heute noch eine Handvoll Menschen lebt und auf der übernachtet werden kann. Mehrere markierte Wanderwege laden zum Erkunden der zwei Kilometer langen Insel mit ihrer reichhaltigen Vogelweltwelt ein.
www.seatours.is

★ MUSEEN IN STYKKISHÓLMUR

In dem überschaulichen Fischerstädtchen gibt es mehrere Museen. Im »isländischen Eiderdaunenzentrum« Eiðarsetur erhält man einen tiefen Einblick in die alte Tradition des Daunensammelns. Zudem gibt es ein Regionalmuseum im »Norwegischen Haus« und ein Vulkanmuseum, das sich vor allem mit Vulkanen in der Kunst beschäftigt. Die »Wasserbücherei« Vatnasafnið ist dagegen eher eine Art Kunstinstallation: In einem Raum mit Blick über die Schärenlandschaft stehen große, mit Wasser gefüllte Röhren.

WEITER INFORMATIONEN
www.visitstykkisholmur.is

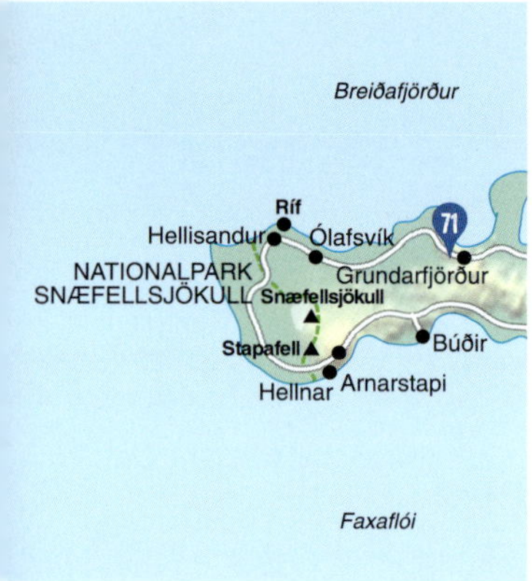

71 WINTERNACHT IN GRUNDARFJÖRÐUR

Der Pulsschlag des Himmels

Das kleine Fischerdorf Grundarfjörður liegt abseits der großen Städte und jenseits der Zeit. Kleine Häuser mit liebevoll gepflegten Vorgärten säumen den lebhaften Hafen im Norden von Snæfellsnes. Jeder der knapp 850 Einwohner kennt jeden, alles geht seinen Gang. Für die Menschen hier ist die Natur des Umlandes vollkommen selbstverständlich. Den Reisenden aber wird sie verzaubern.

Von hohen Bergen umgeben liegt die Ortschaft Grundarfjörður im nördlichen Snæfellsnes (unten). Der Berg Kirkjufell und der kleine Wasserfall Kirkjufellsfoss bilden die touristische Hauptattraktion der Gegend (rechte Seite oben). Nordlichter können faszinierende Muster an den Sternenhimmel zaubern (rechte Seite unten).

Es ist eine klare Nacht Anfang März. Die Temperaturen liegen knapp unter dem Gefrierpunkt, die Berge sind bis zum Meeresspiegel hinab mit Schnee gepudert. Still ragen die fast 1000 Meter hohen Gipfel des Küstengebirges in den Himmel und fangen die eine oder andere Wolke ein. Die kleine Ortschaft Grundarfjörður liegt schlafend an der Küste in direkter Nachbarschaft zu ihrem Wahrzeichen, dem zu allen Seiten steilen Berg Kirkjufell. Seine besondere Form verdankt er den Eiszeitgletschern, zwischen denen er hervorragte und die ihn von allen Seiten abschliffen. »Nunatak« nennt man einen solchen Berg. Ganz in seiner Nähe erfüllt ein ständiges Rauschen die Luft. Der kleine Wasserfall Kirkjufellsfoss ist malerisch genau vor der Kulisse des Kirkjufell gelegen und ist daher ein beliebtes Fotomotiv.

Nacht am Meer

Haben sich die Augen einmal an die Dunkelheit gewöhnt, sieht man die Welt in erstaunlichen Schattierungen und Details. Die Sterne der Milchstraße funkeln wie Diamanten am Firmament, Fischkutter ziehen hell erleuchtet am Horizont vorbei und holen die Netze ein. Das Meer rund um Snæfellsnes ist reich an Fischen, die im kalten Wasser der Fjorde laichen oder Schutz suchen. Dementsprechend groß ist auch die hiesige Tierwelt. Seltene Vögel wie Seeadler werden in den umliegenden Fjorden oft bei Ebbe an den Küsten gesichtet. Und in den vergangenen Jahren sind auch Orcas oder Schwertwale den großen Heringsschwärmen bis tief in die Fjorde gefolgt und haben erstaunten Besuchern tagsüber die Walbeobachtung vom Ufer aus ermöglicht.

Die nördliche Morgenröte

In klaren Winternächten zeigt sich am isländischen Nachthimmel ein grandioses Phänomen. Grünliche Lichter tanzen vor den Sternen, spannen sich wie ein überdimensionaler Regenbogen von Ost nach West. Nordlichter, Polarlichter oder Aurora borealis, die »nördliche Morgenröte«, wird dieses Naturphänomen genannt. Die Völker des Nordens sahen darin das Wirken von Geistern und Göttern. Mittlerweile weiß man aber, dass die Leuchterscheinung vom Sonnenwind verursacht wird, also von elektrisch geladenen Partikeln, die sich kurz zuvor noch im Inneren der Sonne befanden. Treffen diese hochenergetischen Teilchen auf die Moleküle der Erdatmosphäre, werden diese zum Leuchten angeregt. Je nach Art und Lage der Moleküle entstehen unterschiedliche Farben. Aus dem Weltraum betrachtet tritt Aurora in einem ringförmigen Gürtel rund um die Pole auf, dem sogenannten Polarlichtoval. Dies ist dem Erdmagnetfeld zuzuschreiben, welches den Sonnenwind zu den geomagnetischen Polen hin ablenkt.

Nordlichter kann man kaum mit Worten beschreiben, man muss sie erleben. Nie sind sie gleich, niemals weiß man, was einen erwarten wird. Mal stehen sie still wie eine schwach beleuchtete Nebelwolke am Horizont, mal bleibt auch in Island der Nachthimmel einfach schwarz. An anderen Tagen aber weicht die Dunkelheit einem Feuerwerk aus Licht. Dann spannen sich mehrere Nordlichtbänder quer über das Firmament. Eines nimmt stetig an Helligkeit zu, flackert leuchtsterngrün und nimmt schließlich filigrane Konturen an. Wie Lichtsäulen im Nebel reihen sich klar abgegrenzte grüne Streifen aneinander und bewegen sich schubartig pulsierend über den Himmel fort. Oft bleiben Nordlichter farblos bis leicht grün, doch manchmal mischen sich Gelb und Orange in das pastellfarbene Grün, welches für nur wenige Augenblicke mit violetten Säumen geschmückt ist. Plötzlich ist der ganze Himmel in Bewegung und es springen Flammen aus durchsichtigen Farben über das Firmament, wie der Pulsschlag des Himmels unter den Sternen. Es ist ein atemberaubendes Erlebnis, das jedem unvergesslich bleiben wird, der für Naturwunder empfänglich ist. Wer einmal Zeuge eines solch unglaublichen Nordlicht-Feuerwerks geworden ist, wird in jeder sternklaren Nacht sehnsüchtig daran zurückdenken.

TOP ★ ERLEBNISSE

★ POLARLICHT-AUSSTELLUNGEN

Mehr über Nordlichter erfahren kann man in zwei Ausstellungen in Reykjavík. In der Perlan existiert ein Planetarium mit einer kurzen, visuell beeindruckenden Show namens »Áróra«. In der Nähe des Hafens liegt die Ausstellung »Aurora Reykjavík – The Northern Lights Center«. Anzumerken wäre, dass bei fast allen Fotos und Videos von Nordlichtern die Farben wesentlich gesättigter dargestellt werden, als es das menschliche Auge in der Realität wahrnehmen kann. Zudem zeigen Zeitraffer meist viel zu schnelle Bewegung. Es geht halt doch nichts über das reale Erlebnis!

★ KIRKJUFELLSFOSS

Die Hauptattraktion Grundafjörðurs ist der kleine Wasserfall Kirkjufellsfoss, der unmittelbar außerhalb des Ortes liegt. Es ist weder seine Größe noch Wassermenge, die ihn zu einem der am meisten fotografierten Wasserfälle der Insel macht, sondern seine Lage. In Sichtweite liegt der pyramidenförmige Berg Kirkjufell, den man als beeindruckenden Hintergrund ins Foto einbauen kann.

WEITERE INFORMATIONEN
www.west.is

Der 463 Meter hohe Berg Kirkjufell ist ein beliebtes Fotomotiv, sei es im Schein der Mitternachtssonne oder unter dem stillen Tanz der Nordlichter.

Im Süden von Snæfellsnes ragen die Reste eines Vulkanschlots, Lóndrangar, ins stürmische Nordmeer (oben). Typisch isländische Anblicke: eine kleine Kirche vor dem rapide schmelzenden Gletscher Snæfellsjökull (rechte Seite unten) sowie die rauschenden Kaskaden des kleinen Wasserfalls Bjarnarfoss (rechte Seite oben).

72 IM NATIONALPARK SNÆFELLSJÖKULL

Die magische Halbinsel

Am westlichen Ende der Halbinsel Snæfellsnes liegt der Snæfellsjökull. Der »Schneeberggletscher« ist ein 1446 Meter hoher vergletscherter Stratovulkan. Erst im Jahr 2001 wurden er und das umliegende Land unter Schutz gestellt. Der 170 Quadratkilometer große Snæfellsjökull-Nationalpark beeindruckt seine Besucher mit abwechslungsreichen Landschaftsformen.

Die markante Kuppe des schneebedeckten Snæfellsjökull markiert den höchsten Punkt eines langen Gebirgszuges, der sich über ganz Snæfellsnes erstreckt. Bei gutem Wetter kann man den Berg schon von Reykjavík aus sehen. Vielleicht gelangte der majestätische Gletschervulkan auch deshalb zu internationaler Berühmtheit. Jules Verne wählte ihn 1864 als Schauplatz seiner Reise zum Mittelpunkt der Erde. Immer wieder wird der gewaltige Berg mit Magie, Elfen und anderen unsichtbaren Wesen in Verbindung gebracht. Manch feinfühlige Menschen spüren gar, dass starke Energie von ihm ausgeht, und sie sind davon überzeugt, dass er zu den sieben stärksten Energiezentren der Welt gehört.

Die Elfenbeauftragte

Erla Stefánsdóttir ist eine Klavierlehrerin, die sich selbst als Medium bezeichnet. Sie beschreibt den Einfluss des Snæfellsjökull wie folgt: »Snæfellsjökull ist in starkes Licht getaucht, das man von Reykjavík aus 120 bis 140 Kilometer Entfernung sehen kann. [...] Wenn wir Kontakt mit dem Licht hergestellt haben, empfinden wir [...] tiefes Wunder und eine starke Bindung zu unserem Land.«
Die in deutschen Medien als »Elfenbeauftragte« bekannt gewordene Isländerin behauptet, unter anderem Elfen und Geister sehen zu können. Viele Isländer streiten die Existenz der unsichtbaren Wesen des huldufólk (»verborgenen Volk«) zwar nicht ab,

allerdings wird der Glaube an Elfen für den Tourismus gerne höher gehandelt, als er in der modernen isländischen Gesellschaft tatsächlich noch vertreten ist. Erla wurde sogar vom isländischen Bauamt mehrmals beauftragt, in Reykjavík Orte aufzuspüren, an denen Elfen und Zwerge leben, um Kulturgüter vor der Zerstörung durch Bauarbeiten zu schützen. Und als Kulturgut zählen in Island eben auch Geländeformationen wie große Steine oder Felsen, die von der lokalen Bevölkerung als »von Elfen bewohnt« angesehen werden.

Nationalpark Snæfellsjökull

Zurück auf Snæfellsnes bezaubert der Snæfellsjökull auch ganz ohne esoterische Hintergedanken. Der nur noch elf Quadratkilometer große Gletscher bedeckt den 800 000 Jahre alten Vulkan, der das letzte Mal vor 1800 Jahren aktiv war. Unzählige Lavaströme verzieren seine Flanken und füllen die Ebene im Nordosten auf. Bildlich kann man sich hier vorstellen, wie das glühende Gestein den Berg hinunterfloss. In Hellnar geben im Informationszentrum Ranger gerne und ausgiebig Auskunft über den Nationalpark, seine Gegebenheiten und Regeln sowie über Wanderwege auf dem Gletscher, der im Sommer von Spalten überzogen ist. Das Eisfeld erreicht man auf steilen Schotterpisten mit dem Geländewagen. Leider schmilzt der Snæfellsjökull aufgrund seiner geringen Größe und niedrigen Lage doppelt so schnell wie die großen Eismassen des Landes. Die im Durchschnitt nur noch knapp 30 Meter dicke Eiskappe wird pro Jahr um eineinhalb Meter dünner. Hält dieses Tempo an, wird der Snæfellsjökull in rund 20 Jahren vermutlich ganz verschwunden sein.

Noch aber ist die obere Hälfte des majestätischen Vulkans auch im Sommer von Schnee bedeckt. Besonders gut lässt er sich von der nordwestlichen Parkseite betrachten.

Im Südwesten führt die Piste 572 hinunter zu einer reizvollen Lavaküste. Nach einer kurzen Wanderung durch ein schroffes Lavafeld mit abstrakten Formationen gelangt man zur eigentlichen Attraktion der Gegend, zum Djúpalónssandur. Am schwarzen Strand dieser Bucht liegen ein Schiffswrack und vier unterschiedlich große Steine, an denen die Fischer der Umgebung noch im 19. Jahrhundert in Wettkämpfen ihre Kräfte maßen.

Einige Kilometer weiter südlich zweigt eine kurze Straße zum Leuchtturm in Malarríf am südlichsten Punkt von Snæfellsness ab. Östlich davon stehen die 60 und 75 Meter hohen Lóndrangar. Diese sind Überreste eines Vulkanschlots und ragen vor der Kulisse des Gletschers wie eine fantastische dunkle Burg aus dem Meer auf.

TOP ★ ERLEBNISSE

★ VATNSHELLIR

Zwischen Djúpalónsandur und Malarríf liegt an der Straße 574 ein Parkplatz mit einem verschlossenen Eingang zur Höhle Vatnshellir. Eine metallene Wendeltreppe führt hier etwa drei Stockwerke in die Tiefe in eine große, über 200 Meter lange Lavahöhle. Mehrmals täglich werden geführte Touren durch die erstaunlich farbenfrohe, vulkanische Unterwelt angeboten. Ein Erlebnis für alle, die 35 Höhenmeter über zwei steile Treppen zurücklegen können!
www.summitguides.is

★ BJARNARFOSS

Außerhalb des Nationalparks rauscht nördlich von Búðir ein kleiner Wasserfall über eine hohe Steilklippe. Er ist leicht zu finden, liegt er doch unmittelbar an der Straße, die Snæfellsnes umrundet. Gemessen an den vielen anderen Wasserfällen der Insel ist er keine Besonderheit, in West-Snæfellsnes jedoch ist er der größte und fotogenste seiner Art. In mehreren Stufen fällt der schmale Wasservorhang über eine Felswand aus Basaltsäulen und über einen kleinen Bach bis ins Meer.

WEITERE INFORMATIONEN
www.west.is

73 IM SÜDEN VON SNÆFELLSNES

Die Fischerdörfer unter dem Gletscher

Wenn man den Snæfellsjökull mit dem Auto bei gutem Wetter umrundet, gibt es so viel zu sehen, dass man alle zehn Minuten anhalten möchte. Arnarstapi ist definitiv eine der Hauptattraktionen der Halbinsel. Eine einstündige Wanderung entlang der Küste nach Hellnar führt vorbei an einer wilden, schroff abfallenden Lavaküste, die vom Meer unterhöhlt wurde.

Unterhalb des pyramidenförmigen, 526 Meter hohen Berges Stapafell liegt das kleine Fischerdorf Arnarstapi. In früheren Jahrhunderten war die Gemeinde ein wichtiges Handelszentrum, weil die hiesige Küste zahlreiche geschützte Landeplätze bietet. Der natürliche Hafen diente in den 1930er- bis 1960er-Jahren als Exporthafen für Bimsstein, der zum Umschlagplatz nach Reykjavík geliefert wurde. Das poröse Vulkangestein aus den Flanken des Snæfellsjökull wurde unter anderem im Gartenbau und als Schleifmittel verwendet.
Heute leben nur noch wenige Familien ganzjährig in Arnarstapi, die Häuser werden jedoch alle als Sommerresidenzen genutzt. Daher gibt es hier auch Unterkünfte für Touristen sowie den einzigen Campingplatz der Umgebung. Auf einen lohnenden Rundgang durch den kleinen Ort stößt man auf einige der ältesten noch erhaltenen Gebäude Islands, zum Beispiel auf das schwarz-weiße Amtmannshús. Das Holzgebäude wurde zwischen 1774 und 1787 erbaut.

Kleinod am Gletscher

In Arnarstapi gibt es viel zu entdecken. Die riesige Steinfigur oberhalb der Siedlung stellt Bárður Snæfellsás dar, den Beschützer der Halbinsel. Der Sage zufolge soll der Sohn eines Riesen-Trolls und einer Menschenfrau einen Hof in der Nähe von Laugarbrekka

In Arnarstapi wartet eine spannende Küstenlandschaft auf Besucher (unten), darunter auch der fotogene »Lochfelsen« Gatklettur (rechte Seite oben). Im Südosten der Halbinsel befindet sich bei Búðir eine malerische kleine Holzkirche (rechte Seite unten).

errichtet und dort mit seinen beiden hübschen Töchtern gelebt haben. Als einer seiner Neffen seine älteste Tochter Helga auf einen Eisberg stieß, der bis nach Grönland trieb, warf Bárður den Jungen in eine Schlucht, die heute noch nach ihm heißt: Rauðfeldsgjá. Bárður selbst zog sich daraufhin in eine Höhle im Snæfellsjökull zurück und ward nie mehr gesehen.

Die Küste ist ein Paradies für Naturliebhaber. Küstenseeschwalben nisten in den Wiesen und greifen während der Brutsaison jeden an, der ihren Küken zu nahe kommt. In den zerklüfteten Klippen brüten unzählige Seevögel, deren ununterbrochenes Konzert von den Felsen widerhallt. Das Meer hat die schroffe Steilküste unterhöhlt und dabei abenteuerliche Formationen geschaffen. Der Gatklettur oder »Lochfelsen« etwa ist ein perfekter Steinbogen aus Basaltsäulen, die die Brandung noch nicht abtragen konnte. Die erodierte schwarze Steilküste mit Höhlen und Felsentoren erkundet man am besten auf der zweieinhalb Kilometer langen markierten Wanderung nach Hellnar.

Traumtänzer in Hellnar

Der Name Hellnar nimmt Bezug auf die Höhlen, die in den umliegenden Lavafeldern zu finden sind. Auch diese Ortschaft war einmal ein großer Fischereistützpunkt. Heute findet man hier einige landwirtschaftliche Höfe und Sommerhäuser, ein Hotel, je ein Restaurant und ein Kaffeehaus sowie das Informationszentrum des Nationalparks Snæfellsjökull. Dort erhält man Auskunft über verschiedene Wandermöglichkeiten, und eine kleine Ausstellung zeigt das Leben der Fischer.

Kurz nach der Jahrtausendwende kamen ein Isländer und ein Norweger auf die leicht größenwahnsinnige Idee, genau hier ein Dorf für tausend Menschen zu errichten. Wie die alte Siedlung sollte es Plássið undir Jökli, »Platz unterm Gletscher«, heißen. Auf 30 Hektar plante man 200 Häuser sowie Läden, eine Kunstgalerie und Hotels. Die Gebäude wollte man aus Norwegen importieren und im Stil der sogenannten Kataloghäuser gestalten, die im 19. Jahrhundert in Island errichtet wurden. Die Arbeiten begannen 2005, und schon bald waren zwölf Häuser hochgezogen und der Grund für 17 weitere geschaffen. Mit der Bankenkrise gingen die Bauherren jedoch bankrott, seitdem gehört die Idee des »historischen« Dorfes vorerst der Vergangenheit an. Derzeit zeugen zwölf schwarze Holzhäuser inmitten einer Bauruine von dieser typisch isländischen, vorkrisenzeitlich hochstrebenden Vision.

TOP ★ ERLEBNISSE

★ LUXUSÜBERNACHTUNG BÚÐIR

Einige Kilometer östlich von Arnarstapi steht in Búðir ein Luxushotel gleichen Namens. Es bietet nicht nur eine exzellente, innovative Küche, sondern auch Gästezimmer mit herrlichem Blick auf die wunderschöne Berg- und Küstenlandschaft des südlichen Snæfellsnes.
www.hotelbudir.is

★ BÚÐAKIRKJA

Auch ohne Übernachtung lohnt sich der kleine Abstecher nach Búðir. Hinter besagtem Hotel, ganz am Ende der Straße, steht eine kleine schwarze Holzkirche aus dem Jahr 1848. Sie ist wirklich extrem fotogen und wird deshalb gerne besucht. An der nahen Küste erstreckt sich ein für Island ungewöhnlicher orangefarbener Muschelsandstrand.

★ BLUMENLAVA BÚÐAHRAUN

Das an die Búðir angrenzende Lavafeld Búðahraun ist ein Naturschutzgebiet. An vielen Stellen gibt es Senken, in denen über 130 verschiedene Pflanzenarten wachsen. Unter anderem gedeihen hier elf der 16 Farnarten Islands. Diese »Blumenlava« ist wirklich einzigartig!

WEITERE INFORMATIONEN
www.west.is

Im Hnappadalur auf dem süd-östlichen Snæfellsnes liegt Eldborg, ein perfekter Vulkankrater, den man über eine Wanderung besichtigen kann.

74 VULKANISCHE SCHÖNHEIT – ELDBORG

Wanderung zur Feuerburg

Auf der kleinen Vulkaninsel im Nordatlantik ist so gut wie jeder Berg vulkanischen Ursprungs – aber nur wenige haben eine klassische Vulkanform. Eldborg, die »Feuerburg«, scheint dagegen ein Bilderbuchexemplar eines Kraters zu sein: Absolut symmetrisch ragt der 200 Meter breite Krater über 60 Meter aus einem begrünten Lavafeld heraus.

Eldborg gehört zum Vulkansystem der Ljósufjöll, jener hellen Rhyolithberge, die im östlichen Snæfellsnes die Landschaft prägen. Er liegt mitten im von Zwergbirken überwachsenen Lavafeld Eldborgarhraun und ist 5000 bis 6000 Jahre alt. 200 Meter misst der kreisrunde Schweißschlackenkegel im Durchmesser; seine schlanken Wände heben sich auf 100 Meter über dem Meeresspiegel weit aus der ebenen Landschaft heraus. Aus der Ferne wirkt er tatsächlich wie eine Burg, der Name »Feuerburg« scheint da äußerst treffend! Seiner Formschönheit ist es zu verdanken, dass Eldborg und das angrenzende Gebiet seit 1974 unter Schutz steht. Mit dem Auto kann man den Krater nicht erreichen, sehr wohl aber zu Fuß! An der Straße 54 liegt die Farm Snorrastaðir, auf der man auch übernachten kann. Dort befindet sich ein Parkplatz mit angegliederten Toiletten, und von hier führt ein drei Kilometer langer, markierter Wanderweg direkt zum Krater hinauf (sechs Kilometer Wegstrecke), den man dann umrunden kann. Die letzten Höhenmeter sind steil, aber technisch nicht anspruchsvoll. Wie überall in Island gilt, dass man die markierten Wege möglichst nicht verlassen sollte.

INFO: www.west.is

75 ABENTEUER AUF DEM »LANGEN GLETSCHER« – LANGJÖKULL

Eis und Hochlandwüste

Langjökull ist der zweitgrößte Gletscher Islands und trennt den bewohnten Westen vom unwirtlichen Hochland. Die bis zu 580 Meter dicke Eiskappe bedeckt zwei Vulkansysteme, die aber relativ ruhig sind: Seit der letzten Eiszeit kam es hier »nur« zu 32 Ausbrüchen, von denen der jüngste vor 1000 Jahren das Lavafeld Hallmundarhraun schuf.

Der »lange Gletscher« Langjökull ist aufgrund seiner Nähe zur Hauptstadt ein beliebtes Ausflugsziel der einheimischen Superjeep- und Schneemobilszene. Auch für Touristen gibt es hier ganzjährig verschiedenste Angebote: Schneemobilfahrten hinauf auf den bis zu 1355 Meter hohen Eisriesen, ein menschengemachter Eistunnel namens »Into the Glacier«, der ganzjährig besucht werden kann, sowie natürliche Eishöhlen auf der abgelegenen Ostseite des Gletschers. Mit einem Geländewagen kann man von Húsafell aus über die Piste F551 bis zum Fuß des Gletschers fahren. Wer das Hochland auf einer Tagestour erkunden möchte, dem ist die Kaldidalur-Route (Straße 550) zu empfehlen. Knapp 40 Kilometer führt diese Schotterpiste auf bis zu 700 Meter Höhe von Húsafell aus Richtung Þingvellir und belohnt mit Einsamkeit, wüstenhaften Landschaften und weiten Gletscherpanoramen. Die Strecke ist nicht stark befahren, was auch an dem schlechten Zustand der Piste liegt. Diese war bis vor wenigen Jahren eine F-Straße, ist nun aber für alle Autos zugelassen: Mietwagen ohne Vierradantrieb ist die Querung aber vonseiten der Autovermieter untersagt.
INFO: www.west.is

Obwohl der Gletscher Langjökull in Zeiten der Klimakrise deutlich an Masse verliert, werden dort weiterhin ganzjährig Touren mit spritfressenden Schneemobilen und Superjeeps angeboten.

Die beiden Kirchen von Reykholt: traditionell isländisch trifft auf moderne Architektur (oben). Wie Snorri wohl tatsächlich ausgesehen hat? Im Sagamuseum in Reykjavík wird er als rothaarig und vornehm gekleidet dargestellt (rechte Seite unten). Lavahöhlen zählen zu den eher ungewöhnlichen Attraktionen Westislands (rechte Seite oben).

76 HÚSAFELL IM BIRKENWALD

Im Tal der Naturwunder

Abseits der Ringstraße verstecken sich im grünen Hügelland des inneren Borgarfjörður zahlreiche Sehenswürdigkeiten. Wasserfälle, Höhlen und heiße Quellen liegen nur wenige Kilometer voneinander entfernt. In Reykholt erfährt man dagegen viel über Snorri Sturluson. Der berühmteste Sohn des kleinen Ortes war im Mittelalter einer der mächtigsten Männer des Landes.

Für historisch Interessierte hat der kleine Ort Reykholt einiges zu bieten. Hinter der modernen Kirche steht die Ruine eines Hofes, in dem im Mittelalter einer der größten Dichter und einflussreichsten Politiker Islands lebte. Snorri Sturluson verbrachte einen Großteil seines Lebens in Reykholt und schrieb hier im beginnenden 13. Jahrhundert seine bedeutendsten Werke. Die Ausstellung Snorrastofa im Untergeschoss der großen Kirche informiert Besucher über Snorri, sein Leben und seine Werke.

Reykholt bedeutet »rauchender Hügel«, was die größte landschaftliche Besonderheit der Gegend treffend beschreibt. Das weite Tal ist ein sogenanntes Niedrigtemperaturgebiet mit ergiebigen Heißwasserquellen, die schon von den Menschen zu Snorris Zeit genutzt wurden.

Davon zeugt ein kleiner kreisrunder Badeplatz vor der Ruine des alten Hofes in Reykholt. Bei Ausgrabungen in der Umgebung fand man außerdem die Reste von Wasserleitungen, die vermutlich zu mittelalterlichen Fußbodenheizungen gehörten. Das Wissen darum ging viele Hundert Jahre verloren, bis 1908 erstmals wieder ein Bauernhof thermal beheizt wurde. Kurze Zeit später wurden hier die ersten isländischen Tomaten geerntet und das erste Gewächshaus des Landes errichtet.

In direkter Nachbarschaft zur Gewächshaussiedlung Kleppjárnsreykir tritt die wasserreichste thermale Quelle Europas zutage,

die Deildartunguhver. Aus ihr strömen pro Sekunde 180 Liter kochendes Wasser, die über silberfarbene Röhren bis in die 63 Kilometer entfernte Küstenstadt Akranes befördert werden. In der Nähe der Pumpstation liegt ein unerschlossener Teil der Quelle, der in einem kleinen Rundgang betrachtet werden kann.

Húsafell am Langjökull

Das bewaldete Tal Húsafell zählt zu den beliebtesten Sehenswürdigkeiten Westislands. Isländer reisen an Sommerwochenenden in Scharen auf den Campingplatz mit angegliedertem Schwimmbad, der vor fantastischer Kulisse in einem Birkenwald liegt. Hier erstreckt sich auch das große Lavafeld Hallmundarhraun, in das der Gletscher- und Quellfluss Hvítá eine kleine Schlucht gegraben hat. In diese rauschen, scheinbar aus dem Nichts, die »Lava-Wasserfälle« Hraunfossar. Ein unterirdischer Grundwasserfluss speist die Kaskaden, die sich aus der bewaldeten Lava in den je nach Wassermenge blauen bis türkisfarbenen Fluss ergießen. Ein kurzer Spaziergang führt flussaufwärts zum donnernden »Kinderwasserfall« Barnafoss. Der Sage nach kamen hier zwei Kinder ums Leben, als sie ihrer Mutter verbotenerweise zum Weihnachtsgottesdienst folgten. Der Wasserfall wurde damals von einem natürlichen Steinbogen überspannt, von dem die Kinder in den tosenden Fluss fielen. Die Mutter der beiden ließ die Naturbrücke daraufhin einreißen, damit sich eine solche Tragödie nicht mehr ereignen konnte.

Lavahöhle Surtshellir

In dem ausgedehnten Lavafeld Hallmundarhraun befinden sich sehr viele große Höhlen. Die bekannteste von ihnen ist Surtshellir, ein zwei Kilometer langer und bis zu neun Meter hoher Tunnel, der an mehreren Stellen eingebrochen und begehbar ist. Im 20. Jahrhundert wurden die Höhlen zu beliebten Ausflugszielen und litten unter Besuchern, die Tropfsteine von den Wänden abbrachen und ihren Müll zurückließen. Einige Höhlen wurden deshalb verschlossen und sind heute nur geführt zu besichtigen. Surtshellir steht jedoch den Besuchern offen. 14 Kilometer nordöstlich von Húsafell leiten Hinweisschilder zu den Höhlenöffnungen. Besucher sollten darauf achten, Steine, insbesondere Lavasteine, an Ort und Stelle zu lassen. Würde jeder einen Teil der beliebtesten Sehenswürdigkeiten des Landes als Andenken mit nach Hause nehmen, so wären gewisse Gegenden bald abgetragen!

TOP ★ ERLEBNISSE

★ LAVAHÖHLE VIÐGELMIR

Eine der weltweit größten zugänglichen Lavahöhlen liegt nördlich von Húsafell und ist von der Nordroute der Straße 518 als »The Cave« ausgeschildert. Der Name der Höhle lautet eigentlich Viðgelmir, aber das scheint man den Touristen nicht zumuten zu wollen ... Täglich werden geführte Touren in die riesige Höhle angeboten, bei der die Besucher mit Helmen und Kopflampen ausgestattet werden und auf einfachen, präparierten Wegen die Unterwelt erkunden können.
www.thecave.is

★ GRÁBRÓK

Verlässt man Westisland auf der Ringstraße, kommt man unmittelbar nach der Hochschule Bifröst an einem formschönen Vulkankrater namens Grábrók vorbei. Er ist etwa 3400 Jahre alt, und die rote Lava ist mit empfindlichem Moos überwachsen. Von einem kleinen Parkplatz unmittelbar an der Ringstraße kann die Gegend auf einem kurzen Spaziergang erkundet und der Kraterrand erklommen werden.

WEITERE INFORMATIONEN
www.west.is

Hraunfossar, die »Lavawasserfälle« in Húsafell, sind islandweit etwas Besonderes. Umgeben von lichtem Birkenwald, stürzen hier kleine Kaskaden aus Grundwasser in den milchigen Gletscherfluss Hvítá.

IM HOCHLAND

Wildnis zwischen Wüste und Gletscher

Berge in allen Varianten bietet das Hochland: so der grüne Mælifell in der Sanderebene nördlich des Mýrdalsjökull (links), junge Vulkanspalten wie in Holuhraun bei Askja (oben) oder farbige Rhyolith-Hügel bei Landmannalaugar (unten).

Dampf entsteigt den Quellen bei Hveravellir, was mit »Feld der heißen Quellen« übersetzt werden kann (oben). Die lauteste Attraktion des kleinen Hochtemperaturgebietes bildet der »brüllende Hügel«, der Solfatar Öskurhóll (rechte Seite).

77 HOCHLANDPISTE UND WARME NATURPOOLS – KJÖLUR UND HVERAVELLIR

Auf den Spuren von Fjalla-Eyvindur

Hveravellir ist ein Naturschutzgebiet östlich des Gletschers Langjökull mitten im kargen Hochland. Heiße Quellen aus einem farbenfrohen Geothermalgebiet speisen einen heißen Pool in direkter Nähe zu einer kleinen Berghütte. Im benachbarten Lavafeld befinden sich Zeugnisse einer bemerkenswerten Überlebensgeschichte.

Der Kjölur mit der Straßennummer 35, oft auch Kjalvegur genannt, ist einer der bekanntesten Wege durch das isländische Hochland. 165 Kilometer Schotterpiste führen zwischen den Gletschern Langjökull und Hofsjökull durch eine unwirkliche Mondlandschaft, in der kaum eine Pflanze gedeiht. Da es hier keine Flüsse zu durchqueren gibt, kann diese Hochlandstraße tatsächlich von normalen PKW befahren werden – allerdings langsam und vorsichtig, denn die Strecke hält einige Schlaglöcher und größere Steine bereit. Bei Mietwagen sollte zudem abgeklärt werden, ob diese Route im Versicherungsschutz inbegriffen ist. Wie alle Hochlandwege wird auch der Kjölur im Winter gesperrt und erst im Sommer wieder geöffnet, wenn die vom Tauwetter aufgeweichten Pisten neu präpariert worden sind. Während die meisten Hochlandwege erst ab Juli befahrbar sind, wird der Kjalvegur oft schon in der ersten Junihälfte geöffnet. Ein Blick auf die Webseite des isländischen Straßenverkehrsamtes auf www.road.is schafft Klarheit über die Befahrbarkeit der Route.

An Eyvindur erinnert heute ein eindrückliches Denkmal (oben). In direkter Nähe zur alten Berghütte befindet sich ein Badebecken (unten), das von heißen Quellen gespeist wird (rechte Seite unten). Die abwechslungsreiche Mehrtageswanderung auf dem alten Kjalvegur führt entlang mehrerer Gletscher durch Lavawüsten und grüne Täler (rechte Seite oben).

Naturschutzgebiet Hveravellir

Mittig auf dem Kjölur befindet sich das Hochtemperaturgebiet Hveravellir. Wie an vielen Orten in Island hat auch hier ein Ausbau der touristischen Infrastruktur stattgefunden, weshalb es niemanden verwundern sollte, dass hier tagsüber ziemlicher Trubel herrscht. In direkter Nähe zu einer kleinen Wanderhütte wurde ein großes Gebäude errichtet, das ein Restaurant und Internetcafé sowie mehrere Zweibettzimmer und natürlich Sanitäranlagen bietet. Wenn in den Hütten und auf dem angrenzenden Campingplatz keine großen Gruppen übernachten, wird es abends meist ruhiger, und man kann beim Bad in einem tiefen Naturpool entspannen, ohne von zahlreichen Schaulustigen fotografiert zu werden. Das Wasser aus der benachbarten Quelle ist über 80 °C heiß, wird aber durch eingeleitetes kaltes Wasser auf deutlich unter 40 Grad heruntergemischt. Den Besuch des angrenzenden kleinen Hochtemperaturgebiets sollte man sich nicht entgehen lassen. Hier finden sich farbenfrohe, heiße Quellen, wunderschöne weiße Sinterterrassen und ein Solfatar namens Öskurhóll, »Brüllender Hügel«, der seinem Namen alle Ehre macht und lautstark Dampf ausspuckt. Wer Ruhe und Einsamkeit sucht, der kann zwischen verschiedenen Wanderungen im umliegenden Lavafeld Kjalhraun wählen. Dieses ist 7800 Jahre alt und entstammt dem 200 Meter höher liegenden Krater Strýtur, der bei gutem Wetter eine tolle Aussicht auf Gletscher und Lavafelder ermöglicht.

Fjalla-Eyvindur und Halla

1714 wurde in der Nähe des Gullfoss ein Junge geboren, der zu einer isländischen Legende heranwachsen sollte. Eyvindur Jónsson, heute als Fjalla-Eyvindur (»Berg-Eyvindur«) bekannt, lebte genau in den Jahren, als die sogenannte kleine Eiszeit ihren Höhepunkt erreichte. Die Sommer waren kaum wärmer als milde Winter, das Vieh verhungerte, die Menschen erfroren. Im harten Überlebenskampf waren viele Isländer gezwungen, Nahrung zu stehlen. Von der Gemeinschaft wurde dies gnadenlos verfolgt und hart bestraft. Im Jahr 1746 wurde Eyvindur, der als Knecht auf einem Bauernhof gedingt hatte, als Gesetzesbrecher gesucht, weil er angeblich gestohlen hatte. Mit seinen Pferden floh er in die 250 Kilometer entfernten Westfjorde. Dort tauchte er für viele Jahre bei der jungen Witwe Halla unter, die als charakterstarke, aufständische Außenseiterin beschrieben wird. Eyvindur dagegen hatte viele Freunde. Der hochgewachsene blonde Isländer war ein tüchtiger und geschickter Handwerker, höflich und freundlich. Ob er

wieder etwas stahl oder ob ihn der Ruf seiner Vergangenheit einholte, weiß man heute nicht. Auf jeden Fall musste er 1761 erneut fliehen, um seiner Gefangennahme zu entgehen. Halla ließ ihre Kinder bei Bekannten zurück und folgte ihm. In den folgenden 20 Jahren lebten die beiden zusammen an verschiedenen Orten im isländischen Hochland und hatten zusammen mehrere Kinder, von denen die meisten jung starben.

Rückzug nach Hveravellir

In Hveravellir hausten die beiden erst in einer Höhle, dann in einem winzigen Torfhaus, dessen Ruine noch heute existiert. Die kalten Winter überlebten die beiden wohl nur, weil schon damals das Hochtemperaturgebiet mit seinen heißen Quellen existierte. Eine davon wurde nach Eyvindur benannt, weil er darin angeblich seine Nahrung kochte. Er ernährte sich und seine Familie von erjagten Schneehühnern und Viehdiebstahl. 80 frei laufende Schafe soll er während seiner Zeit in Hveravellir gegessen haben, wobei er der Überlieferung zufolge nur Schafe von Menschen raubte, die ihm schlecht gesonnen waren. Er bestahl auch Reisende, die etwa Trockenfisch transportierten, wurde aber niemals gewalttätig.

Zu Eyvindurs Zeiten war der Kjalvegur, beziehungsweise ein etwas näher am Langjökull gelegener Weg namens »Kalvegur hinn forni«, der »alte Kjalvegur«, ein oft genutzter, aber gefürchteter Reitweg. Die Reisenden hatten große Angst vor Elfen, Geistern und anderen übelwollenden Wesen sowie vor Überfällen der teilweise gewalttätigen Gesetzlosen. Als bekannt wurde, dass sich Eyvindur in Hveravellir versteckte, zogen die Menschen los, um ihn gefangen zu nehmen. Eyvindur und sein ebenfalls geächteter Freund Arnes entkamen, Halla wurde jedoch ergriffen und Eyvindurs weniges Hab und Gut zerstört. Eyvindurs Biografie könnte ein dickes Buch füllen: Mehrmals befreite er Halla und auch sich aus Gefangenschaften und verbrachte gezwungenermaßen lange Jahre gänzlich alleine. Nach 20 Jahren und den schwersten Wintern der Islandgeschichte wurde er dann endlich begnadigt. Zusammen mit seiner Frau Halla konnte er schließlich in den Westfjorden alt werden und starb 1783 mit 69 Jahren. Eyvindur wurde aufgrund seiner unglaublichen Lebensgeschichte zur Legende: Schon zu seinen Lebzeiten zollte man ihm Respekt für seine Überlebenskünste. Wenn man heute in Hveravellir vor dem Denkmal für Eyvindur und Halla steht, kann man sich nur wundern, wie die beiden vor zweieinhalb Jahrhunderten die Winter im Hochland überstanden.

TOP ★ ERLEBNISSE

★ WANDERN AUF DEM ALTEN KJALVEGUR

Der »alte Kjalvegur« ist eine Dreitageswanderung von Hvítárnes nach Hveravellir, die in einigem Abstand zur Autopiste den alten Reitwegen folgt. Die karge Landschaft zwischen Gletschern und trockenen Hochlandebenen ist viel abwechslungsreicher, als es auf den ersten Blick erscheinen mag. Der 41 Kilometer lange Weg ist gut markiert, und die Tagesetappen sind zwölf bis 14 Kilometer lang. Übernachtet werden kann in kleinen, gemütlichen Hütten oder einfach in Zelten in der Nähe von Plumpsklos. Wer die Hütten des isländischen Wandervereins FÍ nutzen möchte, sollte unbedingt frühzeitig buchen. Die An- und Abreise könnte jedoch problematisch sein, da die Linienbusverbindung dorthin 2021 eingestellt wurde.
www.fi.is

★ UNTERWEGS MIT DEM RANGER

Da Hveravellir ein Naturschutzgebiet ist, ist hier ein Ranger stationiert, der kostenlose Kurzführungen anbietet. Es lohnt sich, im Informationszentrum nachzufragen!

WEITERE INFORMATIONEN
www.hveravellir.is

78 SPEKTAKULÄRES FARBENSPIEL – KERLINGARFJÖLL

Rhyolithberge im einsamen Hochland

Mittig auf dem Kjölur zweigt die Straße F347 nach Osten ab und führt auf knapp zehn Kilometern furtfreier Schotterpiste zum vulkanischen Gebirgszug Kerlingarfjöll. Der letzte Ausbruch geschah wohl in der letzten Eiszeit, weshalb der Vulkan nicht mehr als aktiv eingeschätzt wird. Nichtsdestotrotz befinden sich hier mit die schönsten und vielseitigsten Hochtemperaturgebiete des Landes.

Kerlingarfjöll ist bekannt für seine nackten, farbigen Berghänge und Hochtemperaturgebiete (unten). Der hoch gelegene Bergrücken ist bis tief in den Sommer hinein mit Altschneefeldern bedeckt (rechte Seite oben). Kleine Bäche haben steile Einschnitte in das weiche Gestein gegraben (rechte Seite unten).

Kerlingarfjöll, die »Weiberberge«, sind schon aus der Ferne ein beeindruckender Anblick. Mehrere markante Berggipfel, die bis in den Sommer hinein mit Schnee bedeckt sind, ragen über 800 Meter aus dem umliegenden Flachland auf. Der gesamte Gebirgszug ist einem Vulkansystem zugeordnet, das innerhalb der letzten Eiszeit entstand, und zwar fast ausschließlich unter dem Eis. Die höchste Erhebung ist der 1477 Meter hohe Snækollur, der von mehreren winzigen Gletschern umrahmt wird. Die Gegend war von 1960 bis zur Jahrtausendwende ein beliebtes Sommerskigebiet, das allerdings aufgrund der Klimaveränderung aufgegeben wurde. Die ehemaligen Skihütten im kleinen, grünen Tal Ásgarður wurden zum »Kerlingarfjöll Mountain Resort« ausgebaut und bieten vielseitige Übernachtungsmöglichkeiten, von modernen Hotelzimmern über rustikale Bettenlager bis hin zum obligatorischen Campingplatz. Wie an vielen touristisch beliebten Orten in Island gilt auch hier die Regel, dass man den Trubel schnell hinter sich lassen kann, wenn man seine Wanderschuhe anzieht: Es gibt hier eine Vielzahl Wander-

wege, die einen in spektakuläre Hochtäler bringen. Auf einer Fläche von insgesamt sieben Quadratkilometern verteilen sich hier oben mehrere Hochtemperaturgebiete, die gänzlich naturbelassen sind. Seit 2020 ist die Gegend ein Landschaftsschutzgebiet, und Ranger kümmern sich um die Instandhaltung der Wanderwege und um Informationsvermittlung.

Wandern durch abstrakte Kunst

Die eigentliche Sehenswürdigkeiten der Kerlingarfjöll kann man sich nur zu Fuß erschließen. Mehrere Wanderwege führen hinauf in teils über 1000 Meter Höhe, über steile Schneefelder oder dünne Grate, die Menschen mit größerer Höhenangst Schwierigkeiten bereiten können. Die beliebteste Wanderung führt ins Hochtemperaturgebiet Hveradalir, das über eine insgesamt zehn Kilometer lange Wanderung von Ásgarður zu erreichen ist. Alternativ gibt es eine 4x4-Piste mit ausgeschildertem Parkplatz, welche die Wanderung auf zwei bis vier Kilometer verkürzt. Auf- und Abstieg sind dennoch sehr steil, die lehmartigen Böden sind rutschig, und das Wetter kann hier schnell umschlagen: Wanderstöcke und gute Kleidung sind sehr zu empfehlen! In Hveradalir erwartet den Wanderer eine beinahe außerirdisch schöne Welt aus heißen Quellen, dampfenden Berghängen und bunten Bächen. Die nackten Hänge der Rhyolithberge leuchten bei Sonnenschein in knalligen Rot- und Gelbtönen; die Farben werden von Schwefel (gelb) und verschiedenen, ausfallenden Salzen (weißlich) bestimmt. Die blaugraue Farbe der Schlammtöpfe erklärt sich durch Aluminium-Silizium führende Tonminerale, die bei hohen Temperaturen in saurem Umfeld entstehen können. Obendrein setzen dann noch verschiedenste Mikroorganismen in Boden und dem Quellwasser sehr lokale Farbakzente: Man könnte fast meinen, dass man durch ein gigantisches abstraktes Gemälde wandert. Obwohl es hier kaum Pflanzenleben gibt, ist die Gegend extrem empfindlich, und Wanderer sind angewiesen, unbedingt auf den Trampelpfaden zu bleiben und nicht querfeldein die Hänge emporzukraxeln oder auf der wegabgewandten Seite die Quellen zu erkunden. Einerseits kann man sich schwerwiegende Verbrennungen zufügen, denn der Dampf aus den Quellen ist ungewöhnlich heiß: Hier wurden Temperaturen von über 140 °C gemessen! Zum anderen bleiben Fußspuren im weichen Boden lange bestehen und verringern somit das Naturerlebnis der nachfolgenden Besucher.

TOP ★ ERLEBNISSE

★ BADEN AM BOHRLOCH

Es gibt in Island eigentlich kein Hochtemperaturgebiet, in dem nicht schon einmal gebohrt wurde, um herauszufinden, wie lohnend es wäre, hier ein Geothermiekraftwerk zu errichten. Auch in Kerlingarfjöll gibt es ein altes Bohrloch, aus dem heute 40 °C heißes Wasser fließt. In direkter Nachbarschaft zum Bach wurde hier ein warmer Pool geschaffen, den man erreichen kann, wenn man etwa einen Kilometer vom Hüttendorf in Ásgarður flussaufwärts wandert.

★ WASSERFALL GÝGJARFOSS

Direkt an der Piste F347, auf halbem Weg in Richtung Kerlingarfjöll, liegt ein kleiner, aber tosender Wasserfall. Die Wassermassen des Jökulfall stürzen hier 20 Meter breit etwa fünf Meter in die Tiefe und vereinen sich auf gleicher Höhe mit einem klaren Quellbach, was einen schönen Farbkontrast ergibt.

WEITERE INFORMATIONEN
www.kerlingarfjoll.is

79 ARKTISCHE WEITE – SPRENGISANDUR

Unterwegs im Hochland

Die Sprengisandur-Piste, isländisch »Sprengisandsleið«, ist mit etwa 200 Kilometern die längste Nord-Süd-Traverse durch das isländische Hochland. Die weiten Schotterwüsten sind nicht nur bei Geländewagenfahrern beliebt, die das einsame Innere des Landes erkunden wollen, sondern auch bei Wanderern, Mountainbikern und Reitern.

Leben in der Wüste: Eine arktische Weide trotzt der lebensfeindlichen Umgebung.

Sprengisandur ist eigentlich ein relativ kleines Gebiet östlich des Gletschers Hofsjökull. Der Name stammt daher, dass Reiter möglichst schnell über den Sand »sprengen« sollten, um bald wieder Gras und Wasser zu finden. Heute befindet sich hier mit der Sprengisandsleið (Straße F26) eine der beliebtesten Hochlandquerungen, die vom Kraftwerk Hrauneyjar im Süden zum Wasserfall Aldeyjarfoss im Norden führt. Der Zustand der Straße hängt extrem vom Zeitpunkt der letzten Instandsetzung ab. Je mehr Autos auf den geschotterten Pisten unterwegs sind, desto stärker bildet sich ein wellblechartiges Profil aus, auf dem es sich dann nur sehr langsam fahren lässt. Für Radfahrer werden frisch geschotterte Pisten zum Frustobjekt, weil sie in dem tiefen Schotter kaum vorankommen.

Geländewagen absolut notwendig

Die Hochlandpisten sind durch den Buchstaben »F« gekennzeichnet. Das Befahren dieser Strecken setzt ein Allradfahrzeug mit Bodenfreiheit voraus, denn es gibt auf den unebenen Schot-

Die einspurige Schotterstraße beansprucht die Stoßdämpfer jedes Fahrzeugs und zwingt zu Geschwindigkeitsreduktion.

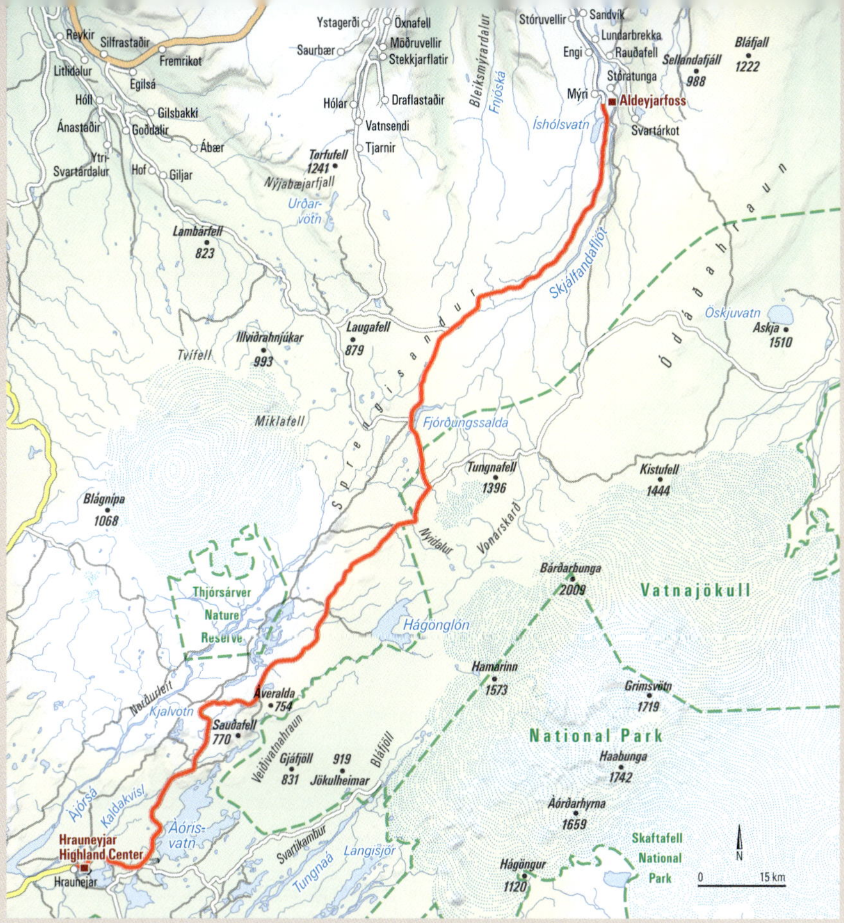

terwegen teils große Steine und tiefe Schlaglöcher zu überwinden. Zudem gibt es oft keine Brücken: Insbesondere Gletscherflüsse können gefährlich sein, da sich Furten in kurzer Zeit verändern und der Wasserpegel stark schwanken kann. Auch die F26 wartet mit einer Handvoll Furten auf, die aber meist klar sind und selten tiefer als 40 Zentimeter. Dennoch sollte man immer Vorsicht walten lassen und im Zweifel auf andere Autos warten oder umdrehen. Es ist erschreckend einfach, sich festzufahren, einen Motorschaden zu riskieren – und auf dem Autodach durchnässt auf Hilfe zu warten. Übrigens gilt für alle Motorfahrzeuge, dass sie die Pisten nicht verlassen dürfen, auch nicht, wenn eine andere Spur zum Nachahmen verleitet. Echtes Offroad-Fahren wird mit hohen Geldstrafen streng geahndet!

Die Schönheit der schwarzen Wüste

Böse Zungen behaupten, dass der Sprengisandur keine echten Highlights bereithielte. Dem kann getrost widersprochen werden! In Nýidalur etwa, ziemlich mittig auf der F26 gelegen, befindet sich eine Wanderhütte mit angegliedertem Zeltplatz (ohne Tankstelle; das Hochland ist tankstellenfrei!), von der aus man mehrstündige Wanderungen unternehmen kann. Beeindruckend auf dieser Fahrt ist, neben dem reinen Erlebnis der schlechten Piste, vor allem die Leere und Weite der arktischen Landschaft. Menschengemachte Gletscher-Stauseen und liebliche, grüne Täler wechseln sich ab mit schier endlosen, schwarz-grauen Steinwüsten, während am Horizont die Gletscher des mittleren Hochlands aufragen. Und auch die reduzierte Anzahl an Touristen macht den Reiz dieser Landschaft aus: Zwar trifft man natürlich auch hier regelmäßig auf andere Fahrzeuge, was aber keinen Vergleich darstellt zu den Besuchermassen des touristischen Südens Islands.

Entfernungen: Hrauneyjar–Aldeyjarfoss: ca. 200 km

Info: safetravel.is/driving

TOP ★ ERLEBNISSE

★ ABENTEUER 4X4-PISTE

Der Zustand von Hochlandpisten kann so schlecht sein, dass allein das Fahren ein echtes Abenteuer sein kann! Ob der Sprengisandur (oder andere Routen) überhaupt geöffnet und offiziell befahrbar ist, kontrolliert man vor der Abreise auf der Webseite des isländischen Verkehrsamtes. www.road.is

★ ZU PFERDE DURCH DIE WÜSTE

Selbst für isländische Reiter ist es ein absolutes Highlight, den Sprengisandur auf dem Pferderücken zu überqueren. Mehrere Anbieter von Reitausflügen haben diese Mehrtagestour in ihren Programmen.

★ ALDEYJAFOSS

Der Wasserfall Aldeyjarfoss liegt ganz am nördlichen Ende des Sprengisandsleið. Eine kurze Wanderung führt zu diesem versteckten Juwel aus fotogenem Säulenbasalt. Wer Zeit mitbringt, kann zum flussaufwärts gelegenen Hrafnabjargafoss wandern. www.northiceland.is

★ ABSTECHER NACH LAUGAFELL

20 Kilometer Luftlinie von der F26 entfernt gibt es bei der kleinen Hütte Laugafell (Kampieren und Schlafsackübernachtung möglich) einen natürlichen heißen Pool. Erreichbar ist Laugafell über die F752 (Reiserichtung: Norden) oder die F821 (Reiserichtung: Süden). www.ffa.is

★ DIE GROSSE LEERE ERLEBEN

Der eigentliche Sprengisandur ist eine Wüste. Eine Wanderung ins schwarze Nichts ist ein Demut lehrendes Ereignis: Hier spürt man die eigene Winzigkeit und staunt über die Pflanzen, denen das Überleben hier gelingt.

Der warme Bachlauf in Landmannalaugar ist eine der Hauptattraktionen des Tales (oben). Die umliegende Gegend leuchtet in ungewöhnlichen Farbschattierungen und kann über viele schöne Wanderwege erkundet werden (rechte Seite).

80 NATURSCHUTZGEBIET FJALLABAK

Im Tal der Regenbogenberge

Das Naturschutzgebiet Fjallabak zählt zu den beliebtesten Zielen im isländischen Hochland. Aktiver Vulkanismus hat hier eine weltweit einzigartige, vielfältige und farbenprächtige Bergwelt geschaffen. Vulkankrater, Lavafelder, bunte Rhyolithberge, glasklare Seen und dampfende Hochtemperaturgebiete liegen in diesem Gebiet auf engstem Raum dicht gedrängt beieinander.

Nähert man sich den »Warmen Quellen der Leute von Land«, so die wörtliche Übersetzung von Landmannalaugar, dann weicht das Grau der mondähnlichen Hochlandwüste einem wahren Farbenmeer. Tiefblaue Seen funkeln in rot geränderten Vulkankratern zwischen cremig-braunen Sanderebenen, leuchtend grünen Talsenken und moosbedeckten Lavafeldern. Bei Landmannalaugar schließlich scheint ein ganzer Malkasten über die Landschaft verteilt worden zu sein, leuchten doch die Berge des größten Rhyolithgebietes Islands in allen Farben des Regenbogens – selbst gelbes, grünliches und bläuliches Gestein findet man hier. Weiße Schneereste des vergangenen Winters, tiefschwarze Obsidianlavafelder und die tiefgrünen Feuchtgebiete der warmen Quellen setzen dem Farbenspiel die Krone auf.

Hochlandperle Landmannalaugar

Die Hügelketten bei Landmannalaugar bilden den äußeren Rand eines riesigen Kraters, der bei einem enormen Ausbruch des Zentralvulkans Torfajökull vor etwa 400 000 Jahren entstand. Seitdem kam es dort immer wieder zu Eruptionen, die letzte fand im 15. Jahrhundert unmittelbar bei Landmannalaugar statt. Die Lava ist meist rhyolithischen Ursprungs. Das Erscheinungsbild dieses jungen, hellen Gesteins mit einem hohen Quarzgehalt wird von rot-gelben, grauen oder gar grünen Farbtönen dominiert.

Im Winter ist Landmannalaugar nur per Ski, Schneemobil oder Superjeep zu erreichen (oben). Erst im Frühsommer kommen die bunten Berghänge unter dem Altschnee wieder zum Vorschein (unten). Die Rhyolithberge können tatsächlich sogar grünliche Farbtöne aufweisen (rechte Seite oben). Der Hnausapollur liegt nördlich von Landmannalaugar (rechte Seite unten).

Angesichts dieser außergewöhnlichen Urlandschaft verwundert es nicht, dass Landmannalaugar, die »Perle des Hochlands«, jeden Sommer Zehntausende Besucher anlockt. Nach der langen Fahrt durch die menschenleere Landschaft des Hochlandes gleicht das Hüttendorf mit dem großen Zeltplatz einem Ameisenhaufen. Auf dem Parkplatz herrscht bis weit in die Abendstunden reger Betrieb, Dutzende Zelte drängen sich dicht an dicht auf dem steinigen Campingplatz, und die große Wanderhütte ist ebenfalls meistens voll belegt. Unmittelbar neben der Hütte des isländischen Wandervereines FÍ entspringen heiße Quellen einem haushoch aufragenden Lavafeld. Dieser warme Bach gab Landmannalaugar seinen Namen und ist die Hauptattraktion für Tagesausflügler, die sich busseweise auf und in das natürliche Bad stürzen. Wer während der Hochsaison in Landmannalaugar auf eine ruhige Nacht in unberührter Natur hofft, könnte enttäuscht werden. Der Besucherandrang ist mittlerweile so enorm, dass die isländische Umweltbehörde überlegt, in näherer Zukunft Eintrittsgelder für das Naturschutzgebiet zu erheben und die Besucherzahlen zu begrenzen. Langfristig ist dies vermutlich die einzige Möglichkeit, die karge Natur und die empfindlichen Ökosysteme der Gegend zu schützen und den Erlebniswert für die Besucher aufrechtzuerhalten.

Wandern in Urlandschaft

Entfernt man sich allerdings ein wenig vom Campingplatz und den warmen Quellen, wähnt man sich plötzlich in der fantastischen Landschaft gänzlich alleine. Dem Besucher stehen viele unterschiedliche Wanderungen im Naturschutzgebiet zur Auswahl. Eine Stunde etwa dauert der steile Aufstieg zum Gipfel des 943 Meter hohen Bláhnúkur, der mit einer herrlichen Aussicht lockt. Nicht ganz so anspruchsvoll ist der zweistündige Rundweg durch das Lavafeld Laugahraun. Der 30 bis 50 Meter hohe Lavastrom aus dem Jahr 1477 besteht auch aus Obsidian. Dieses pechschwarze vulkanische Glas entsteht, wenn stark quarzhaltige Magma jäh abkühlt. Die Felsblöcke sind zum Teil von dicken Moospolstern überwachsen und bieten Schneehühnern, Schneeammern sowie einigen anderen Vogelarten Zuflucht.

Der Laugahringur führt zum Fuß des farbenfrohen Vulkans Brennisteinsalda, wo heißer Schwefeldampf aus einem Solfatarenfeld aufsteigt. Dort schließen sich weitere Wanderwege an, etwa ein kurzer, lohnender Abstecher auf den 881 Meter hohen Gipfel der Brennisteinsalda. Zurück zum Campingplatz

führt der Laugahringur durch die Schlucht Grænagil. Für längere Wanderungen bieten sich die Tour zu dem beeindruckenden Vulkankrater Ljótipollur an sowie Rundwanderungen auf die umliegenden Gipfel. Informationen und Karten zu den teilweise nur spärlich markierten Wanderwegen erhält man bei den Rangern, Hüttenwarten und Kioskbetreibern in Landmannalaugar.

Wie überall im Hochland werden Wanderer auch hier gebeten, auf den markierten Wanderwegen zu bleiben, da Tritte die Vegetation dauerhaft schädigen. Sowohl im moosbewachsenen Lavafeld als auch an den Wollgraswiesen unterhalb des farbenfrohen Berges Háalda kann man die durch Spaziergänger verursachte Bodenerosion mittlerweile deutlich erkennen. Die touristische Hochsaison fällt genau in die kurze Wachstumsperiode der Pflanzen. Wer die karge Vegetation schützen möchte, sollte daher immer genau darauf achten, wohin er seine Füße setzt.

Transport, Unterkunft und Versorgung

Landmannalaugar ist nur während der Sommermonate ab frühestens Mitte Juni und nur mit geländegängigen, vierradgetriebenen Fahrzeugen erreichbar. Die Nordroute der F208 ist dabei die technisch anspruchsloseste, da ohne Flussquerungen. Die Alternative zum eigenen Fahrzeug bilden Linienbusse, die das Gebiet von Mitte Juni bis Anfang September täglich von Reykjavík aus anfahren.

Wer im Naturschutzgebiet zelten möchte, muss die drei offiziellen Campingplätze Landmannalaugar, Landmannahellir und Hrafntinnusker oder die Hütten nutzen. Wild zelten ist im Namen des Naturschutzes strengstens untersagt. In Landmannalaugar stationierte Ranger geben gerne Auskünfte zu den Regeln des Schutzgebietes und kontrollieren, ob diese eingehalten werden.

Nur in Landmannahellir kann auf Gras gezeltet werden, in Landmannalaugar und auf Hrafntinnusker stehen die Zelte auf Schotter und Sand. Die Zelte sollten unbedingt regenfest sein und viele Abspannschnüre besitzen, da das Wetter sehr schnell umschlagen kann. Starke Niederschläge und hohe Windgeschwindigkeiten sind in dieser Gegend keine Seltenheit. Etwas komfortabler als im Zelt kann man in den Hütten des isländischen Wandervereins nächtigen. Hüttenübernachtungen sollten aufgrund der hohen Nachfrage lange im Voraus gebucht werden, spontan kommt man dort nur mit viel Glück unter. Eine alternative Hüttenübernachtung gibt es im 18 Kilometer entfernten Landmannahellir; in sechs Hütten können hier bis zu 92 Gäste in Schlafsackunterkünften aufgenommen werden.

TOP ★ ERLEBNISSE

★ LJÓTIPOLLUR

15 Kilometer nördlich von Landmannalaugar führt die Piste F208 am hübschen See Frostastaðavatn vorbei. Eine kleine Stichstraße führt nach Osten hin zum Explosionskrater Ljótipollur, was übersetzt »hässliche Pfütze« bedeutet. Wer auch immer diesen Kratersee benannte, muss schlechter Laune gewesen sein, denn Ljótipollur ist das Gegenteil von hässlich! Der einen Kilometer breite Krater, der 1477 entstand, hat rote Innenwände, die teilweise mit leuchtend grünem Moos bewachsen sind und ihn zu einem tollen Fotomotiv machen. Auf einem einfachen Wanderweg kann der Krater umrundet werden.

★ HNAUSAPOLLUR

Unweit des Ljótipollur, diesmal unmittelbar an der F208 gelegen, liegt ein weiterer Kratersee, der Hnausapollur. Er ist kleiner und nicht ganz so spektakulär wie sein großer Bruder, aber man kann auf einen angrenzenden Hügel wandern, von oben auf ihn hinab schauen und die Aussicht auf das Hochlandpanorama genießen.

WEITERE INFORMATIONEN
www.landmannalaugar.info

Regenbögen über Regenbogenbergen: Vom Gipfel des Söðull bei Hrafntinnusker hat man einen atemberaubenden Blick über die Fjallabak-Gegend.

81 TREKKING AUF DEM LAUGAVEGUR

Auf dem Weg der heißen Quellen

Der Laugavegur, der »Weg der heißen Quellen«, ist Islands bekanntester und beliebtester Fernwanderweg. Er verbindet die Naturschutzgebiete Fjallabak und Þórsmörk miteinander. Die 54 Kilometer lange Wanderung bietet viele faszinierende Elemente der typischen Inselnatur: Vulkanlandschaften, schroffe Gletscher, Hochtemperaturgebiete, brückenlose Flüsse und lieblich-grüne Hügellandschaften mit malerischen Seen.

Die Wanderung auf dem Laugavegur beginnt in Landmannalaugar und dauert je nach Etappenplanung drei bis vier Tage. Die Schwierigkeit der Tour und die Anforderungen an die Wanderer hängen stark vom Wetter ab. Gute Kondition und winterliche, wetterfeste Ausrüstung sind unabdingbar. Da die Übernachtungsmöglichkeiten in den sehr einfach ausgestatteten Hütten des isländischen Wandervereines FÍ begrenzt sind, sollte man sie frühzeitig buchen. Zeltplätze befinden sich jeweils bei den Hütten. Aufgrund der wachsenden Beliebtheit des Wanderweges und der daraus resultierenden Belastung der kargen Vegetation ist Wildzelten am Laugavegur mittlerweile verboten. Aufgrund ihrer Lage im südlichen Hochland sind Hütten und Wanderweg nur zwischen Ende Juni und Anfang September geöffnet. Bis in den August hinein wandert man auf teilweise ausgedehnten Schneeflächen. Die meisten Wanderer starten in Landmannalaugar und folgen der Route von Nord nach Süd bis in die 300 Meter tiefer gelegene Þórsmörk. Ein bis zwei Tage lässt sich die Tour durch eine Wanderung von Þórsmörk auf den ebenfalls gut markierten Fimmvörðuháls-Weg nach Skógar an der Südküste verlängern.

Bei gutem Wetter eröffnen sich weite Blicke, etwa auf den Gletschervulkan Eyjafjallajökull (unten). Statt einer großen Berghütte stehen in Emstrur mehrere kleine Häuschen eng beieinander (rechte Seite oben) Die Aussicht von Jökultungur auf den See Álftavatn ist eine der schönsten der Mehrtageswanderung (rechte Seite unten).

Die alte Hütte in Langidalur in der Þórsmörk lockt mit einem großen Campingplatz (oben). Im Sommer sind auch isländische Familien mit Kindern unterwegs, so etwa wie hier in Hvanngil (unten). Fjallabak, die Gegend um Landmannalaugar, lockt mit seinen bunten Bergen (rechte Seite oben). Der Weg ist regelmäßig und gut verständlich ausgeschildert (rechte Seite unten).

Von Landmannalaugar nach Hrafntinnusker

Vor dem Start der Wanderung sollte man auf der Webseite safetravel.is seine Wanderroute und Zeitplan hinterlassen. Man kann wählen, sich suchen zu lassen, so man sich bis zu einem bestimmten Zeitpunkt nicht zurückgemeldet hat. Bei schlechtem Wetter sollte man ohnehin immer mit den Hüttenwarten Rücksprache halten und mit anderen zusammen wandern.

Ein breiter Fußweg führt in das Lavafeld Laugahraun am Fuß des bunten Vulkans Brennisteinsalda. Dort beginnt der zehn Kilometer lange Aufstieg durch die farbenprächtigen, zerklüfteten Hügel Fjallabaks. In einer Senke direkt am Weg liegt das Geothermalgebiet Stórihver mit heißen Quellen, die leider zum Baden zu heiß sind.

Etwa zwei Drittel der ersten Tagesetappe sind oft bis in den Spätsommer hinein mit Schnee bedeckt. Bei der langen Überquerung des höchsten Passes auf gut 1000 Metern kann jederzeit unerwartet Nebel aufkommen. Der Weg ist gut markiert, bei schlechter Sicht müssen Wanderer dennoch wachsam sein. Hier oben kann es auch im Hochsommer zu Schneestürmen kommen. Kälte, Nässe und der für Island typische Wind führen schnell zu Unterkühlungen, die tödlich enden können, wenn man sich verirrt. Davon zeugt ein Gedenkstein, den man zwei Kilometer vor Erreichen der Hütte Hrafntinnusker passiert. Er erinnert an den Tod eines Israelis, der mitten im Sommer nicht weit vom Weg entfernt erfroren ist.

Von Hrafntinnusker nach Álftavatn

Die Etappe ist zwölf Kilometer lang, dauert vier bis fünf Stunden und überwindet eine Steigung von 490 Metern. Zuerst quert man ein von kleinen Schluchten durchzogenes Tal. Folgt man nach einem kurzen, steilen Aufstieg dem Laugavegur Richtung Westen, verlässt man die farbenfrohe Rhyolithlandschaft. Die Aussicht über die hügelige Vulkanlandschaft mit grünen Bergen, Seen und Gletschern gehört zu den schönsten Panoramen des Wanderweges. Es folgen ein steiler Abstieg in die grüne Ebene und die letzten Kilometer zu den Hütten, deren Campingplatz idyllisch direkt am Ufer des flachen Sees Álftavatn liegt.

Von Álftavatn nach Emstrur (Botnar)

Die Etappe ist 15 Kilometer lang, dauert sechs bis sieben Stunden und überwindet ein Gefälle von 40 Metern. Die ersten Kilometer windet sich der Weg zwischen grünen Hügeln in das Hvanngil-Tal. Dort befinden sich zwei Hütten mit einem windgeschützten Campingplatz, die als alternative Übernachtung zu Álftavatn genutzt werden können.

Die folgenden Kilometer führen über eine immer karger werdende Sanderebene, die von steilen, grünen Bergen umgeben ist. Mehrere Flüsse müssen überquert werden, teilweise trockenen Fußes auf Brücken, teilweise durch das Wasser. Dabei nähert man sich stetig dem Vulkan Eyjafjallajökull. Nach mehreren Kilometern scheinbar endloser Gletscherwüstenlandschaft sieht man plötzlich die Hütten von Emstrur (Botnar) mit ihren terrassenförmig angelegten Campingplätzen vor sich im Tal liegen.

Von Emstrur (Botnar) nach Þórsmörk

Die Etappe ist 15 Kilometer lang, dauert sechs bis sieben Stunden und überwindet ein Gefälle von 300 Metern.
Wieder verändert sich die Landschaft. Nach einem kurzen, steilen Abstieg quert man die Schlucht des Flusses Syðri-Emstruá auf einer Fußgängerbrücke. Ein Seil hilft über die letzten steilen Meter hinweg. Danach folgt eine bunte Mischung aus wüstenähnlichen Ebenen und grünen, steilen Tälern. Gegen Ende der Wanderung muss durch den Gletscherfluss Þröngá gewatet werden, der insbesondere gegen Abend hohe Wasserstände aufweisen kann. Vorsicht ist angebracht!
Auf der anderen Seite des Flusses wandelt sich die Landschaft ein weiteres Mal. Nach einer halbstündigen Wanderung durch einen kleinen Birkenwald erreicht man eine Weggabelung. Schilder weisen die Richtungen zu unterschiedlichen Hütten in Þórsmörk.

Naturschutz

Die spärliche Vegetation des isländischen Hochlands ist zwar äußerst widerstandsfähig, reagiert jedoch sehr empfindlich auf Erosion. Die wenigen großflächigen Vegetationsgemeinschaften, die meist aus Moosen und Flechten bestehen, mögen strapazierfähig aussehen, leiden jedoch sehr unter Belastung. Dies ist ein Grund, weshalb man nur noch auf den offiziellen Campingplätzen an den Hütten übernachten soll. Außerdem wird ausdrücklich gebeten, sich an die markierten Wege zu halten und nicht auf lebende Pflanzen und in Moospolster zu treten oder sich darauf zu setzen. Ebenso wichtig ist es, ausschließlich die Sanitäranlagen an den Hütten zu nutzen. Falls dies nicht möglich ist, nehmen Sie bitte all Ihren Müll mit zur nächsten Hütte, sogar Toilettenpapier, denn in den vorherschenden arktischen Verhältnissen dauert es bis zu zehn Jahre, bis es vollständig zerfallen ist. Bitte schützen und respektieren Sie unser Naturerbe und nehmen Sie Rücksicht auf die Tiere, Pflanzen und einzigartigen Landschaftsformen des Hochlandes.

TOP ★ ERLEBNISSE

★ MARKARFLJÓTSGLJÚFUR

Kein Wanderer sollte die Schlucht des Markarfljótsgljúfur auslassen. Etwa einen Kilometer nördlich der Hütten von Emstrur hat sich ein tosender Flusslauf bis zu 180 Meter tief in das weiche Gestein gegraben. Die zerklüfteten Wände der Schlucht leuchten in den Farben der unterschiedlichsten Gesteinsarten, umwerfend ist auch der Blick auf die umliegenden Vulkankegel und Gletscher. Die Wanderung eignet sich ideal als Abendspaziergang.

★ RESTAURANT IN HÚSAFELL

Wer nach mehreren Tagen Wanderung genug von Nudeln und Fertigessen hat, der kann im Hüttendorf in Húsadalur in der Þórsmörk in einem kleinen Restaurant einkehren: der »Lava Grill« bietet täglich eine größere Auswahl warmer Gerichte an.
www.volcanotrails.is

★ SICHER UNTERWEGS

Wichtige Informationen zu Wetter, Wegverhältnissen und die Möglichkeit, einen Reiseplan einzureichen, finden sich auf der Tourismus-Webseite der isländischen Bergrettung: www.safetravel.is

WEITERE INFORMATIONEN
www.fi.is

Tief blicken können Schwindelfreie in die Schlucht Markarfljótsgljúfur, die als Abendwanderung von der Hütte Emstrur aus erkundet werden kann.

Im Sommer kann man sich im eiskalten Gletscherfluss bei der Mündung des Ófærufoss die Füße kühlen.

82 RESULTAT GIGANTISCHER ERUPTIONEN – VULKANSPALTE ELDGJÁ

Wasserfälle in der Feuerschlucht

30 Kilometer östlich von Landmannalaugar, über eine kurze Zubringerstraße auf der Piste F208 zu erreichen, liegt mit Eldgjá ein weiteres Highlight des südisländischen Hochlandes. Vom Parkplatz mit Sanitäranlagen und Hinweistafeln führt ein Wanderweg an einem Fluss entlang zu einem zweikaskadigen Wasserfall.

Eldgjá bedeutet »Feuerschlucht«. Das zum Vatnajökull-Nationalpark gehörende, 150 Meter tiefe und bis zu 600 Meter breite Flusstal stellt das nördliche Ende einer insgesamt 75 Kilometer langen Vulkanspalte dar, die bei einer gigantischen Eruptionsserie in den Jahren 939 und 940 entstand. Die explosiven Ausbrüche zogen sich vom Mýrdalsjökull bis zum nordöstlichen Vatnajökull, produzierten eine über 14 Kilometer hohe Eruptionssäule und beeinflussten das Weltklima über mehrere Jahre hinweg. Dieser acht Kilometer lange Abschnitt der entstandenen Schlucht kann auf einem Wanderweg erkundet werden (Wegstrecke: 5 km). Am Ende der Wanderung belohnt der Blick auf den seitlich in die Schlucht stürzenden Wasserfall Ófærufoss, und wer mag, kann bis zu einer Plattform am Fuße der oberen Fallstufe aufsteigen. Bis 1993 spannte sich eine Naturbrücke über den zweistufigen Wasserfall, die aber leider einstürzte. Für Wanderer lohnenswert ist auch der Aufstieg zum 943 Meter hohen Berg Gjátindur (Wegstrecke vom Parkplatz: 14 km). Vom Ófærufoss führt ein steiler Trampelpfad auf den Gipfel, von dem sich Ausblicke auf die Skaftá-Gegend bieten.
INFO: www.eldgja.is

83 EINSAMER BERGSEE AM VATNAJÖKULL – LANGISJÓR

Wanderparadies mit toller Aussicht

Langisjór, der »lange See« liegt so entlegen am Südwestrand des Vatnajökull, dass er erst Mitte des 19. Jahrhunderts entdeckt wurde: Bauern aus der südlichen Küstenregion verirrten sich hierher auf der Suche nach ihren Schafen. Der 20 Kilometer lange, aber nur zwei Kilometer breite See liegt eingebettet in eine einzigartige Vulkanlandschaft aus schwarzen Palagonitbergen, die von leuchtend grünem Moos bewachsen sind.

Wie viele Orte im Hochland ist Langisjór nur in den kurzen Sommermonaten zu erreichen, entweder über die 26 Kilometer lange Stichstraße F235 oder alternativ über eine Mehrtageswanderung, die von Eldgjá aus startet. Outdoor-Fans schätzen Langisjór für einsame Wandermöglichkeiten mit islandweit besonderen Aussichten auf die karge Vulkanlandschaft des südwestlichen Vatnajökull. Kurz und steil, aber empfehlenswert ist die Besteigung des 1090 Meter hohen Sveinstindur, die bei einem Parkplatz am Fuße des Berges beginnt. Wie generell überall im Hochland ist die Vegetation hier extrem empfindlich: Bitte bleiben Sie auf den Wegen, und laufen Sie nicht auf Moos! Lange Jahre gab es Pläne, den Gletscherfluss Skaftá in den Langisjór zu leiten und ihn zwecks Wasserkraftproduktion anzustauen. Seit 2011 ist der See in den Vatnajökull-Nationalpark eingegliedert und somit vor Großindustrieprojekten geschützt. Heute gibt es am Südwestende des Sees ein kleines Toilettenhäuschen mit angegliedertem, sehr minimal ausgestattetem Campingplatz, der von Nationalpark-Rangern betreut wird.

INFO: www.vjp.is

Vor der Kulisse des größten Gletschers Islands liegt der »lange See« inmitten einer grün-schwarzen Berglandschaft.

84 DIE LAKI-KRATER

Wenn die Erde sich auftut

Die Grabenbruchzone der Kontinentalplatten verläuft einmal quer durch Island und dabei genau durch das Gebiet zwischen dem Gletscher Mýrdalsjökull an der Südküste und dem großen Vatnajökull. Dort erstreckt sich ein riesiges Lavafeld südlich des Flusses Skaftá bis hinunter zur Küste, wo sich in den Jahren 1783 bis 1784 die schlimmste Naturkatastrophe ereignete, an die sich die Isländer erinnern.

Im 18. Jahrhundert lebten die Isländer fast ausschließlich von der Landwirtschaft, insbesondere von der Schafzucht. Die oft bitterarmen Bauern, die von der herrschenden dänischen Oberschicht in ihrer Not völlig alleingelassen wurden, mussten um ihr Überleben kämpfen und waren unmittelbar abhängig vom Wetter und den zahlreichen Vulkanausbrüchen. Südisland blickte auf zwei Jahrzehnte stabilen Wetters und erntereicher Sommer zurück, als sich mit dem Ausbruch der Laki-Krater plötzlich ohne Vorwarnung alles änderte. Diese Katastrophe brannte sich tief in Islands kollektives Gedächtnis ein.

Skaftáreldar – die »Feuer der Skaftá«

Am 8. Juni 1783 bebte die Erde zwischen Mýrdalsjökull und Vatnajökull lange und mehrfach. Kurz darauf sahen die Menschen der Umgebung eine schwarze Wolke hinter den Bergen des Hochlandes aufsteigen, die schnell näher kam und das Sonnenlicht verdunkelte. Bereits am ersten Tag hatte sich im Gebiet der heutigen Lakagígar eine kilometerlange Vulkanspalte aufgetan, aus der gewaltige Mengen an Magma und Asche geworfen wurden. Ungeheure Massen Lava flossen in den 140 Meter breiten Fluss Skaftá, durch den normalerweise bis zu 100 Kubikmeter Wasser pro Sekunde strömen. Am vier-

Eine spektakuläre Hochlandpiste führt durch die Lakagígar-Krater (unten). Die Lavafelder und Krater sind teilweise von empfindlichen Moospolstern bedeckt, die man nicht betreten darf (rechte Seite).

Aus der Luft wirkt die Kraterreihe wie ein farbiges Kunstwerk (unten). Bis zur Küste erstreckt sich das riesige, mit dichtem Moos bewachsene Lavafeld Skaftáreldahraun (rechte Seite oben). Der Fagrifoss liegt auf halber Strecke entlang der Piste F206 (rechte Seite unten).

ten Tag des Ausbruchs trocknete er jedoch völlig aus. Die Lava hatte das Wasser verdunsten lassen und strömte an dessen Stelle in etwa gleicher Menge das Flussbett hinab. 45 Tage lang hielt der enorme Lavastrom an und bahnte sich seinen Weg durch das Flachland des Südens bis hinunter zum Meer. 580 Quadratkilometer Land wurden während der sogenannten Skaftá-Feuer unter flüssigem Gestein begraben, auch 17 Bauernhöfe.

Weltweite Auswirkungen

Der erstarrte Lavastrom, der sich 88 Kilometer gen Süden erstreckt, ist heute die deutlichste Auswirkung der Skaftá-Feuer. Es betraf jedoch nur die Menschen, die unmittelbar dort wohnten. Viel weitreichendere Folgen rief die Asche hervor, die kilometerhoch in die Atmosphäre aufstieg und noch in England und Teilen Skandinaviens niederging. Das Klima der gesamten nördlichen Hemisphäre kühlte dadurch um durchschnittlich 1,5 Grad Celsius ab. Es folgten extrem kalte und lange Winter in Europa und Nordamerika, die unter anderem zu den extremsten Überflutungen führten, die Europa je verzeichnete. Im Februar 1784 ließen die Schneeschmelze sowie das aufbrechende Eis den Rhein so stark anschwellen, dass in Köln Rekordpegel von 13,55 Metern gemessen wurden. Selbst die Jahrhunderthochwasser des letzten Jahrzehnts reichten nicht an diese Marke heran.

Die Notzeit des Dunstes

Die Folgen der Aschewolke waren in Island anderer, unmittelbarer Natur. Monatelang lag eine Wolke aus giftigen vulkanischen Gasen über dem Land. Das darin enthaltene Schwefeldioxid reagierte mit den Wassertröpfchen der Wolken zu Schwefelsäure, die das Atmen schwer machte, die Haut von Mensch und Tier verätzte und die Vegetation abtötete. Móðuharðindin, die »Notzeit des Dunstes«, nennen die Isländer diese Zeit in Anspielung auf die undurchsichtige Giftwolke. Der bläuliche Nebel machte vor den Landesgrenzen nicht halt, zog über ganz Europa und Teile Nordamerikas und sorgte auf dem Atlantik für äußerst schwierige Schifffahrtsbedingungen.

Dass wir heute so viel über den Ausbruch wissen, ist vor allem dem Pfarrer Jón Steingrímsson zu verdanken. In seinem Tagebuch notierte er detailgetreu, was die Menschen Südislands durchleben mussten.

»Die Sonne war rot wie ein Feuerball, und der Mond rot wie Blut«, vermerkte der 55-jährige Isländer. »In dieser Woche und den beiden zuvor fiel mehr Gift vom Himmel, als Worte beschreiben können: Asche, Regen voller Schwefel und Salpeter, alles gemischt

mit Sand. Die Schnauzen und Füße der Tiere, die über das Gras liefen und weideten, wurden gelb und wund. Alle Bäche wurden warm und leicht blau in Farbe, die Kiesbänke wurden grau. All die Pflanzen der Erde verbrannten, welkten und wurden grau, eine nach der anderen, als das Feuer an Intensität zunahm und sich den Siedlungen näherte.«

Als sich die Gaswolke über das Land legte, schrieb Jón: »Der faule Geschmack der Luft, bitter wie Seetang und nach Fäulnis stinkend, war tagelang so intensiv, dass die Menschen kaum atmen konnten. Außerdem drang das Sonnenlicht nicht mehr durch, alles war von Dunst eingehüllt. Erstaunlich, dass Menschen noch eine weitere Woche überleben konnten.«

Es ist auch diesen bewegenden Beschreibungen zu verdanken, dass sich die Isländer vor kaum etwas mehr fürchten als vor der unsichtbaren Gefahr, die von vulkanischen Gasen und der Asche ausgeht. Insbesondere für Grasfresser bedeutet frische Asche den Tod. »Fluoridvergiftung« nennt man es heute, wenn Nutztiere nach dem Verzehr des verseuchten Grases an inneren Blutungen, übermäßigem Zahnwachstum oder Zahnausfall sterben. In den Jahren 1783 bis 1785 verendeten auf diese Art landesweit die Hälfte des Rinderbestandes, zwei Drittel aller Pferde und 80 Prozent aller Schafe. In Kombination mit dem extremen vulkanischen Winter des Folgejahres brach eine dramatische Hungersnot über das Land herein. Ihr fielen fast 10 000 Menschen, ein Fünftel der isländischen Bevölkerung, zum Opfer.

Bizarres Laki

Heute erinnert nur noch eine gespenstisch-faszinierende Krater- und Lavalandschaft an diese schrecklichen Jahre. Das Zentrum des Ausbruchs, Lakagígar oder Laki genannt, erreicht man über die Piste F206. Die nur für Geländewagen geeignete Piste wird im Sommer aber auch täglich von Linienbussen angefahren. Bei der Anreise durch das teils grüne, teils kahle Hochland hat man einen herrlichen Blick auf die umliegenden Gletscher und die 25 Kilometer lange Reihe der 135 Krater. Dicke graugrüne Moospolster überwuchern das schwarze und rote Lavagestein der bis zu 100 Meter hohen Vulkankegel, die zum Vatnajökull-Nationalpark gehören. Aufgrund der Empfindlichkeit des porösen Lavagesteins und auch der Moospolster wird eindringlich darum gebeten, sich strikt an die vorgegebenen markierten Wanderwege zu halten. Die Moospolster sehen zwar dick und robust aus, zerkrümeln jedoch unter den Tritten der Besucher zu einer braunen, leblosen Masse. Wanderer müssen hier also besondere Sorgfalt walten lassen.

TOP ★ ERLEBNISSE

★ FJAÐRÁRGLJÚFUR

Unmittelbar zu Beginn der Piste F206, noch mit normalen PKWs erreichbar, liegt die Schlucht Fjaðrárgljúfur. Die meisten Laki-Reisenden stoppen hier und bewundern den filigranen Canyon, der in Kapitel 26 eingehend beschrieben wird.

★ FAGRIFOSS

Direkt an der Piste F206 auf dem Weg nach Laki gelegen, befindet sich der »hübsche Wasserfall« Fagrifoss. Ein einfacher, kurzer Wanderweg führt zu einer Plattform, die etwas über den Abhang gebaut wurde und von der man eine perfekte Sicht auf den 80 Meter hohen, mehrarmigen Wasservorhang hat.

★ SKAFTÁRELDAHRAUN

Das riesige Lavafeld Skaftáreldahraun entstand während der Laki-Feuer innerhalb von nur acht Monaten und bedeckt 565 Quadratkilometer Landfläche. Etwa vier Kilometer westlich von Kirkjubæjarklaustur wurde an der Ringstraße ein Parkplatz mit Informationstafeln eingerichtet, von dem man die heute moosbewachsene Lava fotografieren kann. Bitte das Moos nicht betreten, es stirbt sonst ab!

WEITERE INFORMATIONEN
www.south.is

Im Herbst werden die Schafe, die den Sommer frei im Hochland verbracht haben, zurück in Richtung der Farmen getrieben: zu Fuß, mit dem Pferd oder mittlerweile auch via Quad.

SITTEN UND UNSITTEN

Unterwegs in Island

Island liegt voll im Trend. Der boomende Tourismus der letzten Jahre hat das Land jedoch völlig unvorbereitet getroffen und strapaziert nicht nur die Natur, sondern auch die Toleranz der Isländer. Im Land der unbegrenzten Möglichkeiten gelten deshalb mittlerweile einige Regeln und Verbote.

Das Verhalten von Touristen sorgt in den isländischen Medien immer wieder für Schlagzeilen. So wandern Besucher in Straßenschuhen auf Gletschern umher, wagen sich in ungeeigneten Fahrzeugen an die Querung tiefer Gletscherflüsse oder klettern während eines Vulkanausbruchs auf der noch dampfenden Lava herum. Immer wieder verlassen Unbelehrbare die Straßen und Pisten, im sich hartnäckig haltenden Glauben, dass das komplett illegale und unerwünschte Offroadfahren erlaubt sei – und werden zu empfindlichen Geldstrafen verdonnert.

Nichts für schwache Mägen: angesengter Schafskopf ist ein isländisches Nationalgericht.

Es wird über Absperrungen geklettert und gar auf treibende Eisberge in Jökulsárlón: Manchmal scheint es, dass Island als großer Abenteuerspielplatz gesehen wird, auf dem Verbote immer nur für andere gelten und der gesunde Menschenverstand teilweise im Heimatland zurückgelassen wurde. Dass die isländische Natur ernst zu nehmende Gefahren birgt, zeigt sich an den Touristen, die hier jährlich ums Leben kommen. Auf den scheinbar harmlosen Straßen geschehen Autounfälle, Wanderer erfrieren, nachdem sie sich bei schlechtem Wetter verlaufen haben, und immer wieder werden wagemutige Besucher der Sandstrände von unvorhersehbar wilden Wellen ins Meer gezogen. Da man nicht die ganze Insel in einen Verbotsschilderwald verwandeln kann, werden Besucher gebeten, der Natur den nötigen Respekt entgegen zu bringen – und Warnschilder, Absperrungen und Regeln ernst zu nehmen.

Überall sieht man die Spuren unbelehrbarer Offroad-Fahrer: Dabei ist dies mittlerweile streng verboten.

Jedermannsrecht

Das sogenannte Jedermannsrecht erlaubt in Norwegen und Schweden das Zelten, Angeln und Feuermachen sowohl in der Wildnis als teilweise auch auf Privatgrund. Die isländische Version, das »Almannaréttur«, ist wesentlich eingeschränkter. Außerhalb von Campingplätzen zu zelten ist nur auf unbewirtschaftetem Land außerhalb von Nationalparks und einigen Schutzgebieten erlaubt – und nur unter der Voraussetzung, dass es sich um maximal drei Zelte und nicht mehr als eine Nacht handelt. Dass man dabei keinerlei Spuren hinterlässt und seinen Müll nicht in der Natur entsorgt, sollte klar sein!

Angeln ist in Süßwasser ohne Erlaubnis komplett verboten, Feuermachen generell nicht erwünscht, und für motorisierte Fahrzeuge gilt mittlerweile sogar eine Campingplatzpflicht, es sei denn, man besitzt die Einwilligung des Landeigners. Auch die Fahrer von Wohnmobilen und Autos müssen sich an die offiziellen Campingplätze halten und

Achtung vor der isländischen Natur: Die wilden Wellen der Südküste können lebensgefährlich sein.

dürfen nicht mehr einfach irgendwo übernachten. Das sagenhafte Jedermannsrecht, das alles erlaubt, gibt es in Island also gar nicht!

Kurioses und Ungewöhnliches

Der Tourismusboom der vergangenen Jahre hat teils kuriose Probleme verursacht. So gibt es beispielsweise entlang der Sehenswürdigkeiten viel zu wenig Sanitäranlagen. Mittlerweile sehen sich Landeigentümer gezwungen, Verbotsschilder aufzustellen, die einem die Notdurft verbieten. Denn diese und das dazugehörige Klopapier zersetzen sich im kühlen Klima nur extrem langsam. Nutzen Sie also die öffentlichen Toiletten, wann immer Sie können.
Zu den eher ungewöhnlichen Verhaltensregeln für Islandbesucher zählt übrigens auch, dass jeder angehalten wird, sich vor dem Eintauchen in ein Schwimmbad oder einen Hot-Pot gründlich mit Seife zu waschen. Verschwitzt in ein öffentlich genutztes Bad zu steigen, gilt als absolute Unsitte! Kurios sind auch die Spezialitäten der isländischen Küche. Traditionell wird alles gegessen, was verdaut werden kann: darunter Hammelhoden, Schafsköpfe und vergammelter Hai. Dem kulinarisch experimentierfreudigen Besucher sei allerdings folgende Information mit auf den Weg gegeben: Zwergwale werden in Island mittlerweile hauptsächlich für Touristen getötet. Und Papageitaucher stehen seit dem Jahr 2018 auf der Liste der bedrohten Arten und sollten daher weder gegessen noch ausgestopft mit nach Hause genommen werden!

Unüberbrückte Gletscherflüsse sollte man niemals unterschätzen.

Majestätisch erhebt sich Herðubreið aus dem von Lavaströmen geprägten Umland (oben). Beim Kratersee von Víti lässt sich der Vulkanismus hautnah erleben (rechte Seite unten). In der kargen Vulkanwüste gedeihen nur widerstandsfähige arktische Pflanzen, wie etwa Grasnelken (rechte Seite oben).

85 DIE VULKANWÜSTE DER ASKJA

Baden in der Hölle

Askja ist das Highlight des östlichen Hochlandes. Eine mehrere Stunden dauernde Fahrt auf extrem schlechten Pisten bringt die Besucher in eine mondgleiche Wüstenlandschaft, in der schroffe Gipfel in den Himmel ragen. Wie ein Juwel liegt die wassergefüllte Caldera des Askja-Vulkans inmitten in der Lavawüste. Der Anblick ist gleichermaßen märchenhaft und beängstigend.

Kilometerweit erstreckt sich das Lavafeld Ódáðahraun in alle Himmelsrichtungen. Die »Missetäter-Lava« ist mit über 4400 Quadratkilometern Ausdehnung das größte zusammenhängende Lavafeld Islands. Diese Steinwüste ist eine bizarre Wunderwelt mit Mondlandschaften, Sandwüsten, schroffen Bergen, wilden Lavaformationen und reißenden Gletscherflüssen in tiefen Schluchten, doch alles wirkt so lebensfeindlich, dass man froh ist, nur auf der Durchreise zu sein.

Askja

Hat man die Hütte Drekagil erreicht, kann man einer Stichstraße in die Caldera der Askja folgen. Ein Fußweg führt zum Öskjuvatn hinab. Bis vor wenigen Jahren galt der 220 Meter tiefe See als tiefstes Gewässer auf Island. Heute jedoch hat ihm die durch Gletscherschmelze immer größer und tiefer werdende Gletscherlagune Jökulsárlón den Rang abgelaufen.

Der blaue See entstand 1875 nach einem Ausbruch, der fatale Folgen für Ostisland nach sich zog. Damals wurden solch enorme Mengen von Asche in die Luft geschleudert, dass selbst in den Westfjorden schwarzer Regen vom Himmel fiel. Besonders in den Ostfjorden und dem Gebiet der Jökuldalsheiði war der Ascheniederschlag so heftig, dass Weideland für längere Zeit vergiftet wurde und zahlreiche Menschen keine andere Lösung sahen, als nach Amerika auszuwandern.

Der Hauptkrater der damaligen Eruption war Víti, die »Hölle«. Der 150 Meter breite Explosionskrater grenzt unmittelbar an den Öskju-

vatn und ist für seinen warmen See berühmt. Der Boden des gräulich-gelben kreisrunden Kraters ist von Schmelzwasser bedeckt und wird im heißen Kraterinneren auf mindestens 30 Grad Celsius erwärmt. Viele Besucher nehmen den steilen, rutschigen Abstieg in die »Hölle« auf sich, um in dem milchig-blauen Schwefelwasser zu baden. Da an den meisten Tagen ein frischer Wind weht, der eventuell entstehende Vulkangase fortweht, ist bei diesem Spaß bisher noch niemand zu Schaden gekommen. Dennoch: Das Bad in der Hölle ist im wahrsten Sinne des Wortes ein Spiel mit dem Feuer!
Der kreisrunde Öskjuvatn ist kein Krater im eigentlichen Sinn, sondern vielmehr eine Caldera. Diese Senke entstand erst nach dem großen Ausbruch von 1875, als ein Teil der unterirdischen, nun leeren Magmakammer in sich zusammensackte. An der Erdoberfläche entstand eine große, kreisrunde Mulde, die sich im Lauf der Zeit mit Grundwasser füllte. Diese jüngste Caldera der Askja ist nicht die einzige des Gebietes. Tatsächlich ist nämlich das ganze 40 Kilometer lange Tal eine Caldera, deren Ursprung und Alter bis heute unbekannt sind. Askja bildet das Zentrum des mit 200 Kilometern längsten Vulkansystems Islands. Genau an der Bruchzone der Kontinente gelegen, kann es hier jederzeit zu einer Eruption kommen. Vulkanologen verfolgen deshalb die seismische Aktivität auf das Genaueste. Tatsächlich kam es hier im September 2014 zu einem weiteren Vulkanausbruch: Im 10 Kilometer entfernten Lavafeld Holuhraun öffnete sich eine Erdspalte. Sechs Monate lang floss hier glühende Lava und formte ein 84 Quadratkilometer (!) großes Lavafeld, das noch jahrelang heiß bleiben wird. Den Besuch dort wird man nicht so schnell vergessen!

Spurlos verschwunden

Im Jahr 1907 besuchten die beiden Deutschen Walter von Knebel und Max Rudloff die Askja, um sie in einem Ruderboot zu erforschen. Seitdem gelten der Geologe und der Maler als verschollen. Von Knebels Verlobte Ina von Grumbkow reiste in den folgenden zwei Jahren nach Island, um mehr über den Tod der Männer herauszufinden. Nach ihrer ergebnislosen Rückkehr verfasste sie mit Isafold. Reisebilder aus Island einen Klassiker der Islandreiseliteratur. Meisterlich beschreibt sie darin das Faszinierende und die Seele der isländischen Landschaft. Ihre Schilderungen lassen erahnen, was für ein Abenteuer eine Hochlandreise vor hundert Jahren gewesen sein muss – nicht nur für abenteuerlustige Frauen wie Ina!

TOP ★ ERLEBNISSE

★ DER ASKJA-TRAIL

Es gibt in der Umgebung der Askja mehrere Wanderhütten, die auf langen Tagesetappen miteinander kombiniert werden können. Der für fünf Tage veranschlagte Askja-Trail ist wenig begangen, die Hütten sind oft unbemannt, die Gegend ist wüstenhaft, extrem einsam und das Wetter wild: Dies ist keine Wanderung für Outdoor-Beginner!
www.ffa.is

★ TAFELVULKAN HERÐUBREIÐ

Im Hochland des Nordostens gibt es kaum einen Berg, der so eindrucksvoll ist wie »Die Breitschultrige« Herðubreið. Der auch als »Königin der Berge« bekannte, 1682 Meter hohe Vulkan entstand gegen Ende der letzten Eiszeit und beeindruckt durch seine äußerst symmetrische Gestalt. Schon zu Sagazeiten galt er als »Sitz der Götter«.

★ OASE HERÐUBREIÐALINDIR

Am Fuß des majestätischen Tafelbergs Herðubreið befindet sich an der Piste F88 eine Wanderhütte mit angegliedertem Campingplatz. Mitten in der Wüste entspringen in dem sonst so trostlosen schwarzen Lavafeld unzählige Quellen und verwandeln diesen Ort in eine wahre Oase.

WEITERE INFORMATIONEN
www.northiceland.is

86 DAS GEBIRGSMASSIV KVERKFJÖLL

Wandern im Reich von Feuer und Eis

Südlich der Askja-Calderen liegt unmittelbar am Rand des Vatnajökull das Gebirgsmassiv Kverkfjöll. Die steilen Berge gehören zu einem uralten Vulkansystem mit faszinierenden Kontrasten. Dampfende Hochtemperaturgebiete mitten im Gletscher und leuchtend blaue Eishöhlen sind die Ergebnisse des ewigen Wettstreits zwischen Feuer und Eis.

Der bunte Gebirgszug Kverkfjöll ragt in den Gletscher Vatnajökull hinein (unten). Bei der langen geführten Wanderung ins hoch gelegene Geothermiegebiet (rechte Seite unten) erschließen sich fantastische Ausblicke auf die umliegende Vulkanlandschaft (rechte Seite oben).

Kverkfjöll liegt abgeschieden im Schatten des Vatnajökull. Die von Gletscher und Vulkanismus geprägte Umwelt von Islands drittgrößtem Gebirgsmassiv gibt sich so lebensfeindlich, dass Menschen hier stets nur Besucher waren. Dementsprechend schlecht ist die Infrastruktur des Gebietes, das man nur mit geländegängigen Fahrzeugen erreicht.

Wanderparadies für Allradfans

Das Hochland nördlich des Vatnajökull wird von unterschiedlich anspruchsvollen Jeeptracks durchzogen. Die meisten Besucher erkunden die Askja und Kverkfjöll im Rahmen eines zwei- bis dreitägigen Ausflugs und nutzen dafür die kürzesten und besten Geländewagenpisten aus Richtung Mývatn. Wer aus anderen Richtungen anreist, etwa dem Osten oder Westen, muss genügend Ersatzbenzin dabeihaben, auf Treibsand eingestellt sein und tiefe Gletscherflüsse durchqueren können. Die Aussicht, mit dem eigenen Allradfahrzeug das Hochland zu erobern, lockt jährlich Tausende Geländewagenfans nach Island. Leider hält sich unter vielen Besuchern der Irrglaube, dass Querfeldeinfahren in Island erlaubt sei. Verglichen mit dem europäischen Straßennetz sind die isländischen Hochlandpisten zwar so schlecht und abenteuerlich, dass sich hier tatsächlich

ein »Offroadfeeling« einstellt. Das Verlassen der Wege ist aber auch in Island strengstens untersagt! Leider hat durch die steigende Zahl motorisierter Reisender auch das Offroadfahren zugenommen. Die allgegenwärtigen Spuren, die Landschaft und Vegetation über Jahrzehnte hinweg zerstören, verleiten viele Abenteuerlustige zur Nachahmung. Wer jedoch die Natur wirklich liebt, sollte seine Geländewagenabenteuer gut recherchieren und fragwürdige Pisten nicht befahren. Die einzigartige Welt am Polarkreis lässt sich zu Fuß ohnehin am intensivsten erleben. Im Idealfall sollten Geländefahrzeuge nur als Transportmittel dienen, um zum Ausgangspunkt interessanter Tageswanderungen zu gelangen, zum Beispiel zu den Kverkfjöll.

Welt im blauen Glanz

Aus dem blau leuchtenden Gletschermantel des Vatnajökull ragen die über 1900 Meter hohen Gipfel der Kverkfjöll. Umgeben von Bergen und steilen Gletscherzungen liegt die große Hütte Sigurðarskáli. Die vom isländischen Wanderverein betreute Unterkunft bietet eine einfache Schlafsackunterkunft für bis zu 75 Personen und sogar einen stellenweise begrünten Campingplatz. Hüttenwarte und Ranger informieren Besucher über die vielfältigen Wandermöglichkeiten. Der beliebteste Ausflug führt drei Kilometer über Altschneefelder zum Fuß des Gletschers, dem ein warmer Gletscherfluss entspringt. Hier hat das Wasser heißer Quellen einen Dom aus blau schimmerndem Eis frei geschmolzen, der sich ständig verändert. Man sollte sich dem faszinierend schönen Tunnel jedoch nicht zu sehr nähern, da ein Aufenthalt dort lebensgefährlich sein kann.

Weitere Wanderungen führen auf die Gipfel des Virkisfell oder Biskupsfell, die eine grandiose Aussicht über die Gletscherzungen und die schier endlose Weite des Hochlandes ermöglichen.

Wer Ausdauer und Kondition mitbringt, der kann sich der von einem der Hüttenwarte geführten Tour hinauf auf den Gletscher anschließen. Vier Stunden dauert der Aufstieg auf den von Gletscherspalten zerfurchten Eispanzer, wobei 800 Höhenmeter überwunden werden. Die Mühe wird auf 1700 Metern Höhe mit einer einzigartigen Aussicht auf das geothermal aktivste Zentrum des Vulkans belohnt. Umrandet vom dicken Eispanzer des Vatnajökull breitet sich dort ein leuchtend gelbes Solfataren- und Fumarolenfeld aus, dessen Nebelschwaden so träge wie Segelschiffe an einem fast windstillen Tag dahinziehen. Hier ist Island wahrhaftig eine Insel aus Feuer und Eis!

TOP ★ ERLEBNISSE

★ MÖÐRUDALUR

Unweit der Ringstraße befindet sich an der Straße 901 Islands höchstgelegene Farm Möðrudalur, die als »Eingang zum nordöstlichen Hochland« gesehen werden kann. Wählt man den kürzesten Weg nach Kverkfjöll, kommt man direkt an der kleinen Häusergruppe vorbei. Hier gibt es Übernachtungsmöglichkeiten, ein kleines Restaurant und eine Art Not-Tankstelle.
www.fjalladyrd.is

★ HVANNALINDIR

Hvannalindir an der Piste F903 ist eine weitere grüne Oase inmitten der sonst so wüstenhaften Hochland-Landschaft. Es gibt hier keinerlei Infrastruktur, nur wilde Natur. Dies ist einer von vielen Orten, an dem Fjalla-Eyvindur mit seiner Frau Halla Ende des 18. Jahrhunderts lebte (siehe Kapitel 77). Hvannalindir ist Teil des Nationalparks Vatnajökull, und Ranger bieten regelmäßig kurze, geführte Touren an und zeigen und erklären die Besonderheiten des Ortes.
www.vjp.is

WEITERE INFORMATIONEN
www.northiceland.is

Island aus dem Bilderbuch: die Vulkankegel des südlichen Fjallabak vor der Kulisse des Gletschers Eyjafjallajökull.

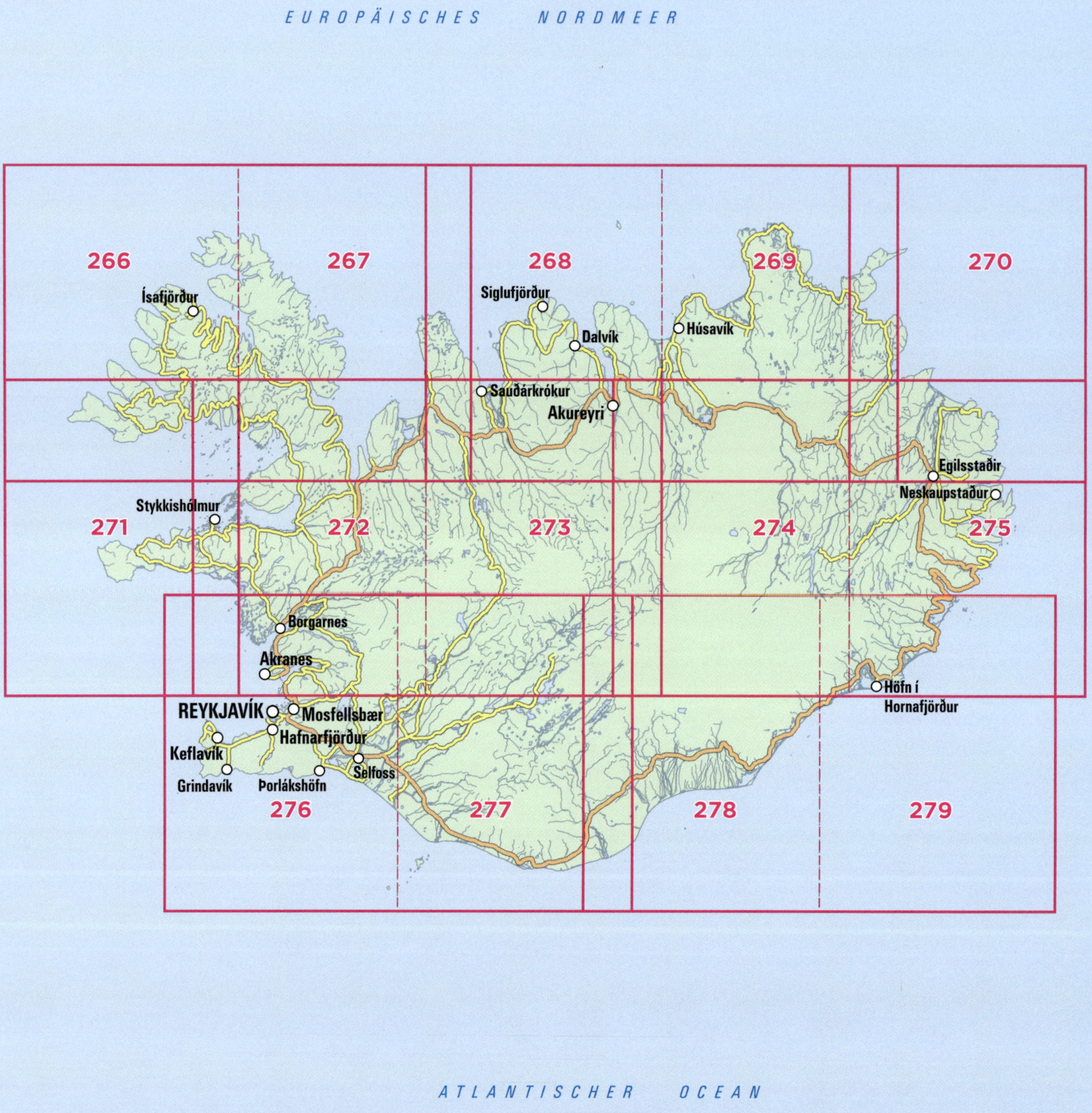
EUROPÄISCHES NORDMEER
266
267
268
269
270
Ísafjörður
Siglufjörður
Dalvík
Húsavík
Sauðárkrókur
Akureyri
Egilsstaðir
Neskaupstaður
Stykkishólmur
271
272
273
274
275
Borgarnes
Akranes
Höfn í Hornafjörður
REYKJAVÍK
Mosfellsbær
Hafnarfjörður
Keflavík
Grindavík
Þorlákshöfn
Selfoss
276
277
278
279
ATLANTISCHER OCEAN

LEGENDE

Autobahn	Sehenswürdigkeit - Kultur
Schnellstraße	Sehenswürdigkeit
Fernstraße	Kirche, Kloster
Hauptstraße	Schloss
Nebenstraße	Schlossruine
Sonstige Straße	Museum
Fahrweg	Höhle
Eisenbahn	Windmühle
Flüsse	Leuchtturm
See	Aussichtspunkt
Bebauung	Flughafen
Natur-, Nationalpark	Wasserfall
Staatsgrenze	Skigebiet

HUBER KARTOGRAPHIE

N

0 20 km

1 : 900.000

E u r o p ä i s c h e s
H o r n s t r a n d i r
Kögur
Straumnes
Straumnesfjall
Hvesta
Fannalágarfjall
Rítur
Hornstrandir
Lásfjall
Sléttunes
Jökulfirðir
Staður
Snæfjall
793
Ísafjarðardjúp
Suðureyri
Bolungarvík
Hnífsdalur
Staður
Hanhóll
Önundarfjörður
Birkihlíð
Ísafjörður
Flateyri
Sæból
752
Álftafjörður
Súðavík
Ögur
Skagafjall
Kirkjuból
Holt
787
Hvítanes
Strandsel
Kirkjuból
Þverfell
745
Hattardalur
Gerðhamrar
Núpur
Lambadasfjall
Laugabólsfell
Hafnarnes
Dýrafjörður
Sléttanes
Sveinseyri
Mýrar
839
Húsatún
Fremstuhús
Lambadalur
Eyri
Lokinhamrar
Þingeyri
Hrafnabjörg
998
Ketilseyri
Kópur
Sélardalur
920
Botn
Hólnatangar
Arnarfjörður
790
Álftamýri
Neðribær
622
Hrafnseyri
Auðkúla
Grænahlíð
866
Dynjandi waterfall
Glámа
Fremrihvesta
Mosdalur
Bíldudalur
Stóra-Eyjavatn
Blakknes
Stóri-Laugardalur
Vatnsfjörður Nature Reserve
Kjálkavatn
Kollsvík
Patreksfjörður
Láginúpur
Tálknafjörður
Hænuvík
Patreksfjörður
Litlanesfjall
Efritunga
Hjallatún
Foss
Flókalundur
Breiðavík Beach
Hjótur
Miðvörðuheiði
571
Skálmarfjörður
Kerlingarfjörður
Kvígindisfjörður
Hvallátur
Breiðavík
Sauðlauksdalur
Vesturbotn
Lækjarheiði
Hosuhliðarvatn
Bjargtangar
Brimnes
Hvalsker
Tungumúli
Kross
Vatnsfjörður
Látrabjarg
Lambavatn
Brjánslækur
Engey
Auðshaugur
Hellisey
Innri-Múli
Hagavaðall
Skálmarnesmúli
Rauðasandur
Saurbær
Skarðabrún
Haukaberg
Hagi
Arnórsstaðir
Melanes
Barðaströnd
Skarfaklettur
Hreggstaðir
Skor
Hergilsey
Hvallátur
Skáley
Sauðeyjar
Flatey
Svefneyjar
Klofningur
61
65
64
60
63
62

271

Nordmeer
Austurstrandir
Horn
Hornbjarg
Straumnes
Einbúi
Mánafell
582
Reykjafjörður
Geirólfsnúpur
Drangajökull
925
851
846
Drangaskörð
Drangavík
Drangafjall
Drangavíkurfjall
Strandir
Sælusker
Veturmýrarnes
Munaðarnes
Fell
Krossnes
Norðurfjörður
Reykjarneshyrna
Skjaldfönn
Laugaland
Ófeigsfjarðarheiði
Rauðanúpsvatn
Melar
Eyrarfell
718
Árnes
Víganes
Gjögur
Hallsstaðir
Reykjanes
Reykjarfjörður
Kattargilsvatn
Búrfell
697
Djúpavík
Djúpavík Hotel
Rauðamýrarfjall
549
Selárdalur
Trékyllisheiði
61
Brimnes
Húnaflói
Laugaból
Kirkjuból
Selá
Goðdalur
Balafjöll
Steingrímsfjarðarheiði
Geirmundarstaðir
Staður
Bakki
Bjarnarfjörður
Kaldrananes
Hrófberg
Bjarnarnes
Lómavatn
Reiphólsfjöll
Kollabúðaheiði
Hólmavík
Hella
Drangsnes
Grímsey
Museum of Sorcery and Witchcraft
Steingrímsfjörður
Húsavík
Tröllatunga
Heudalsá
Hvalsá
Kollafjarðarnes
Broddanes
Djúpidalur
Gufudalur
Geduvatn
Heiðabæjarheiði
Skriðinsenni
Bjarkalundur
Stóra-Fjarðarhorn
Steinadalsheiði
Ísavatn
60
Reykjanesfjall
Árbær
Grund
Bakki
Einfætingsgil
Gröf
Bitrufjörður
Króksfjarðarnes
Garpsdalur
Kleifar
Óspakseyri
Reykhólar
Karlsey
Helgey
Gilsfjörður
Sandhólar
Guðlaugsvík
Kolbeinsá
Skriðuland
Staðarhólskirkja
Efri-Brunná
Staðarhóll
Bæjarey
Akureyjar
Fagridalur
Þverfell
Bessatunga
670
Helluhólmi
Klifmýri
Hafratindur
Gaffallsheiði
425
Prestbakki
Selvíkurtangi
Víkur
Skagatá
Hraun
Rifsnes
Selvatn
Ölesvatn
Sviðningur
Skagaströnd
Aravatn
Hvalnes
Selnes
Ölvesvatn
Selá
Örlygsstaðir
Hof
Langavatn
Selvatn
Hraunvatn
Hvammur
Laxá
Skagaströnd
Hallá
Hafurstaðir
74
Höskuldsstaðir
Skrapatunga
Fáskrúð
Nestá
Sölvabakki
Lækjardalur
Brandstangi
Bakkakot
Laxárdalur
Blönduós
Tjörn
Húnafjörður
Tangar
Sauðanes
Ósar
Hvítserkur
Laxá
Holtastaðir
Brandafell
Þingeyrasandur
Þorgrímsstaðir
Sigríðarstaðavatn
Laxárvatn
Langidalur
Þingeyrar
Brekka
Reykir
Gautsdal
Hóp
Svínavatn
Vatnsnes
Þorfinnsstaðir
Hagi
Öxl
Grund
Auðkóla
Ytri-Ánastaðir
Stóraborg
Bjarnastaðir
Flóðið
Holt
Langamýri
Vesturhópsvatn
Víðidalsá
Breiðabólsstaður
Miðhús
Svínadal
35
Síða
1
Vatnsdalur
Heggstaðir
Böðvarshólar
Flaga
Eyvindarstaðir
Bálkastaðir
Miðfjörður
Hvammstangi
Víðigerði
Þórukot
Bakki
Hof
72
Vatnshóll
Víðidalstunga
Gilá
Sandar
Gauksmýri
Laugarbakki
Hrísar
Kolugil
933
Víðidalur

268

272

E U R O P Ä I S C H E S
Grímsey
Básar
Grímsey
Flatey
Víkurhöfði
Eyrarvík
Gjögurtá
Hvalvatnsfjörður
Sauðanes
Siglunes
Siglufjörður
Siglufjörður
Herring Mus.
Þóhildarvogar
Hólsfjall
Ytrafjall
Ólafsfjörður
Ólafsfjörður
Skagatá
Hraun
Húsnes
Malland
Keta
Dalshorn
Hvalnes
Selnes
Selá
Gauksstaðir
Skagafjörður
Málmey
Tjarnir
Fell
Hraun
Minnireykir
Barð
Brúnastaðir
Ketilás
Saurbær
Kvíabekkur
Hólkot
Kálfsá
Neskot
Hrolleifsdalur
Knappsstaðir
Bakki
1055
Þrasastaðir
Höfðavatn
Vatn
Mannskaðahóll
Kringla
Drangey
Sævarlandsstapi
Sævarland
Grettislaug (hot pool)
Hofsós
Hof
Ljótsstaðir
Tröllaskagi
Grindur
Gröf
Háleggsstaðir
Hákambar
Sýlingarhnjúkur
1261
Kot
Skeið
Urðir
Melstaður
Hlíðarendi
Sleitustaðir
Grafará
1118
Brimnes
Kolbeinsdalur
Víðvík
Heljarfjall
1289
Þverárjökull
Tindastóll
Sauðárkrókur
Tunga
Skrapatunga
Lækjardalur
Miklavatn
Tröð
Reynistaður
Vatnsleysa
Hofstaðir
Hólar
Hof
Hólabyrða
1293
Ríp
Vestari-Héraðsvötn
1223
Reykir
Frostastaðir
Glaumbær
Laxárdalur
Víðidalur
Holtastaðir
Gautsdalur
Kaldbakur
965
Dæli
Langamýri
Varmahlíð
Flugumýri
Sólvellir
Tungufjall
1293
Langidalur
Svínavatn
Auðkóla
Bólstaðarhlíð
Vatnshlíð
Víðimýri church
Víðimýri
Daufá
Miklibær
Holt
Langamýri
Svartá
Blöndudalur
Steinsstaðabyggð
Reykir
Silfrastaðir
Eyvindarstaðir
Bergstaðir
Hellufell
908
Mælifell
925
Hamrahlíð
Mælifellshnjúkur
1138
Litlidalur
Árnes
Héraðsvötn
Egilsá
Fremrikot
1109
Stafn
Höll
Fossar
Ánastaðir
Merkigil
Tungnahryggsjökull
Barkárdalsjökull
Barká
Myrkárjökull
Hjaltadalsheiði
Hjaltadalsjökull
Gljúfurárjökull
Grjótárhnjúkur
1237
Kirkjufjall
Gloppufjall
1181
Kinnafjall
Almenningsfjall
1249
Mælifell
Sneis
1192
1136
Hólar
Ytri-Villingadalur
Hrísey
Hrísey
Eyjafjörður
Dalvík
Höll
Tjörn
Vellir
Krossar
Litli-Árskógssandur
Hauganes
Rimar
1288
Syðrahvart
Kjarni
Hjalteyri
Klængshóll
Dýjafjallshnjúkur
1421
Gásir
Glæsibær
Garðshorn
Bitra
Skriða
Lögmannshlíð
Barká
Akureyri
Ytri-Bægisá
Hörgá
Myrká
Bakki
Bægisárjökull
Staðarbakki
Hraun
Kistufjall
Kerling
1538
Ytragil
Laugabrekka
Hrafnagil
Ystagerði
Saurbær
Hleiðargarður
Öxnafell
Möðruvellir
Stekkjarflatir
Kambur
Draflastaðir
Hólakot
Vatnsendi
Skjónafell
1082
Látur
Bakkaá
Austurá
1081
Kaldbakur
1167
Gljúfurá
Melur
Grenivík
Stærri-Árskógur
877
999
Flateyjardalsheiði
Víknafjöll
Dalsá
Kambur
1210
Björg
Skessuskálarfj
1201
Pverá
Ystavík
Garðsvík
Böðvarsnes
949
Víðivellir
Nes
Kross
Ljósavatn
Lundur
Fnjóskadalur
Fnjóská
Þórðarstaðir
Illugastaðir
Kaupangur
Garðsá
Björk
Klauf
Daðagerði
Reykir
899
Bleiksmýrardalur
Hjaltadalsá
Skj
Engi
Hlíð
Goða
Hraunt
Ólvesvatn
Selvatn
Hraunvatn
Laxá
Hallá
Aravatn
Langavatn
Grund
Svínadal
Reykir
1
75
76
82
83
35
267
268
273

NORDMEER
Rifstangi
Hraunhafnartangi
Haganes
Sölvanöf
Núpskatla
Blikalón
Ásmundarstaðir
Ásmundarstaðaey
Höskuldarnes
Grjótnes
85
Gegnisvík
Raufarhöfn
Rifsæðarvatn
Höll
Melrakkanes
Sandvík
Leirhöfn
Deildravatn
Sveinungsvík
Hestfall
284
72
Mjóavatn
Hólmavatn
Beltisvatn
Deildarvatn
Hvilftarvatn
Afrétt
Þernuvatn
Þistilfjörður
Grimshafnartangi
Kópasker
Snartarstaðir
Kollavík
Presthólar
Katastaðir
Hólaheiði
Vellir
Rauðanes
Sjóhúsavík
Hjálmarnes
Stóra-Viðarvatn
Sævarland
Svalbarð
Ytra-Áland
Hagaland
Flaga
Daðastaðir
Sandvatn
Mánáreyjar
Háey
Öxarfjörður
Tjörnestá
Breiðavík
Máná
Araós
Núpur
Gæsavatn
Mýrarkot
Ærlækjarsel
Öxarfjarðarheiði
Fjallalækjarsel
Syðra-Áland
Holt
Gunnarsstaðir
Hvammur
Krókavatn
Ilbjarnarstaðir
Tunguvellir
Tjörnes
Lónsós
Lækir
Þverá
Sandfellshagi
Svalbarðsá
Sandá
Tungusel
Lón
Þórseyri
Bakkahlaup
Ærlækur
Sauðafellsmúlar
520
Ålandstunga
Auðbjargarstaðir
Vogar
Lundur
Eyvík
Fjöll
Lón
Garður
Víkingavatn
Skinnastaðir
Smjörhóll
Svalbarðsnúpur
703
Hölkná
Botnsvatn
Keldhverfi
85
Mörk
Bjarnastaðir
Búrfellsvötn
Húsavík Whale Museum
Ásbyrgi
861
Sigtún
Þrístikluvatn
Búrfell
605
Tunguðarheiði
Saltvík
Ásbyrgi cliffs
Höskuldsvatn
Reykjaheiði
Jökulsárgljúfur National Park
Hljóðaklettar
Flár
Hvannstaðafjallgarður
Miðdalsvatn
Djúpavatn
Kjölur
87
Eyjavatn
Bláhvammur
839
Vígabjargsfoss
Heljardalsfjöll
931
Hafralón
Réttarfoss
Gjástykki
Grjótháls
Hólssandur
Stakfell
891
Syðrahjall
Grenjaðarstaður
Geitafell
Dettifoss
Bunga
983
Sandhnúks-vatn
Selfoss
Krókavötn
Eilífsvötn
882
Haugsnibba
935
Haugsvatn
Akrar
Þverá
Laugar
Leirhnjúkur
Krafla
818
Blönduvatn
Nýhóll
Maar Víti
Norðurfjöll
Jökulsá á Fjöllum
Árhólar
Viðarvatn
Hjalli
87
Hólssel
Brún
1
Laxá
Sandvatn
Reykjahlíð
Námaskarð
1
Grímsstaðir
Vellir
Másvatn
Nature Baths
Vindbelgur
Grjótagjá
Borg
Vogar
Búrfellshraun
Hofstaðir
Mývatn
Hverfjall (Tuffring)
Dimmuborgir
Grjót
Dimmifjallgarður
Laxárbakki
Kalfaströnd
Skútustaðir
Garður
Búrfell
953
Grænavatn
Baldursheimur
Víðidalur
Sandvík
Sandvatn
Kálfborgarár-vatn
Grænavatnsbruni
Skarðsá
1
Lundarbrekka
Rauðafell
Bláfjall
1222
Víðiker
Kráka
Sellandafjáll
988
Lambafjöll
615
Ódáðahraun
Kerlingardyngja
896
Hvanná
Möðrudalur
Möðrudalsfjallgarðar
846
Aldeyarfoss
Stóratunga
Mýri
Svartárvatn
Svartárkot
Hvammfjöll
Jökulsá á Fjöllum
Stóri-karl gannet colony
Hraunnes
Brimnes
Skálanes-vík
Langanes
Heiðarnes
Fiði
Eiðisvík
Grenjanes
Efralón
Hlíð
Sauðanes
Þórshöfn
Selfjall
582
85
Bakkaflói
Fell
Finnafjörður
Langanesströnd
Miðfjarðarnes
Skeggjastaðir
Fálkafoss
Kverkártunga
85
Ytri-Hágangur
923
Hámundarstaðir
Syðri-Hágangur
952
Hróaldsstaðir
Selárfoss
Selá
Ytri-Nýpur
Skógar
Vopnafjörður
Vakurstaðir
Vopnafjörður
Mælifell
822
Hrútafjöll
862
Vesturá
85
Hauksstaðir
Hof
Teigur
Selá
Nykurvatn
Álftavatn
Þuríðarvatn
Sunnuhlíð
Burstarfell
Einarsstaðir
Langavatn
Botnafjallgarður
Hauksstaðaheiði
Hofsá
Tunguá
Smjörvötn
Smjörvatnsheiði
Þjóðfell
1035
85
Geldingavatn
Langhólmavatn
Stórhólmavatn
Sandfell
888
Skjöldólfsstaðir
Gilsá
Sænautavatn
270
274

Europäisches
Nordmeer
Stóri-karl gannet colony
Hraunnes
Fontur
Gjögrahorn
Brimnes
Langanes
Eiði
Eiðisvík
Hlíð
Sauðanes
Selfjall
582
Bakkaflói
Finnafjörður
Svartnes
Torfuhorn
Skeggjastaðir
Bjarg
Bakkafjörður
Skálatóarsker
Vogasker
Strandhöfn
Vopnafjarðarströnd
Ytri-Hágangur
923
Ljósaland
Fuglabjarganes
Hámundarstaðir
Vopnafjörður
Hróaldsstaðir
Selárfoss
Selá
Nípsfjörður
Ytri-Nípur
Kolbeinstangi
Kollumúli
Bjarnarey
Skógar
Böðvarsdalur
Vakurstaðir
Krossavík
Syðrivík
Rauðhólar
Dalsá
Ketilsstaðir
Héraðsflói
Hólmatunga
Vesturá
Hof
Torfastaðir
Teigur
Hnitbjörg
Húsey
Hlíðarhús
Ósfles
Kögur
Skálanes
Höll
Unaós
Borg
Burstarfell
Sunnuhlíð
Einarsstaðir
Lagarfljót
Selfljót
Borgarfjörður
Brúnavík
Hófn
Mássel
Móberg
Sandbrekka
Bakkagerði
Borgarfjörður
Glettinganes
Tunguá
Smjörvötn
Kaldá
Jökulsá á dal
Kirkjubær
Rauðholt
Hlégarður
Hjaltastaður
Smjörvatnsheiði
Hrafnabjörg
Ártún
Breiðavík
Hvannstóð
Fossvellir
Kleppjárnsstaðir
Tjarnarland
Hleinargarður
Hjartarstaðir
Húsavík
Seyðisfjarðarflói
Sandfell
888
Vífilsstaðir
Gilsárteigur
Herfell
1064
Loðmundarfjörður
Tórshavn
Hvanná
Teigasel
Heiðarsel
Eiðar
Hofteigur
Hnefilsdalur
Rangá
Selsstaðir
Skálanes
Dvergasteinn
Seyðisfjörður
Dalatangi
Hánefsstaðir
Bægsli
938
Hnefla
Sandvatn
Fellabær
Vestdalsvatn
Egilsstaðir
Seyðisfjörður
Fardagafoss
Miðhúsasel
85
94
93
1

269
275

Breiðafjörður
Patreksfjörður
Látrabjarg
Flatey
Stykkishólmur
Hellissandur
Rif
Ólafsvík
Snæfellsjökull
1446
Snæfellsnes
Grundarfjörður
Breiðavík
Breiðavík Beach
Barðaströnd
Vatnsfjörður Nature Reserve
Faxa-flói

266
272
276

Sorcery and Witchcraft
Hvítserkur
Húnafjörður
Hvammstangi
Vatnsnes
Hrútafjörður
Bitrufjörður
Gilsfjörður
Hvammsfjörður
Búðardalur
Stykkishólmur
Hörðudalur
Haffjörður
Borgarnes
Borgarfjörður
Akranes
Akrafjall
572
Hvalfjörður
Skorradalsvatn
Skarðsheiði
1054
Reykholtsdalur
Hvítá
Geitland Nature Reserve
Geitlandsjökull
Þórisjökull
1350
Surtshellir
Eiríksjökull
1675
Arnarvatnsheiði
Norðurárdalur
Holtavörðuvatn
Snjófjöll
808
Skjaldbreiður
1060
Hlöðufell
1186
Þingvellir National Park
Geysir und Strokkur
Glymur
Kolufoss
Hraunfossar
Reykjanesfjall
Skarðsströnd
Flekkudalsá
Hafratindur
923
Heiðarbæjarheiði
Ljárskógafjall
Tröllakirkja
864
Langavatnsdalur
Rauðamelsfjall
Ljósufjöll
956
Flatey
Reykhólar
Hvalsá
Borðeyri
Laxá
Grímsá
Uxavatn
Reyðarvatn
Langavatn
Hítarvatn

267

271

276

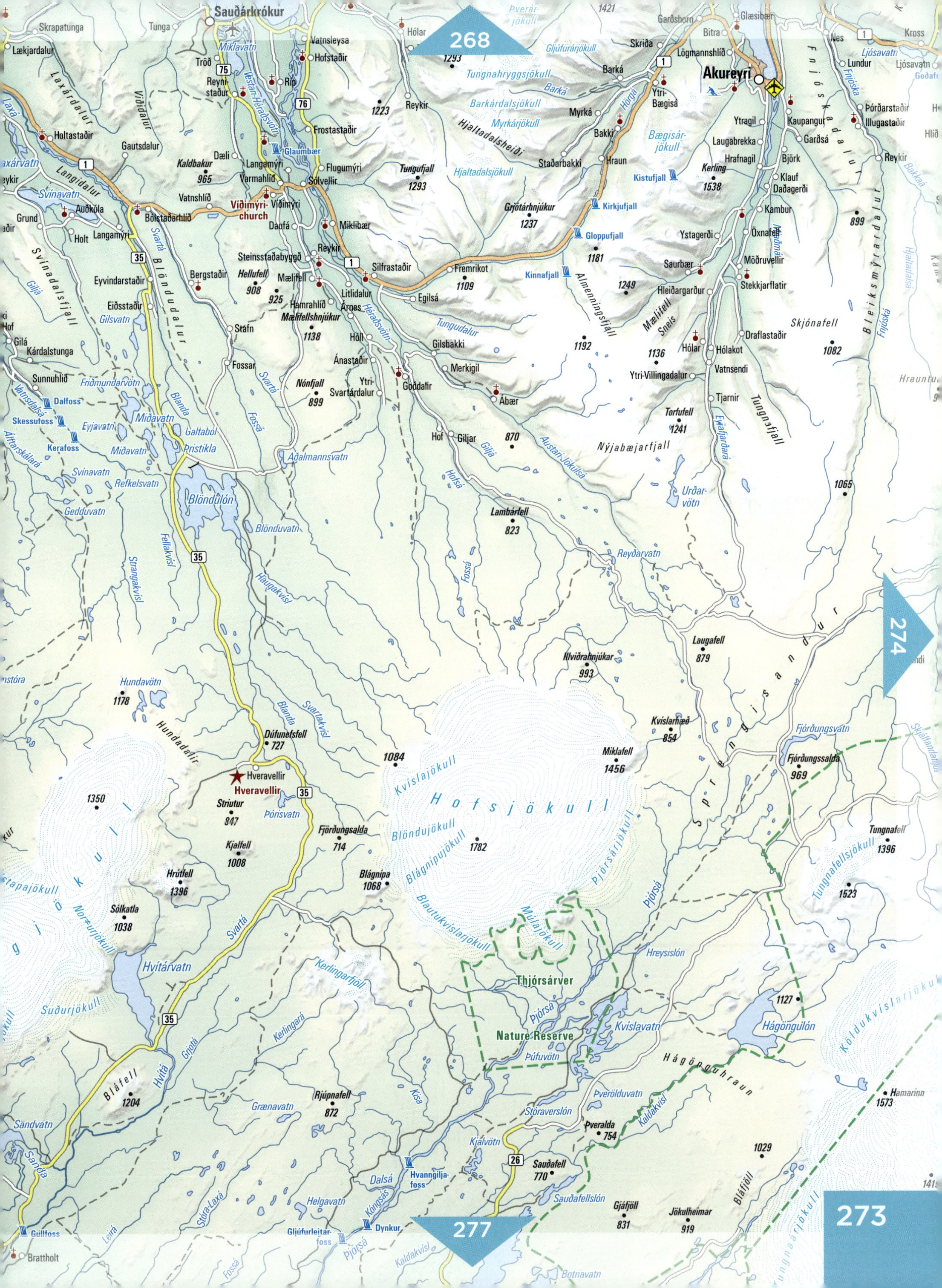

Sauðárkrókur
Skrapatunga
Tunga
Lækjardalur
Laxárdalur
Víðidalur
Holtastaðir
Gautsdalur
Langidalur
Svínavatn
Auðkúla
Grund
Holt
Langamýri
Bólstaðarhlíð
Svínadalsfjall
Eyvindarstaðir
Eiðsstaðir
Gilsvatn
Gilá
Kárdalstunga
Sunnuhlíð
Friðmundarvötn
Dalfoss
Skessufoss
Kerafoss
Eyjavatn
Miðavatn
Svínavatn
Refkelsvatn
Gedduvatn
Strangakvísl
Fellakvísl
Blöndulón
Blöndudalur
Galtaból
Pristikla
Blanda
Svartá
Miklavatn
Tröð
Reynistaður
Vestari-Héraðsvötn
Hólar
Vatnsleysa
Hofstaðir
Ríp
Frostastaðir
Glaumbær
Dæli
Langamýri
Kaldbakur
965
Varmahlíð
Vatnshlíð
Víðimýri church
Víðimýri
Sölvellir
Flugumýri
Dauðá
Miklibær
Steinsstaðabyggð
Reykir
Silfrastaðir
Bergstaðir
Hellufell
908
Mælifell
925
Hamrahlíð
Mælifellshnjúkur
1138
Árnes
Litlidalur
Stafn
Fossar
Höll
Ánastaðir
Nónfjall
899
Svartárdalur
Goðdalir
Aðalmannsvatn
Blönduvatn
Haugakvísl
Hundavötn
1178
Hundadalir
Dúfunefsfell
727
Hveravellir
Striutur
847
Þórisvatn
Kjalfell
1008
Hrútfell
1396
1350
Sólkatla
1038
Hvítárvatn
Suðurjökull
Norðurjökull
Bláfell
1204
Hvítá
Sandvatn
Sandá
Gullfoss
Bratthólt
Grjótá
Svartá
Fjórðungsalda
714
Blágnípa
1068
Kerlingarfjöll
Kerlingará
Grænavatn
Rjúpnafell
872
Kisa
Stóra-Laxá
Helgavatn
Dalsá
Kóngsá
Hvanngiljafoss
Dynkur
Gljúfurleitarfoss
Þjórsá
Kaldakvísl
Fossá
Leirá
1084
Kvíslajökull
Hofsjökull
Blöndujökull
Blágnípujökull
1782
Blautukvíslarjökull
Múlajökull
Þjórsárjökull
Þjórsárver
Nature Reserve
Þúfuvötn
Kvíslavatn
Hreysislón
Stóraverslón
Kjalvötn
Sauðafell
770
Sauðafellslón
Gjáfjöll
831
Jökulheimar
919
Bláfjöll
Botnavatn
Þveralda
754
Þveröldurvatn
Kaldakvísl
Hágöngulón
1127
Hágöngnhraun
Köldukvíslarjökull
Hamarinn
1573
1029
Tungnafell
1396
1523
Tungnafellsjökull
Fjórðungsvatn
Fjórðungsalda
969
Sprengisandur
Kvíslarhæð
854
Miklafell
1456
Laugafell
879
Illviðrahnjúkar
993
Reyðarvatn
Lambafell
823
Fossá
Hofsá
Hof
Giljar
Gilja
870
Ábær
Merkigil
Gilsbakki
Egilsá
Tungudalur
Austari-Jökulsá
Héraðsvötn
Fremrikot
1109
Hjaltadalsheiði
Hjaltadalsjökull
Tungufjall
1293
1223
Reykir
Tungnahryggsjökull
Barkárdalsjökull
Myrkárjökull
Gljúfurárjökull
Barká
Myrká
Bakki
Staðarbakki
Hraun
Grjótárhnjúkur
1237
Kirkjufjall
Gloppufjall
1181
Kinnafjall
Almenningsfjall
1249
1192
Mælifell
Sneis
1136
Hólar
Hólakot
Vatnsendi
Ytri-Villingadalur
Tjarnir
Torfufell
1241
Nýjabæjarfjall
Urðarvötn
Eyjafjarðará
Tungnafjall
1065
Skjónafell
1082
Draflastaðir
Stekkjarflatir
Hleiðargarður
Saurbær
Möðruvellir
Öxnafell
Ystagerði
Kambur
Daðagerði
Klauf
Björk
Hrafnagil
Kerling
1538
Kistufjall
Bægisárjökull
Ytri-Bægisá
Hörgá
Skriða
Lögmannshlíð
Garðshorn
Glæsibær
Bitra
Akureyri
Ytragil
Laugabrekka
Kaupangur
Garðsá
Fnjóskadalur
Nes
Lundur
Kross
Ljósavatn
Þórðarstaðir
Illugastaðir
Reykir
Bleiksmýrardalur
899
Fnjóská
Hrauntu
1421
Þverárjökull

268
274
277

269
273
274
278
Nes
Kross
Hjalli
Jaðar
Þverá
Laugar
Árhólar
Leirhnjúkur
Nýhóll
Viðarvatn
935
Ljósavatn
Lundur
Goðafoss
Fosshóll
Sandvatn
Reykjahlíð
Námaskarð
Hólssel
Hrútafjöll
862
Þórðarstaðir
Illugastaðir
Kaupangur
Garðsá
Hvarf
Hlíðarendi
Arndísarstaðir
Vellir
Brún
Másvatn
Vindbelgur
Hofstaðir
Mývatn
Borg
Vogar
Nature Baths
Grjótagjá
Hverfjall (Tuffring)
Dimmuborgir
Búrfellshraun
Grímsstaðir
Dimmifjallgarður
Langavatn
Botnafjallgarður
Haukssstaðir
Björk
Reykir
Laxárbakki
Kalfaströnd
Skútustaðir
Garður
Grænavatn
Búrfell
953
Baldursheimur
Víðidalur
Þjóðfell
1035
Sigurðarstaðir
Sandvík
Stóruvellir
Kálfborgarár-vatn
Lundarbrekka
Engi
Rauðafell
Viðiker
Grænavatnsbruni
Skarðsá
Lambafjöll
615
899
Bleiksmýrardalur
Fnjóská
Hjaltadalsá
Kambfell
Timburvalladalsá
Kráka
Bláfjall
1222
Sellandafjáll
988
Kerlingardyngja
896
Jökulsá á Fjöllum
Hvanná
Möðrudalur
846
Möðrudalsfjallgarðar
Skjónafell
1082
Aldeyarfoss
Mýri
Stóratunga
Svartárvatn
Svartárkot
Hvammfjöll
Mývatnsöræfi
Ísholsvatn
Hrauntungur
944
458
Sænautavatn
Lindará
Eggert
1332
Kollóttadyngja
1177
Lindaá
Herðubreiðarlindir
Mórauðavatn
Þríhyrningsvatn
1065
Ódáðahraun
Herðubreið
1682
Kreppa
Brú
Skjálfandafljót
Jökulsá á dal
Víti
Öskjuvatn
Dreki
Askja
1510
Fjallsendi
937
1077
Aðalból
Öxnadalsá
Hlíðarendi
Hrauná
Dyngjuvatn
Vaðalda
916
Gæsavatn
Kárahnúkur dam
Fagradalsfjall
1022
910
Fjórðungsvatn
Fjórðungssalda
969
Hrímalda
902
Tröllaðyngja
1460
Steinfell
851
Hvannalindir
Hvannalindir Nature Reserve
Grágæsavatn
Kverká
Sauðá
Hálslón
Kringilsárrani Nature Reserve
Snæfell
1833
Tungnafell
1396
Tungnafellsjökull
Kistufell
1444
Dyngjujökull
Brúarjökull
1523
Rjúpnabrekkujökull
1453
1325
Kverkjökull
Vatnajökull
Kverkfjöll
1860
Eyjabakkajökull
1260
Bárðarbunga
2009
Köldukvíslarjökull
Kverkfjallahryggur
1753
Vatnajökull
Breiðabunga
Hamarinn
1573
Grímsvötn
1719
Sub-glacial Volcano
National
1400
Flaájökull
Heinabergsfjöll
1300
Heinabergsjökull
1415
Haabunga
1742
Skálafellsjökull
Þórðarhyrna
Skaftafell National
Esjufjöll

270

Syðrivík
Rauðhólar
Ketilsstaðir
Vopnafjörður
Hólmatunga
Torfastaðir
Hnitbjörg
Húsey
Hlíðarhús
Hof
Teigur
Vesturá
Nykurvatn
Burstarfell
Sunnuhlíð
Einarsstaðir
Mássel
Jökulsá á dal
Lagarfljót
Selfljót
Móberg
Sandbrekka
Höll
Unaós
Borg
Skálanes
Kögur
Borgarfjörður
Brúnavík
Höfn
Bakkagerði
Glettinganes
Kirkjubær
Rauðholt
Hlégarður
Hjaltastaður
Tunguá
Smjörvötn
Kaldá
Hrafnabjörg
Artún
Tjarnarland
Smjörvatnsheiði
Fossvellir
Kleppjárnsstaðir
Hleinargarður
Hjartarstaðir
Hvannstóð
Breiðavík
Húsavík
Seyðisfjarðarflói
Sandfell
888
Vífilsstaðir
Gilsárteigur
Eiðar
Herfell
1064
Loðmundarfjörður
Tórshavn
Hvanná
Teigasel
Heiðarsel
Rangá
Hjarðarhagi
Hofteigur
Hnefilsdalur
Botarheiði
Flúðir
Selsstaðir
Skálanes
Dvergasteinn
Seyðisfjörður
Skjöldólfsstaðir
Gilsá
Hneflá
Sandvatn
Fellabær
Vestdalsvatn
Hánefsstaðir
Bægsli
938
Dalatangi
Skipalækur
Egilsstaðir
Fardagafoss
Gufufoss
Miðhúsasel
Hreiðarsstaðir
Mulafoss
Mjóifjörður
Höfði
Unalækur
970
Merki
Jaðar
Norðfjarðarflói
Neskaupstaður
Hof
Úlfsstaðir
Ásgarður
Fljótsdalsheiði
Klausturssel
Grund
Hengifossárvatn
Strönd
Grofargerði
Höttur
1106
Oddskarð
Norðfjarðará
Hengifoss
Sandvik
Hús
Hengifoss
Eskifjörður
Máva-stapar
Hallormsstaður
Sigmundarhús
Vöðlavík
Melar
Vað
Vallholt
Skriðuklaustur
Pingmúli
Reyðarfjörður
Áreyjar
Hólmar
Helgustaðir
Litla-Breiðuvík
Bjarg
Seley
Porvaldsstaðir
Haugatangi
Geitdalur
Haugar
Kollufell
1126
Pernunes
Kolmúli
Dalir
Brimnes
Vattarnes
Egilsstaðir
Kleif
Fáskrúðsfjörður
Kolfreyjustaður
Skrúður
Andey
Sturluflót
Strútsfoss
Porgrímsstaðir
Þorvaldsstaðir
Vikurgerði
Strembitangi
Gvendarnesfles
Jökulsá í fljótsdal
Sleðufoss
Kirkjufoss
Fellsá
Tóarsel
Gilsá
Stöðvarfjörður
Stöð
Lönd
Landatangi
Höskuldsstaðir
Randversstaðir
Heyklif
Kambanes
Hvannabrekka
Heydalir
Breiðdalsvík
Ódáðavötn
Líkárvatn
Eyjabakkafoss
Melshorn
Berufjörður
Fagridalur
Ós
Streitishvarf
Lindarbrekka
Eyjólfsstaðir
Berufjörður
Gautavík
Krossgerði
Núpur
Folavatn
Urðarteigur
Berunes
Suðárvatn
Þrándarjökull
1248
Hamarssel
Teigarhorn
Gíslatangi
Djúpivogur
Hamarsá
Hamar
Kambfell
1109
Hamarsfjörður
Geithellnaá
Papey
Stapaey
Hrómundarey
Geithellur
Melrakkanes
Axarjökull
Lónsöræfi Nature Reserve
Stórifoss
Hofsjökull
Múli
Álftafjörður
Hof
Stórhóll
Lónsöræfi
Jökulsá í Lóni
Stekkatún
Starmýri
Þvottá
1152
Lækjavík
Krossanes
Svínhólar
Stafafell
Lónsfjörður
Hvalnes
Hoffellsfjall
1035
Hoffell
Hraunkot
Skeggtindar
1025
Lónsvík
Papafjörður
Nesjahverfi
Bjarnanes
Syðrifjörður
Einholt
Hornafjörður
Skarðsfjörður
Borg
Höfn í Hornafjörður
Stokksnes

279

272

Faxa-
flói
Atlantischer
Ozean
REYKJAVÍK
Perlan
Viðey
Engey
Bessastaðir
Álftanes
Garðar
Garðabær
Kópavogur
Mosfellsbær
Hafnarfjörður
Museum
für Design und
Angewandte Kunst
Akranes
Borgarnes
Borgarfjörður
Hvalfjörður
Akrafjall
572
Keflavík
Njarðvík
Keflavík
International Airport
Garður
Garðskagi
Sandgerði
Hólkot
Nýlenda
Hafnir
Ósar
Vogar
Kálfatjörn
Reykjanes
Bláa Lónið
Grindavík
Hafnaberg
Sandvíkur
Reykjanestá
Víkur
Hraunsvík
Ísólfsskáli
Krýsuvík
Kleifarvatn
Krýsuvíkurberg
Reykjanes-
fólkvangur
Trölladyngja
Fagradalsfjall
Brennisteinsfjöll
379
Bláfjalla-
fólkvangur
Bláfjöll
Heiðinhá
655
Herdísarvík
Strandarkirkja
Hlíðarvatn
Hlíðarendi
Breiðabólsstaður
Þorlákshöfn
Hafnarvík
Eyrarbakki
Stokkseyri
Selfoss
Hveragerði
Reykjadalur
Hot Springs
Geothermal Park
Hveragerði
Hengill
Ölfusá
Þingvellir
National Park
Þingvallavatn
Almannagjá
Pingvellir
Golden Circle
Kerið
Gljúfrasteinn
Mosfellsheiði
Leirvogsvatn
Hafravatn
Elliðavatn
Kollafjörður
Esja
909
852
Hofsvík
Glymur
Hvalvatn
Skjaldbreiður
1060
Hrafnabjörg
824
Þórisjökull
1350
Skorradalsvatn
Skarðsheiði
1054
Reyðarvatn
Uxavatn
Grímsá
Hvítá
Reykholtsdalur
Reykholt
Húsafell
Leirárvogur
Þormóðssker
Eldey
Surtsey
Úlfljótsvatn
Sog
Laugarvatn
Apavatn
Hestvatn
Þjórsá
Urrigafoss
Tunga
Fljótshólar
Þykkvibær
Bali
Gaulverjabær
Skógsnes
Litla-Kaffistofan
Nesjavellir
Villingavatn
Kaldárhöfði
Sólheimar
Minni-Borg
Hjálmsstaðir
Brúsastaðir
Stíflisdalur
Mosfell
Reykjahlíð
Hamar
Skálafell
Grundarhóll
Brautarholt
Saurbær
Melar
Kiðafell
Meðalfellsvatn
Reynivellir
Vindáshlíð
Möðruvellir
Fremrihals
Fellsendi
Sogn
Hvammsvík
Hrafnabjörg
Ingunnarstaðir
Ferstikla
Svarfhóll
Leirá
Lambhagi
Katanes
Melaleiti
Lyngholt
Höfn
Álftanes
Innrihólmur
Miðhús
Ós
Akrar
Hjalley
Traðir
Hólmakot
Hjörsey
Knarrarnes
Álftarós
Urriðaá
Langarfoss
Leirulækur
Rauðanes
Arnarstapi
Borg
Beigaldi
Ferjukot
Hvanneyri
Grund
Kross
Horn
Hagi
Draghals
Fitjar
Reykir
Hóll
Lundur
Hrísar
Hæll
Fosstún
Árbakki
Runnar
Hamrar
Stafholt
Litlagröf
Álftártunga
Auðsstaðir
Augastaðir
Stóriás
Hraunfossar
Selfoss
Flóinn
Kaldaðarnes
Sólvangur
Votmúli
Meðalholt
Hróarsholt
Hurð
Kulshult
Villingaholt
Forsæti
Tannastaðir
Gljúfur
Prastarlundur
Egilsstaðir
Hjalli
Lækur
Núpar
Vötn
Sýðribú
Björk
Búrfell
Eyvík
Vaðnes
Miðengi
Ólafsvallahverfi
Stóra-Ármót
Brúnastaðir
Bitra
Heiðarbær
Skálabrekka
Mjóanes
Nesjar
Hagi
Laugarvatn
54
50
52
1
47
51
48
36
41
42
43
44
45
39
38
34
33
35
37
30

273
278
Hvítárvatn
Langjökull
Suðurjökull
Hagafell
Bláfell
1204
Hagavatn
Sandvatn
Geysir und Strokkur
Haukadalur
Geysir
Gullfoss
Brattholt
Gýgjarhóll
Múli
Brekka
Vatnsleysufoss
Foss
Haukholt
Vatnsleysa
Hvítá
Laugar
Kaldbakur
Reykholt
Bræðratunga
Hruni
Laxárdalur
Skáldabúðir
Flúðir
Laugarás
Gata
Hlíð
Viðihlíð
Stóðulfell
Stórinúpur
Búðafoss
Hvammur
Leirubakki
Akbraut
Kaldárholt
Skarð
Galtalækur
Næfurholt
Hólar
Minnivellir
Þverlækur
Lunansholt
Húsagarður
Kvíarholt
Bolholt
Selsund
Þingskálar
Marteinstunga
Heiði
Litlatunga
Gunnarsholt
Árbær
Akurhóll
Hella
Keldur
Sólvellir
Oddi
Árgilsstaðir
Djúpidalur
Þórunúpur
Saga-Zentrum
Hvolsvöllur
Kirkjulækjarkot
Hlíðarendi
Barkarstaðir
Fljótsdalur
Lambey
Teigur
Múlakot
Hemla
Teigsaurar
Skúmsstaðavatn
Ey
Hátún
Akurey
Voðmúlastaðir
Stóramörk
Arnarhóll
Bergþórshvoll
Gljúfurárfoss
Seljalandsfoss
Stóridalur
Gaularás
Kúfhóll
Seljaland
Kross
Fit
Ystiskáli
Ásólfsskáli
Bakki
Holtsós
Steinar
Nýibær
Holt
Skógafoss
Skógar
Skogar Museum
Eyjafjallasandur
Landeyjasandur
Stóraborg
Faxasker
Ellidaey
Heimaey
Bjarnarey
Vestmannaeyjar (Westman Islands)
Álfsey
Brandur
Suðurey
Hellisey
Súlnasker
Hekla
1491
Stöng
Þjóðveldisbær
Búrfell
Háifoss
Hrauneyjarfoss
Hrauneyjar
Sultartangalón
Tungnaá
Þjórsá
Gljúfurleitarfoss
Dynkur
Kaldakvísl
Hvanngiljafoss
Helgavatn
Dalsá
Kisa
Grænavatn
Rjúpnafell
872
Kerlingarfjöll
Kerlingará
Hvítá
Þjórsárver
Nature Reserve
Kvíslavatn
Þúfuvötn
Hreysislón
Hágöngulón
Hágönguhraun
Þveröldulón
Stóraverslón
Kjalvötn
Þveralda
754
Sauðafell
770
Sauðafellslón
Gjáfjöll
831
Jökulheimar
919
Bláfjöll
1029
1127
Botnavatn
Þórisvatn
Hraunvötn
Langisjór
Tungnaárfjöll
Litlisjór
Fellsendavatn
Krókslón
Tungnárfellsfoss
Fjallabak
Nature
Reserve
Frostastaðavatn
Landmannalaugar
Kirkjufell
Kirkjufellsvatn
Rauðufossafjöll
Laufafell
Hábarmur
1192
Tindafjall
1056
Ófærufoss
Grænifjallgarður
Sandvatn
Lambavatn
Laki
Kaldaklofsfjöll
Torfajökull
Svartahnúksfjöll
Álftavatn
Strútur
Hraunkvísl
Þórsmörk
Tindfjallajökull
1462
Gilsá
Axlarfoss
Fagrifoss
Geirlandsá
Mörtunga
Systrafoss
Kirkjubæjarklaustur
Hólmur
Búland
Skaftá
Skaftárheiði
Ljótarstaðir
Snæbýli
Svínadalur
Gröf
Úthlíð
Hemra
Flaga
Ytriásar
Hrífunes
Botnar
Fljótsbotn
Fljótakrokur
Hellisá
Kaldbakur
Sléttjökull
989
Botnjökull
Öldufellsjökull
Entujökull
Rjúpnafell
1438
Sandfellsjökull
Eyjafjallajökull
1666
Fimmvörðuháls
Mýrdalsjökull
1450
Kötlujökull
Sólheimajökull
Lónið
Markarfljót
Þverá
Hólmsá
Leira
Þverkvísl
Kúðafljót
Hafursey
582
Melhóll
Langholt
Grund
Lyngar
Efriey
Sandhóll
Holt
Mýrar
Pykkvabæjarklaustur
Mýrnatangi
Vinamynni
Álftagróf
Pétursey
Litlaheiði
Heiðarvatn
Höfðabrekka
Brekkur
Skeiðflötur
Suðurhvoll
Vík
Garðar
Dyrhólaey
Hjörleifshöfði
231
Jökulsá

274

277

Vatnajökull
National Park
Skaftafell National Park
Bárðarbunga
2009
1453
Kverkfjöll
1860
Kverkfjallahryggur
1753
Köldukvíslarjökull
Hágöngulón
1127
Hamarinn
1573
Grímsvötn
1719
Sub-glacial Volcano
1029
Bláfjöll
1415
Haabunga
1742
Jökulheimar
919
Tungnaárjökull
Þórðarhyrna
1659
Esjufjöll
1522
Breiðabunga
1400
1300
Skálafe
Kálfafellsfjöll
Staðarfjall
1240
Langisjór
Skaftárjökull
Skaftá
Hágöngur
1120
Grænalón
Grænafjall
Morsárdalur
1430
Síðujökull
Bjarnarsker
1006
Eystrafjall
Morsárjökull
Breiðamerkurjökull
Stemmulón
Reynivellir
Hali
Museum Þórbergsse
Jökulsarlón
Lambavatn
Laki
Brunná
Djúpá
Björninn
Núpsá
Skaftafellsjökull
1751
Öræfajökull
Hafrafell
Bæjar-staðars-kógur
Svartifoss
Böltí
Skaftafell
Svínafellsjökull
Hvannadalshnúkur
2119
Fjallsjökull
Breiðárlón
Kvísker
Hrollaug
Miðfell
721
Skeiðarárjökull
Lómagnúpur
767
Svínafell
Freysnes
Kvíárjökull
Breiðamerkursandur
Krossárfoss
Rauðaberg
Kálfafell
Seljaland
Maríubakki
Hvoll
Gígjukvísl
Skeiðará
Landáll
Sandfellsheiði
Litlahof
Hnappavellir
Tvísker
Kaldbakur
Öðulbrúará
Þverá
Teygingalækur
Slétta
Hruni
Fagurhólsmýri
Fagrifoss
Geirlandsá
Hörgsland
Foss
Mörtunga
Prestbakki
Systrafoss
Sléttaból
Skeiðarársandur
Leirur
Ingólfshöfði
Kirkjubæjarklaustur
Hólmur
Efrivík
Skaftá
Rauðabergsós
Skaftafellsfjara
Svínafellsfjara
Þykkvibær
Nýjós
Seglbúðir
Hvalsíki
Arnardrangur
Fljótsbotn
Veiðiós
Botnar
Fljótakrokur
Eldvatn
Syðrifljótar
Eldvatnsós
Melhóll
Langholt
Grund
Lyngar
Efney
Sandhóll
Mýrar
Mýrnatangi
1

275

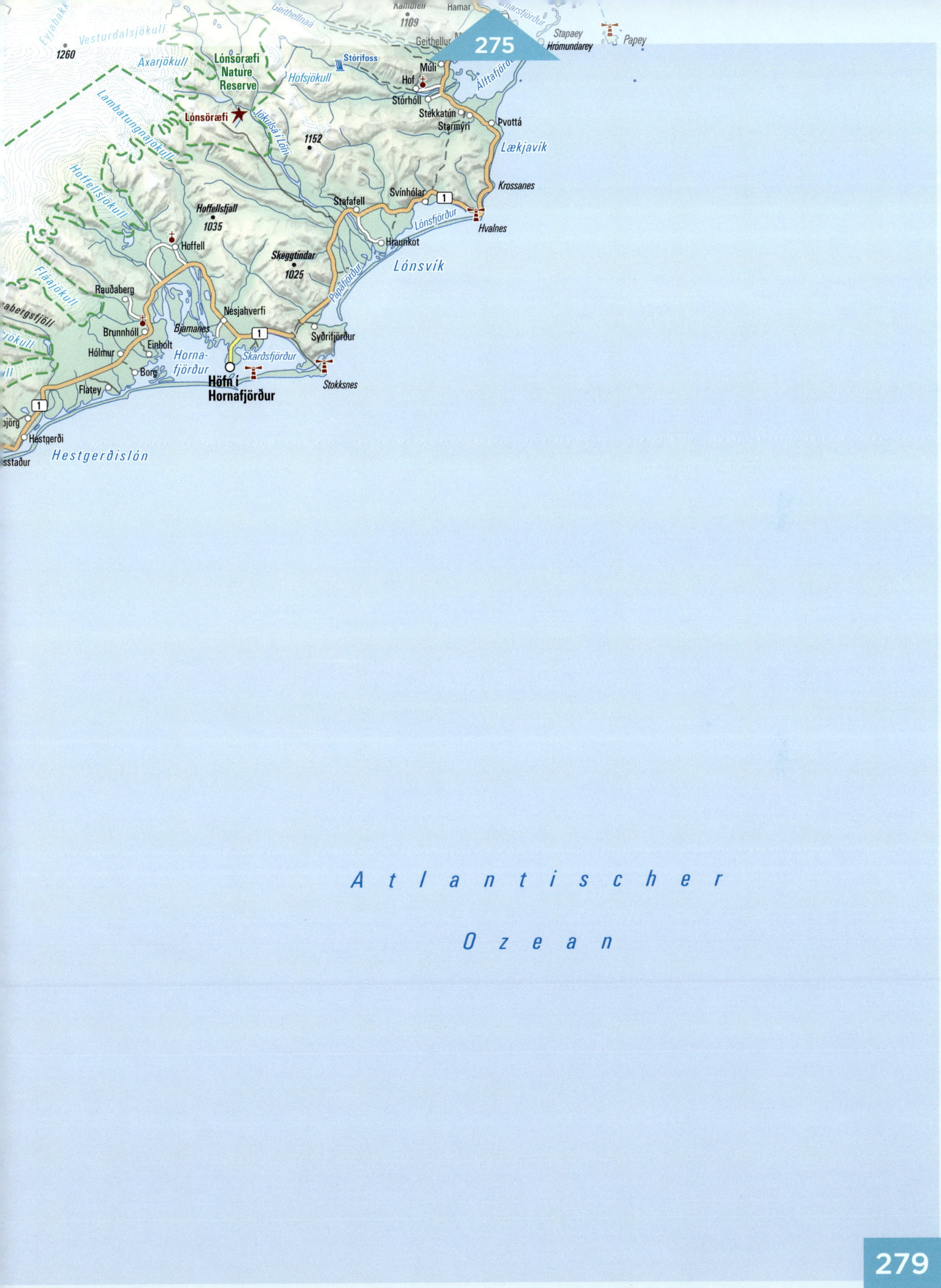
Vesturdalsjökull
1260
Axarjökull
Lónsöræfi Nature Reserve
Lónsöræfi
Geithellnaá
1109
Hamar
Geithellur
Stórifoss
Hofsjökull
Múli
Hof
Stórhóll
Stekkatún
Starmýri
Þvottá
Álftafjörður
Stapaey
Hrómundarey
Papey
Lækjavík
Krossanes
Hvalnes
Lambatungnajökull
Jökulsá í Lóni
1152
Hoffellsjökull
Hoffellsfjall
1035
Stafafell
Svínhólar
1
Lónsfjörður
Hraunkot
Lónsvík
Hoffell
Skeggtindar
1025
Papafjörður
Fláajökull
Rauðaberg
Nesjahverfi
Brunnhóll
Bjarnanes
1
Syðrifjörður
Einholt
Hólmur
Horna-
fjörður
Skarðsfjörður
Borg
Stokksnes
Höfn í Hornafjörður
Flatey
1
Hestgerði
Hestgerðislón
Atlantischer
Ozean

Nachts am Polarkreis: Die Mittsommer-Sonne zeigt sich hinter den schroffen Bergen von Hlöðuvík in Hornstrandir.

REGISTER

Weihnachtsbeleuchtung eines isländischen Friedhofs. Mit Eis überzogene Grashalme am winterlichen Goðafoss. Wintereinbruch an der Holuhraun-Eruption im Jahr 2014. Die Torfkirche Grafarkirkja bei Hofsós. Seehunde in Nordisland sonnen sich am Meer. Nonnahús in Akureyi ist das Museum des Autors Jón Sveinsson, der »Nonni und Manni« schrieb (v.l.n.r.).

Islandpferde in allen Farbschattierungen: hier freilaufende Ersatzpferde während einer mehrtägigen Reittour

REGISTER

Die Farbenpracht eines Hochtemperaturgebietes. Winternacht einer Ski-Expedition im Hochland. Die Samen der Silberwurz werden vom Wind verbreitet. Hübsche Fassade in Glaumbær. Buckelwale in Nordisland. Einer von unzähligen Wasserfällen (v.l.n.r.).

Sonnenuntergang im sommerlichen Arnarfjörður in den mittleren Westfjorden

Der Fotograf
Olaf Krüger arbeitet seit über 25 Jahren als Fotojournalist mit den Spezialgebieten Island und Indien. Er gehört zu den bekanntesten Vortragsreferenten im deutschsprachigen Raum und ist als Veranstalter in Stuttgart und Bayern tätig. Beim Verlagshaus hat er u. a. die Bildbände »Sagenhaftes Island« und »50 Highlights Island« sowie »99 x Island« veröffentlicht. Mehr Infos unter: www.olafkrueger.com.

Die Autorin
Kerstin Langenberger hat acht Jahre in Island verbracht und dort Umweltmanagement studiert. Sie arbeitet regelmäßig als Hüttenwart auf dem Laugavegur-Wanderweg, ist Reiseleiterin und hat die sensible Natur der Insel auf vielen Wanderungen intensiv kennengelernt. Neben dem Schreiben gilt ihre größte Leidenschaft dem Natur- und Klimaschutz sowie der Naturfotografie.

Textnachweis
Alle Texte im Innenteil stammen von Kerstin Langenberger, außer: Olaf Krüger: S. 70, 138-139, 190-191, 198-199, 203, 206.

Bildnachweis
Alle Bilder im Innenteil und auf dem Umschlag stammen von Olaf Krüger, außer:
Kerstin Langenberger: S. 4/5 o., 5 u.m., 5 u.r., 6/7 o., 7 u.l., 10/11, 16, 20/21, 22 u., 25 o., 27 (alle), 32 o., 33 u., 35 o., 36/37 (alle), 38 o., 39 (alle), 44/45, 55, 60-64 (alle), 65 o., 67, 69 o., 74, 75 u., 76-78 (alle), 79 o., 80/81, 85 (alle), 87, 88, 89 u., 92, 95-97 (alle), 100 u., 101, 102, 103 u., 104, 105, 108, 109, 111 o., 112/113, 125 o., 126, 134 o., 136/137, 137 o. 141 u., 152, 154 o., 176, 187 o., 192, 213 (alle), 216, 221, 227 o., 228/229 (alle), 230 u., 231 o., 233 u., 237, 238 (alle), 239 u., 240/241, 243 (alle), 245 o., 257 u., 262/263, 282/283 o., 282 u.l., 282 u.r., 283 u.r., 284 u.m.;
Mauritius Images: S. 38 (Bjarki Reyr);
Shutterstock: S. 31 (Bjarki Reyr), 51 (1228874446-boxfish), 57 (Alexey Stiop), 65 (Samuel V.Rocheleau), 151 (marmore), 165 (Gestur Gislason), 211 (Pavel Dobrovsky).

Wolkenverschleierter
Sonnenuntergang
über den Ryolithbergen
Balkur und Gatfjall.

Impressum

Verantwortlich: Susanne Kaufmann
Redaktion: Linde Wiesner
Layout: VerlagsService Gaby Herbrecht
Umschlaggestaltung: Kaj Ritter
Repro: Ludwig:media
Kartografie: Astrid Fischer-Leitl; Huber Kartographie, Heike Block (Kartenatlas, Routenkarten)
Herstellung: Alexander Knoll
Printed in Slovenia by Florjancic

★ ★ ★ ★ ★

Sind Sie mit diesem Titel zufrieden? Dann würden wir uns über Ihre Weiterempfehlung freuen.

Erzählen Sie es im Freundeskreis, berichten Sie Ihrem Buchhändler, oder bewerten Sie bei Onlinekauf.

Und wenn Sie Kritik, Korrekturen, Aktualisierungen haben, freuen wir uns über Ihre Nachricht an Bruckmann Verlag, Postfach 400209, D-80702 München oder per E-Mail an lektorat@verlagshaus.de.

Unser komplettes Programm finden Sie unter

www.bruckmann.de

Alle Angaben dieses Werkes wurden von der Autorin und dem Fotografen sorgfältig recherchiert und auf den neuesten Stand gebracht sowie vom Verlag geprüft. Für die Richtigkeit der Angaben kann jedoch keine Haftung übernommen werden, weshalb die Nutzung auf eigene Gefahr erfolgt. Insbesondere bei GPS-Daten können Abweichungen nicht ausgeschlossen werden. Sollte dieses Werk Links auf Webseiten Dritter enthalten, so machen wir uns die Inhalte nicht zu eigen und übernehmen für die Inhalte keine Haftung.

In diesem Buch wird aus Gründen der besseren Lesbarkeit das generische Maskulinum verwendet. Weibliche und anderweitige Geschlechteridentitäten werden dabei ausdrücklich mitgemeint, soweit es für die Aussage erforderlich ist.

Umschlagvorderseite: Der Seljalandsfoss
Umschlagrückseite groß: Nordlichter über den Reynisdrangar
Umschlagrückseite kleine v.o.n.u.: Eruption bei Fagradalsfjall in Geldingadalir; Freilichtmuseum Árbæjarsafn; Blick über den Stadtsee Tjörnin;
Buchrücken: Ein Islandpferd vor dem winterlichen Mývatn

S 1: Sichtbare Häuschen für unsichtbare Elfen
S 2/3: Beeindruckende Größenverhältnisse: staunende Besucher vor der Eruption bei Fagradalsfjall in Geldingadalir im Juni 2021.

Die Deutsche Nationalbibliothek verzeichnet diese Publikation in der Deutschen Nationalbibliografie; detaillierte bibliografische Daten sind im Internet über http://dnb.d-nb.de abrufbar.

© 2022 Bruckmann Verlag GmbH

Infanteriestraße 11a
80797 München

ISBN: 978-3-7343-2519-9

In gleicher Reihe erschienen ...

ISBN 978-3-7343-2325-6

ISBN 978-3-7343-1339-4

ISBN 978-3-7343-1916-7

BRUCKMANN

www.bruckmann.de